タイで日本を卒業する

米井 雅一

文芸社

タイで日本を卒業する　●目次●

タイの勘ちがい　5
アジアラインと大阪人街　9
BTSのおもしろさ　13
バスの中で考える　17
安宿考　21
物乞いから考える　25
日本のTVからみえるタイ　28
ドリアンで撃退したい人々　32
タイ人のまったく入らない店　37
ラーメン店における身分社会　40
アジアの中の絶滅危惧日本人　43
リゾートで考える　47
少しわかってくる　51
方向音痴　55
方向音痴のためのマップ　59
いやしの錯覚　63
ものの出来方　67
ナショナリズム　71
タクシー運転手いろいろ　76
目からウロコの落ちるタイ　80
タイにアタる　84
カオサンから減点主義を考える　91
タイのホテルの居心地の良さ　96
ガイドブックから考える　101
スクンビットナーナーに魅かれる　105
買物と帰国　109
カルチャーショックから考える　113
タイで感じるエアーポケット　117
風俗のグローバル化　121
孤独はあるのか　124
バンコクでワールドカップを見終わって　128
タイで見る事件・事故　132
事件・事故の相違　137
アジアブームに想う　141

食事風景に想う　145
国際交流から感じる　149
旅嫌いの外国好き　153
若者から発せられる攻撃的熱波　157
誇りのための誇り　160
海外日本ドリームチャンネル（二〇〇二年）　163
タイでの変化　167
行きたくない場所　171
タイの町でみかける風景から　174
コーヒー飲みの楽しみ　178
大和魂を越えて　182
シーロムからスリウォン途中夢想　186
シーアユタヤからマッカサン一帯　190
タイでみる変なTシャツ　194
ないものの有り難み　198
外国から見える日本の弱点　202
田舎の都会くささ、都会の田舎くささ　207
浦島太郎になる温度差　211

帰国してから（二〇〇二年十一月の思い出）　215
道の横断　219
動物とのキョリ　223
ワンダーランド日本　227
いろんな主義の崩壊　231
腹の立つアジア　235
理髪店から考える　239
タイで考える日本人感覚　243
バンコク夢想・精神不安定になる一歩手前　247
タイでの愚痴　270
英語への努力　275
白人　280
エゴイズムのない社会　284
言葉の前の壁　288
中国から神経過敏になる　292
アソークからプロンポンへ　297
アジアアジアにはなれない多民族病　301
あとがき　306

タイの勘ちがい

タイでみる限り若者であっても大人であっても意外にも親切な人が多い。しかしこういう人たちであってても日本へ帰って再入国審査の日本人の列に外国人が並んでいても誰も気付かない。まるでもう日本へ帰ってきたのだから外国人と関わらなくていいといった姿勢にみえる。

このことから考えるなら、日本人にとって海外旅行とは紛れもなく島国根性から抜け出すことであり、海外で暮らすということは自分の醜さを殺していく作業ではないかと思うのだ。

この視点でバンコクにいる日本人をみていると様々な勘ちがいをみつけることになる。団塊世代以上によくあるものにタイ社会を日本の鏡にといった考え方がある。間違いなくタイ人の王室崇拝や身分社会から「献身」とか「服従」といった日本の世直し要因を探し出そうという趣旨だろう。

タイの国王はクーデターを止めたという経緯も含め尊敬されている。仮に日本の町がバンコクのように国旗や（日本であれば）天皇、皇后の写真で埋めつくされればタイをはじめアジア諸国は日本は右傾化して危険であると書きたてるのであるからさんざん言われ尽くしてきた戦後処理の克服なしに形を似せるだけでは無意味であると容易に想像がつく。また身分社会というのも曲者だ。例えば、タイ人が自分の非を認めない悪癖は認めれば処刑されるといった主従関係からこそ来ているわけだから切腹とは反対で、金持ちが尊敬されるかといえばこれも正確ではない。自分に金を使ってくれる者を尊敬するといった方がより正しいと思う。タイ人ほど個人主義者はいないのではないか。

自分より金があるかないかの身分社会は打算的な強者の論理を生む。犯罪者であっても金があればすぐに保釈されたりするのもそうだろう。落選議員が暗殺されるのもそう。より弱い方を叩いてしまう。かつての金メダリストがメダルを逃しマスコミに袋叩きに遭ったのもそうなのだろう。〝お疲れ様〟ではなかったのだ。このように「献身」や「忍耐」「服従」というものが東南アジアにあっているとは思えない。

タイ語に*「愛国心」といった単語がないことは僕にとって新鮮だった。つまり「好き」か「嫌い」か「楽しい」か「楽しくない」かといった個の単純であり強烈な成熟ぶりで一社会が出来上がっているという驚きだった。「愛国」という言葉はあるが、「心」と結び付くには抽象的だ。

日本人の中には同じアジア人なのだから厳しく接していればいいといった話もきくのだが、これは態度が大きくなるもとだし、中国、韓国を語るときには同じアジア人だからとは言わないことを考えても使い方が勝手だと思うのだ。まして「アジア人」という単語がないことからしてもアジアにあぐらをかいた考え方ともいえる。

僕は欧米を旅するときにこそアジア人といった自覚はあっていいと思うのだが、アジアを旅するのであれば一外国人といった視点で距離感を感じた方がより国民性を理解できると思っている。(疎遠という意味ではなく)タイは決して頑固おやじ復権のための国ではないと思う。タイで学んだことを日本で活かすのならまだしも、日本のストレスをタイ社会で晴らす大人たちには腹が立つのだ。

またこれとは反対に若者側にも勘ちがいが存在している。こちらはタイの外見だけをみて、日本と同じで欧米化していると考え、出来そこないのJリーガーのようにだらしなく町を歩いている若者たちである。「タイの若者に比べ日本のガキは」と喉まで出そうになる。

タイの欧米化は欧米人向けの外向きの欧米化と言ってもいいと思う。ファーストフード店でも室内は全席禁煙にしているし、タバコを吸う者はどれだけ暑くてもクーラーの入っていない外で吸わなければならない責任を伴わせる本物の欧米化と言ってもいい。タイ人の開放的な性格とこれとがピタリと合ったのだろう。欧米人向け欧米化といってもペコペコするということではない。むしろ外国人を突き放す作用があるような気がしている。英語を抵抗なく使うのも外国人に対して喋ってやっているといったものに近く、間違っても英語自体を尊敬はしていない。地方のホテルに泊まれば〝ルームナンバーぐらいタイ語で言え〟といった顔をされる。英語を話す者は金も持っているというような合理的な尊敬をするのだ。喫茶店に英字新聞一つ置いていないのにテレビをつけると外国人コメンテーターが出てくる日本とはここの力関係が逆になっていると思う。これが外国人がふえることへの圧迫感につながっているのだろう。

日本でこびりついた日本人向け欧米化の垢を欧米人向け欧米化で洗い流せばアジアらしさは残ると思うぐらいなのに日本と同じようにコンビニの前に座りこんでしまったり、繁華街でもない場所をくわえタバコで歩いたり、椅子にヒザを立ててビールを飲んだりと柄のわるさが目立つのだ。

大人側も若者側も自分の醜さを殺していく作業がつくづく難しいと感じてしまう。

僕はタイの素晴らしさは自分を含めた外国人、物乞い、同性愛者など社会の異端者や弱者を差別していないという点に尽きると思う。日本が鏡にするのならこの部分にちがいないと感じている。

かつての日本製品不買運動のような日本人差別があったなら誰も素晴らしい国とは言わない。つまり愛国心の対象にはその国で暮らす外国人も含まれているのだ。

「日本人が日本の悪口など言ってるからダメなのだ」

といった考え方はこの国では木っ端微塵に壊されていくと思う。同じアジアでひどいことをしたのであればそれこそ白人との親密度を縮めなければ始まらない。その努力がないために毎度これを言われる。

「アジアでは日本人は態度がでかい」

我々はアジアの先輩ではないし、外国や国内の社会現象に嫉妬してしまったら人間おわりである。

＊スウェーデン人がタイの軍隊に志願したことがあったが、自衛隊が外国人を募集することはありえるのだろうか。

アジアラインと大阪人街

バンコク在住日本人の間でぜひ統計をとってほしいと思うことにタイが『朝日』系の国か『読売』系の国かというものがある。

確かにレストランやホテルには『読売』が主に置かれている。印刷をバンコクでやっているために。しかし読まれていることと読みたいと思うことは外国が舞台だと必ずしも一致しない。『読売』しか置いていないからとりあえず読むことはあっても僕は多くの日本人にとっては『朝日』系がこの国には似合うと思っているような気がするのだ。例えばインターネットで新聞人気ランキングをみると常に『朝日』が上にいて『読売』が下にくる。テロや紛争激化があると一転、『読売』が上にくる。平時の『朝日』、異状時の『読売』というところか。しかし最も気になるのはアジアとの関係がこじれたときのイガミ合いの時期なのだ。この時期は『朝日』がスポーツ紙を押さえて一位となり、二位にいきなり『毎日』が顔を出す。つまり対アジアでは『朝日』『毎日』ラインがアジアラインとしての確固たる日本人の位置づけになっているのだ。そのことを押さえればバンコクもやはり『朝日』系にあることを意識してしまう。しかしここでしっくりこない現実があるのだ。タイの日本人向け新聞『バンコク週報』である。BTSの工事延長ニュースやら最新の事件事故、王様の発言やら外国人報道規制問題まで幅広く載せてくれていてバンコクマニアにとって嬉しい限りなのだ。しかしこの新聞、こと「戦争」がテーマになると『朝日』『読売新聞』の様相を呈すのだ。戦争での悲惨な記事の下に〝歴史教育に喝！〟とかアジアをみつめる内容の次に〝なぜ日本人は国旗国歌を大切にしない！〟といった、いわば正反対の方向性を示しているのだ。新聞でも雑誌でも嫌なら買わなきゃいいというのが資本主義だと思うが、『朝日』『読売』の場合どうしていいのか教えてほしい。多事争論と木村太郎コラムを同時にきいて頭がパニックを起こしてしまったような、あるいは、天ぷらを食べたあとにアイスクリームを持ってくる〝福兆〟のようなこの*新聞。いっそ何ページ迄は『朝日』好きの方、何ページからは『読売』好きの方お読み下さいとしてくれたらいい。八十五バーツの値段は元々百バーツのところを〝申し訳なさ代〟として十五バーツ引いているのかと思ってしまうほどなのだ。そもそも日本の新聞は特定政党の支持をしないので投書でさえ対比する意見をあえて載せたりしている。『バンコク週報』のもどかしさはこういうことから発生しているのだろう。アジアのヒーローの一人に選ばれていた小田実の記事を見かけないことと同様気になるところだ。

『朝日』『毎日』アジアラインに即すともう一つ気がかりなことはバンコクでは**大阪弁をあまりきかないということなのだ。おこのみ焼きやたこ焼きはバンコクでも味わえるが、関西風ラーメンをみかけないことを考えても大阪がなじんでいる感がない。タニヤプラザに「卯の花」という大阪味レストランがあるがメニューはふつうの日本料理であり、「これ大阪の味？」と尋ねると店員がにやっと笑ったほどだ。マレーシアへ行くとクアラルンプールでもビジネスマンに大阪弁が多いし、吸い殻のポイ捨ての多さも大阪に近い。ペナン島でさえハンバーガー屋台の兄ちゃんは、「コレウマイデ」と大阪弁を駆使する。タイ人の大阪弁駆使もバンコクではきかないのだ。マハティール前首相が石原東京都知事と仲のいいことを考えても、本来マレーシアに東京人、バンコクに大阪人が根付いていた方が自然であり、このゴッタ煮バンコク社会で、東京の若者の語尾上げ喋りをきくにつけ僕の居場所も狭くなってしまうのだ。中年オバさんまで語尾上げをするのでだらしなく感じるし、マクドナルドをマックなどと言われるとロスかNYだろうと言い返したくなる。アジアではマクドかドナルドと言ってもらいたい。

僕が提案したいのは日本人街ならぬ大阪人街をバンコクにつくる「リトル大阪プロジェクト」である。大阪風日本レストランを数多くつくり、そこを大阪人街に仕立て上げるのだ。大阪がアジア都市として再建を図りたいように「大阪人」には「日本人」とは異質のものがあるし、これこそ「日本人街」に対抗してほしい部分なのだ。お洒落はいらん。レストランのドア開けて入ると出前用自転車が何でか置いてあるんや。店内の隅でハンモックかけて寝てる得体のしれんオバはんもおる。子どものオシメを取り替えてる奥さんの姿もちらっとみえた方がええわ。欠かせへんのが阪神戦の速報書く黒板。大阪のローカル番組も店内放送しとけ。クーラー故障したらその日だけ半額セールもやろ。店の外の動く人形忘れたらあかん。関西の大御所落語家も呼んできて近くの寺で日泰友好落語会もやるんや。漫才師も呼ばなあかん。大阪にとったらお笑いは忠誠心そのものやから国旗や国歌とは比較にならん。そら東京でもお笑いはブームになっとるけど格式いうもんがない。祝日にずうっと漫才流しつづけてるこっちは年季入ってるし、週末の夜中のテレビで大喜利始まったらわしなんか眠たあてもついみてまうわ。『朝日新聞』のCMに怪獣ブースカ使てんねんから負けるわけあらへん。リトル大阪でいこうやないか、と僕は考えてしまうのだ。大阪人街はエカマイ～オンヌット間がベストだろう。プロンポン～トンロー間の東京人街の隣に位置して分けてみたい。エカマイ、プラカノンにはアラブ人も多いのでアラブ人の怪しさと大阪人街は合致すると思う。オンヌットの運河も川の町大阪と似合う。天神祭にあるようにこと商売となると宝くじ祈願寺のワットマハブットといこう。日韓共同焼肉店もいくつか欲しい。いくら東京の新大久保にアジア人が多く住むといっても彼らのための祭りはない。大阪なら韓国人の祭り、天王寺ワッソも根付いているのだし、ずっと日韓共同をやっているのだ。だんじりは水かけ祭りで代用する。国会での水かけ論にこの祭りがイメージ映像として挿入されるがこちらなら外国人でもイメージではなく参加させられてしまう。安ホテルもつくりたい。大阪人三割引、西日本出身者その他二割引、といった具合に。大使館も西日本大使館をつくりたい。不平不満に対処できる人間味ある大使館を。もっともこちらの役人はノンキャリア組となるのだろうけど。

＊関西版バンコク週報をつくってほしい。

＊＊最近やっと大阪弁がふえてきたようだ。

そして、関空～ハジャイ便や関空～クラビ便を新設し、新たな旅のルートを旅行会社に開拓してもらいたい。同じフランスであっても大阪人だけがパリ以上にリヨンで盛り上がっていてもいい時代だろう。

BTSのおもしろさ

タイに来るバックパッカーは少しでも予算を切りつめるためにバスを利用している人が多い。そのせいでBTSにはあまり乗らないという。しかし僕はこの高架電車での発見が意外とおもしろいのではないかと思っている。

日本と同じで自動改札にチケットを入れて中に入るのだがこの自動改札での行動がなかなかおもしろい。切符を入れても出てきたことに気付かないで通ろうとして狭まれ怒っている人。掲示にバッと出ているのに通ろうとしている人。切符を入れたはいいがわざわざ隣の改札を通ろうとして狭まれている人。切符を持たずに通ろうとして僕の入れた切符で通過して逆に僕が狭まれてしまったりと。日本でも初めて自動改札が登場したときはこんな光景があったのだろうかと振り返ってみる。

また一枚の切符で何人も通らないようにと横扉が出てくる時間が早いこと。何度この横扉で足を打ったかわからない。BTSの乗車回数と足のアザの大きさが比例していくのだ。

しかしそこは人間味のあるバンコクであり、重い荷物を持って乗車するときには自動改札の横から駅員が荷物だけ通してくれる。まあ、それでも足を打つときは打つのだが。

もう一つ感動するのは飲み食いタバコ禁止のきれいなホームと必ず常駐している見張りの駅員である。

ポケットには手錠を入れている。日本のニュースでは駅で麻薬取引が行われる理由でと伝えていたがその現場はまだ一度もみたことはない。日本では駅のホームでもささいなことで殺人が起こっているわけだしやはり公共の場にはこういう人がいてくれるといった性悪説に基づく考え方があっていいと思うのだ。駅員であっても警官的要素は必要だろう。以前コンビニにもガードマンが立っていたことがあったがこれは買物のじゃまになってすぐに消えてしまった。駅は広いからそういうこともないし。

手錠を持った駅員といえば少し物騒と思う人もいるかもしれないがこれもよく観察すると愉快な面もある。国立競技場前駅にいた駅員だったと思うが白人観光客に「サーヤム駅はこの電車でいいのか」と尋ねられ、車内に入ってきてまで「次の駅だからこれでいい」と路線図を指示し説明していた。しかし車外へ出たあと急に吹き出し体をくねらせて大笑いし始めたのである。白人はあっけにとられて苦笑していたが僕のみたところ英語を使った自分が恥ずかしくて仕方がないといった感じだった。初めから英語はわからないという拒否反応より使ったあとで〝うわァ恥ずかしい、オレ英語使っちまったよ〟というあの仕草が僕にはタイ人を十分に感じさせてくれたのだ。バックパッカーでBTSは関係ないからなどと言っている若者にあれをみせてやりたいほどだった。

BTSの駅構内には両替店、エアチケットやホテル予約の代理店、ランドリーサービスの店まである。食べもの屋よりもこちらはありがたい。バンコクの場合いわゆる日本で言う、商店街というものがみあたらず駅の洗濯屋は助かるのだ。逆にトイレがないというのは些細なことであっても困りものである。エスカレーターのない階段も困りものだがこちらはタイ人が慌てないことを考えるとホームについたとたん電車が出たとしてもしばらくすれば次の電車がやってくるのでゆっくり階段を上がることの方が大事かもしれない。

ＢＴＳもそうだが外国の駅には日本のような時刻表の掲示というものがない。これを僕はずっと〝外国はいいかげんだから〟と思っていたのだが日本に戻ってみて改めて甘い考え方だと思ったのだ。停留場に止まっていたバスに走って乗りこもうとすると運転手は僕と目を一瞬合わせたくせにそのまま無視してドアを閉め走り去った。バスは満員でもなくガラガラなのに客を乗せることよりも時間どおりに出発していくことに重点を置いているのである。人間味を感じないにも程があるのだが、この件から電車の駅にもバス停にも時刻表のないことが納得できるようになったのだ。

ＢＴＳの場合、車内アナウンスはタイ語と英語の両方だ。日本の場合、英語表示はあるがアナウンスの方がない。こういうのは些細なちがいではなく大きなちがいだと思う。外国人のバイトを使うだけでも社会のイメージが変わってくると思うからだ。

バラエティ番組で外国人におかしな駅のアナウンスをさせて待っている乗客が大笑いするというものがあったがこれなど本当に使えそうなものだった。日本の駅が殺伐としていることを考えれば笑える方がいい。

ＢＴＳの駅にはモニター画面がついていて映画の予告編を流したりしている。僕はこれがなかった頃の方がよかったと思っている。宣伝をやり出したらろくなことがない。チットロム駅のうるさい宣伝文句のくり返しは、

「せっかくバンコクへ来たのに」

と嫌になるのだ。またどんどん変わっていくかもしれない。個人的には早くチャイナタウンまで電車

で一気に出られるようにしてほしい。マーブンクロンより西側を想像すると途端に渋滞を思い出し行く気がなえてしまう。バスの急停車と我先に乗り降りする乗客を考えると本当になえるのだ。

BTSが開通して4年もたったが年末の大晦日はふだんバスしか利用していないタイ人がカウントダウンみたさにどかっと駅に流れこみ、開通した頃のあの風景、つまり切符の買い方と自動改札の通り方で一苦労している。そして大混雑となり帰宅するのに大変だった。ひょっとしたら今年の年末もあの初心者風景をみることになるのだろうか。

バスの中で考える

日本のニュースでオーストラリア人の男性がバスの運転手にアイドリングをやめるように求めて逆に運転手に「この暑いのにそんなことできるか」と怒鳴られている内容のものがあった。キャスターが「お客さんのこともありますから気もちはわかるんですが……」と。僕はバンコクを思い出し日本の遅れを感じてしまった。皆同じ値段で同じようにクーラーを入れているから怒るのであって、クーラー入りバス、クーラーなしで窓の開けっぱなしのバス、最新型で値段の高いバス、おんぼろで安いバスとあればいいだけのことなのに一律の社会の限界をみてしまった思いがしたのだ。

僕は主に赤バス三・五バーツに乗って車窓から人々をみるのが好きだが、走りながら解体していきそうな白バスも捨てがたい。どうみてもこちらが五バーツは納得がいかない。トンローを走るミニ赤バスもおもしろい。何がおもしろいかといえばバスが発車する迄のタイ人の行儀のよさだ。走り出すまで風は入ってこないのでムッとした車内だが皆無言でじっと走り出すのを待っている。BTSでもそうだが車内で喋っているタイ人同士をみかけない。たまに声がきこえてくるとそれは英語だったり日本語だったり。町では奇声をあげていたり、土曜深夜だとAM三時でもサッカーをやっていて近所迷惑のタイ人なのだが公共機関では静かなことに感心する。寝ている者もいない。外国のいろんな電車に乗ったが長距離でもない電車内で寝ているのは日本人だけだろう。昔は都会を走る電車でも編み物をしているオバさんや赤ん坊に乳をやっている奥さんとか連結部分で小便する者がいた。電車内で飲み食いするよりはマシだった。大阪では今でも小便する者がいるようでこの町だけはアジアをやっている。また、スリも多く眠れない。しかし静かではない。

バンコクでバスに乗るのは一苦労する。まずどこに止まるかわからないし、スピードを緩めるだけできっちりとは止まらないのでサッと乗らないとひっくり返る。

「助けに来てやったぞ」

という感じで暑さで苦しむ人々が風を求めてバスにすがりついて乗りこむといった感じだ。シーロム通りのサラデーン駅下の屋台に埋れてしまったバス停をみるたびに民の国と確信する。役人が作ったバス停はまさにここのはずなのだが人々はかなり先のCPタワーマクド前駅を架空につくり、そこからバスに乗る。バスもそちらに当たり前のように止まるのだ。しかしここにはバス停はどこをみてもない。何番といった標識がないのだ。バス停の真ん前に並ばないとドアを開けないで走り去る日本のバスをみていると「アイクワーイ（水牛野郎め）」の一言を言いたくなってしまうのだ。

赤バスで驚いたことはパン屋が焼き立てのパンをトレイに山積みして乗り込んできたことだった。ふつう業務用のクルマで運ぶだろうが市バスに乗り込むパン屋をみて僕はこれこそ日本の村おこしに使えると思ったのである。箱モノを作るよりこれはいいと思う。焼き立てパンのにおいのするバス。メニューなど作ってはいけない。パン屋がどんなパンをトレイに積んで乗り込んでくるかはわからない方がいい。どこかの町がやらないものか。バス内での傘のサービスよりはいいだろう。

バスの楽しみといえば何といっても町の風景、とくに市場や優美な寺を観光バスさながらに利用してみていけることである。カオサンからの帰りのバスからみえるライトアップされた王宮や丘の上のワットサケットの姿は荘厳というしかない。観光客の場合、昼間に王宮や有名寺院へ行くので夜のライトアップを見忘れてしまうのだがこれはみるだけでも価値がある。京都の寺でもライトアップはやっているが桜やもみじがメインになっていて、金ピカのライトアップには勝てないと思う。市場を歩いている日本人はみな笑顔だ。いや、笑顔だからこそ日本人と車窓からでもわかってしまうのだ。危機管理が足らないというにはもったいないほどの良い笑顔をしている。物価が安いので笑みがこぼれるのか、店員とのやりとりが楽しかったのか、珍しいものを発見したのか。日本人は笑わないと言われるがバンコクでは日本人こそ笑っている。カオサンの薄汚ない連中でもやはり楽しいのか顔はにやけているのだ。彼らなりの笑顔なのだろう。タイ人で歩きながら笑う者はみかけない。欧米人もむすっとして歩いている。タイ人の子どもも笑わない。日本人の子どもだと遊んでいたボールが転々ところがって、それを取りに行くと人の足が。上をみると「あっ外人さん」思わず照れ笑いをして体中もがきながら走り去るといった風景もあるのだがタイの子は無関心。こちらが微笑んでやると、「OH MY GOD」の表情が返ってくる。幼少時の花田勝のような丸々と太った体型でも笑顔はない。日本人のこの笑顔は素晴らしい。僕はバスの中からいつもそれを感じる。

日本の社会で笑顔をふやすためにおもしろいことを考える。半ズボンで夏場を過ごすというのはどうだろう。学校へも会社へも子どもも大人も半ズボンで町を歩くのだ。お互いの姿をみて自然と笑みがこぼれるだろう。中高年サラリーマンのすね毛の足が無残にも丸みえなのだ。痴漢もへるかもしれない。

女性の露出より自分の露出が気になるのだから。学校もイビツな空気にはならないだろう。タイの生徒も男子は半ズボンがふつうなのだし。三・五パーツで夢がふくらむ。

と、こんなことを考えているものだから席をさっと譲る男性がいても、僕はいつも遅れをとってしまう。

日本円にして千円程度の安宿によく泊るのだがいつも気になることがある。つまりこの宿ができた当時はここまでひどかったのかということだ。

もし仮にこの宿ができた当時は五百バーツで宿泊者が泊まっていて、お湯の勢いが弱くなり限りなく水に近づいた時点で四百八十バーツに値が下がり、エアコンの調節つまみが外れてどこかへ消えた時点で四百バーツにまた値が下がり、電球の球がなくなり三百八十バーツとなり、洗面所のゴム栓が消えてなくなり三百五十バーツ、壁がうす汚れ、ガラスが割れ、ゴキブリの卵が息づいて三百バーツとなったのであればたとえそんな宿に泊まったとしても「ひどくなるにつれて下がったのだから」と「ひどさ」を堪能もする。しかし旅行者が年々ふえて経済危機までは経済は右肩上がりだったわけであるから宿賃が下がっていくわけがない。もし下がっていったのなら主人も何かがおかしいと気付かないといけないし、旅行者の立場からすれば次の旅行者のために僕も何か一つ壊して帰ろうという義務を感じてしまう。僕は壊すことなどできない人間だから持っていたゴキブリホイホイを部屋に仕掛けて帰ることで次の旅行者を驚かせていたはずである。やはり初めに泊まった者は自分より安い当時の値段で自分よりいい設備の中で泊まっていたのだ。それを考えると打ちのめされたような気分になってしまう。それに輪をかけるように天井に靴跡がくっきりついていて、血塗り天井の靴版？　と気分がなえてくるし、ゲストハウスの階段の上に大きなボストンバックが固めて置かれていたりしてこれから山登りに向かう人たちがそのまま蒸発したような異様さも出している。

窓がないというのも健康にわるい。チェックインが夜だとさして気にもならないのだが、朝起きるときには夜のつづきとして脳がとらえてしまっていて、メイドが部屋のドアをガンガン叩き出すと「ああ今朝の十時」といった具合に脳が修正をやり始める。

ものを書くのが好きな人間にとっては机がないというのは死ぬほど落ちつきがわるい。部屋をみたときには確かに机があったはずなのに引き出しのつまみをいくら引っぱってもとび出さず、いかにも引き出しが付いているような騙《だま》し机といったものまである。それでも書く台としてあるだけましなのだが。父親の部屋に書斎がなくなりその権威が落ちたといわれるが本当に机がないと同様の精神バランスのわるさを感じてしまう。折りたたみ式サイドテーブルというものがあってほしいくらいなのだ。

「物を書きたい」

と主人に言って電話の載っかっている小さなフロの腰かけ台のような物体を指さし、

「あれで書ける」

などと言われるとやはり僕もカーテンを少し破ってチェックアウトしなければなるまいと心を強固にしてしまう。

ゲストハウスの中にはフロントにシャンプーや洗剤を売っているありがたさもあるが、ホコリをかぶっているのをみると買う気にはならない。エレクトーンを四千五百バーツで売っている所もあったが一体誰が買うのだろうか。こうなると安宿だから何でもありだといった力強いものを感じだす。その典型がメイドである。夕方外からもどってきた僕が部屋でくつろいでいると若いメイドが入ってきて、スプレーをかけさせてくれと言ってくるのだ。ふつう部屋の消臭スプレーというものは部屋のそうじをした際に一緒にかけるものだろう。客がもう部屋にもどってきてパンツ姿でいるのにトイレにシューとスプレーを一回かけ、次に僕の頭上にもシューとかけて「これでスッとした」とばかりに出ていった。戦後の子どもが白い粉をシューとかけられている映像を思い出す。

本当は消臭スプレーよりもダニ退治をしていてほしいのだ。これにかまれて腕じゅう跡がついてしまったことがある。薄茶色の粗い生地のかけ布団をみると僕はぞっとする。このときから暑い国でも長袖のパジャマを持参し、ダニとり粘着テープの持参が始まった。スプレーでは死骸の上で眠るようでどうも落ちつかない。

死骸で思いついたが安宿でも日本人がよく自殺している。ビジネスインでもパトゥムハウスでも。しかし翌日からは何事もなくなっていく。日本でホテルで自殺した人の遺族にホテル側がイメージダウンをうけたと慰謝料を請求する裁判を起こしたということがあった。これなど通り魔に殺された人の遺族に病院から治療費の請求書が届くのとどこか似ている。こういうホテルはイギリス人観光客を呼びこめばいい。あちらでは幽霊の出る家は高く売れる。幽霊ホテルとして観光客を呼び、「滞在期間中に出現しないと10%OFF」とやってもらいたい。タイの安宿の広さが日本のビジネスホテルの二倍三倍の広さがあることを考えれば外国人をとりこんでいくことの重要性はわかるだろう。ハイシーズンは高い宿泊料でもオフシーズンは半額にして、つまらない「会員の皆さまに限り」というやり方もなくしてもらいたいのだ。

物乞いから考える

日本人の想像する物乞いというものは資本主義社会から外れた落ちこぼれといったイメージであるのが一般的であろう。雪のニューヨークや冬のパリやロンドンでブルブル震えてうずくまる物乞いであれば確かにそういうことでぴったりだ。しかし常夏国の物乞いには失礼ではあるが可哀想という感じがあまりしないのだ。むしろ自由主義の国であれば物乞いがいてくれないと困ると考えている。半年後、一年後に同じ場所へ行って同じ物乞いがいるとほっとする。この人たちが一年も生き延びたのであればふつうの人なら十分生きていけるだろうとの確信を持つ。従って接し方も哀れさで接するということをしない。むやみにやるわけではないから偽善的でもないし、マフィアを助ける訳でもない。サタンなどの小銭をみて、

「じゃらじゃらして邪魔だなあ」

と思うと目の前に子どもの物乞いが現れる。おう、いいところにいたと手紙を出したいときのポストのように紙コップに入れてやる。これを適度にやっているのだ。

日本で暮らす外国人の中には日本の物乞いは金をしつこく要求しないから良い人たちだろうといった意見をきいたことがあったがこれは勘ちがいだ。日本にはホームレスはいても物乞いはいない。いない

というより、やれない社会といった方がいいかもしれない。タイ人とは比較にならないほど体裁を気にするのは日本人なのだ。日本にはチップの制度は全く根付いていない。ヘタにあげたりすればオレは貧乏人じゃないバカにするな、と怒られそうだし、一万円札で百九十八円のものを買っても誰も釣り銭をごまかさない正確さも重んじている。根付かないのも当然だ。単に家を持たないホームレスはいても物乞いがいない社会はこういうものから生まれているのだろう。

しかしやはり物乞いがいる社会の方が力づよく映る。イスラム社会のような競い合って金をやりビルを建てた物乞いがいるような喜捨とまではいかなくてもバンコクのような町の風物詩として〝やっぱりいる〟といった絵にはしておかなければならないのだ。欧米人をバンコクで見る限り歌をうたって町をねり歩く盲目物乞いをみてもさほど驚きはしていないが日本人が彼らをみると皆ギョッとして顔をひきつらせている。物乞いになれていない姿が顔に出てしまっていて無菌世界からやってきたひ弱さというものを感じるのだ。身障者を見たときとも似ている。

ポルトガルのリスボンへ行ったときに町のカフェに物乞いが入ってきて客の靴みがきをやりだしたことがある。よくみると胸に店の名の入ったバッジをつけていてその店専属の物乞いをやっているのだ。客の食べ残したパンを店員に包んでもらっていたりテーブルごとに客に対して手を伸ばしたりする。無視する人はいても怒り出す人はいない。アルバイトに対して準アルバイトとして物乞いが完成していた。きっちりした性格の日本人にはこれなら使えると思うのだが客が有菌状態を受け入れるかどうかである。

物乞いとは別だが靴みがき、腕時計のベルト修理屋、カギ直しなどの隙《すき》間産業が日本では息づいてこなかった。不況になってやっと何でも屋とか便利屋という形で再生しているらしいが、町の活力という意味ではこれらが不足していることもエネルギッシュに映らない。バンコクでは車内での違法整形などもよく事件として紹介される。タイのネットカフェは皆空きスペースで営業している感じでとてもITワールドといったものではない。タイ人はブロードバンドなどという言葉など知らないでいいのだろう。パソコンがいくらデジタルであってもタイのネットカフェはアナログ的である。暇な店員は店のパソコンでゲームをやって遊んでいるし、店員がお菓子をつまんでメールをみて笑っていたりと真剣味がないところが実に気持ちいい。ネットでニュースをみるだけなのに会員になれと強制されたり、ＡＤＳＬ回線がどう光ファイバーがどうと聞かれたりすると自分はたかがインターネットをやりたいだけなのに何でそうデジタル、デジタルしたことを言うのだと憤る。

社会のアナログ面までデジタル化してしまうからこそ物乞いがいないのだと思ってしまう。ホームレスを蹴り殺す少年たちはアナログ面までデジタルゲーム化してしまったのだろう。バンコクで茶髪の子どもの物乞いをみたときには最先端アナログだと僕は感じるし、ネパールのポカラでネットカフェの前を牛がのし歩いている姿をみてはビル・ゲイツや孫正義の家の前で立ち小便をしたような愉快さも味わえるのである。デジタルは東南アジアに限るといったことも言えるのだ。

日本にチップの制度は根付かない方が日本らしいかもしれないが物乞いはアナログのエネルギーとして絶対にいてくれないと困るものであると思う。

王宮前広場でザコ寝する人々にゴザ売り、ジュース売りは縁日感覚で成り立っている。

日本のTVからみえるタイ

日本のTVで取り上げるタイというのはつくづくつまらない。NHKでは相も変わらず仏教の心、寺の建築美、農村から都会へ出てきて一家のために頑張るお父さん、といった具合に芸術祭参加番組としてタイをみないといけなくなるのだ。ニュースになると王様のCDが大流行、王妃のデザインがブレイク中、と庶民の暮らしよりこちらに重点がいく。

BSニュースで昔、タイのマイナーな方の国歌を日本語の歌詞付きで一番まで流したことがあった。ちょうど国旗国歌法の審議の頃だったせいもあり、あまりの露骨さのため女性キャスターが吹き出してしまうと、慌てた男性キャスターが「タイと日本とは歴史的経違がちがいますので」と的確なフォローをしていた。〝王さま万歳、王さま万歳〟といった歌詞なのだから笑ってしまった女性キャスターは健全だと証明されていた。

NHKにはこうしたおもしろくもないタイが存在するのだが、では民放はどうかといえばこちらは不気味なタイを見事に描いてくれる。ルンピニー公園に立つ娼婦やカオサンのゲストハウスで日本人が麻薬で逮捕される瞬間劇などである。カオサンが怖いというのは渋谷が怖いの論理とも似ている。町に娼婦があふれているということは逆にいうなら娼婦と思われたくない一般女性のモラルは意外と高いということにもなるのだが、おどろおどろしいBGMをかけて紹介されてしまうと軽い国と思われてしまうのが厄介なところだ。

麻薬にしてもそう。タイの警察が真剣に捜査をやらないために日本のマスコミがせかして逮捕劇をつくっているようでヤラセに近いものがある。自業自得とはいえ何か腑に落ちない。ひょっとしてバックパッカーの間では日本の取材陣に注意しろとでも情報が流れているのではないかと推測する。

芸能人のバンコクツアーになると薄っぺらなガイドブック旅行そのものなのだ。まず何よりタイが好きとは思えない＊人選でやってくる。仮にタイ好き芸能人であれば町の散策でさえ、各々な発見をしてくれると思う。レストランでも古式マッサージ店でも美容院でもすべて外から内がみえる造りになっているのだからこれこそ癒しの効果があることも発見するだろうし、ネット店でも一軒一軒値段がちがい競争をしている事実、ネットカフェ内で国際電話がかけられたり、各種チケットの手配ができることなども説明できるだろう。

しかしつまらない人選でやってくるためにお決まりのものをみせられる。朝に王宮、暁の寺院、ワットポーと回り、午後にアユタヤに足を伸ばす。夜は屋台で虫を食らうか王宮料理を食べるかの罰ゲームをやるのだ。ここでのキャッキャッぶりがメインになっている。翌日は水上マーケットをみて、ついでに首にヘビを巻きつけ罰ゲームの第二弾もしくはカンチャナブリで「戦場にかける橋」のクワイ（クウエー）河マーチを日本人側が歌って行進するといった奇行といった風になる。（最近ではゾウとのサッカーも出てくる）一度みたらもう二度とみたいと思わないところに特徴がある。

これがパリやニューヨークの旅番組であればカフェでコーヒーとクロワッサン、ベーグルなどを食べ人間ウォッチングのシーンというものが一つは入るのだがなぜだかバンコクは昼のサーヤム、昼のスクンビット、昼のカオサンというものが出てこない。つまり最も多民族が息づいている風景が現れないのである。NHKにしろ民放にしろアジアは変化してはいけないといった不文律でもあるのだろうかと首をかしげたくなる。北京などでも同じことがいえ、天安門広場やラーメンの屋台、水上レストランは出てきてもオシャレなカフェやレストランの並ぶ町並みはとんと出てこない。タイも中国も日本より女性の社会進出が上だとあとに知っては〝いつの間に〟となってしまう。これでは日本がアジアの中の浦島太郎ということになる。

タイの衛星放送をガチャガチャとチャンネルを替えると、インドネシア語のニュースがあったり、トルコのバラエティやらフランスのクイズ番組、オーストラリアのアウトドア番組、アリランチャンネルなどテレビ内でも外国人を意識している。インドレストランでインドTVを放送していることもあった。日本のテレビにも変革があり、民放のBS局が登場した。しかしこれは親分局に対して子分局ができたようなもので中国のバラエティ番組や台湾の情報番組が日本でみられる中国チャンネル、台湾チャンネルではないのだから僕にはどこが革命なのかよくわからない。ハイビジョンもそうだが。

僕がやってほしいと願っている改革の一つにアジアで民放ニュース番組がみられるようにするといったものがある。夜中に「おかあさんといっしょ」をやる神経のNHKが海外で暮らす日本人のことなどを考えて番組づくりをしているとは思えないのだ。誰がみているのか英語ニュースがとび出すと小馬鹿にされているような気分にもなる。陽気なアナウンサーに「海外の日本人の方、お元気ですか」などと呼びかけられると「オレはのど自慢に出演する日系移民じゃない」と叫びたくなってしまう。タイにいる日本人の多くはプーケットの岬にでも立って日本の方角を向いては逆岸壁の母のような心境で日本で暮らす日本人を哀れむということをやっているのに国営放送のあの手の呼びかけには中央集権的な意味あいを感じてしまう。

アジアでみるなら「ニュースステーション」もしくは「ニュース23」が似合っている。どちらも少なくとも日本がアジアの一員であることを意識した番組づくりになっているからだ。しかし、ネット上で見ると画面がちょくちょく止まってしまう。NHKがいくら優秀な歴史番組をつくってもこの点ではどうしてもタイに暮らす日本人との間に細いパイプでしかつながらない。やはり国民の顔がみえるニュースと外国に住む日本人はつながっていたい。画面に久米宏が大映しになり、「タイに出てった皆さん、今日も日本では隠ぺいが発覚しました。出てったアナタ……正解です」と言ってくれたなら生きる勇気もわくというものだが、もう辞めてしまった。

郵政三事業の民営化ができたなら次にやるのは海外でみられる民放ニュースの規制緩和、これしかないと思うのだ。

「タイ人はベッカムを知らないんですよ。だから空港に人が集まらないんだ。何しろタイはワールドカップに出たことないんですから」

こんなニュースも逆の立場でみられるかもしれない。

＊ジミー大西や山本太郎など裸の大将型バックパッカーの旅はへたな知識人よりずっと中身が重厚だ。

ドリアンで撃退したい人々

①やっと町であまりビンラディンTシャツをみることがなくなった。しかし僕はバンコク滞在中三人も日本人でこれを着ている者をみかけてしまった。単にけんかに巻きこまれる危機意識がないというよりは日本人の幼稚さをみるから嫌なのだ。タイの場合、南部のマレーシア寄りにはイスラム教徒もいるし、ウタパオにある空軍基地の近くでもテロのような爆発さわぎが起こっている。彼らは本当にビンラディンを宗教家と信じていて、そういった国でのTシャツをアメリカへベタベタしている日本人が着ている姿は何とも情けない。いくらタイ人でもヒトラーTシャツや麻原尊師Tシャツなどは作っていないのだ。逆に日本人はタイを何でもありの国と勝手に考えてしまう。ずい分昔にある雑誌がユダヤ人のガス室はなかったとの記事を書いて編集長がクビになったことがあるが、ああいった不可侵部分へ平気で入ってしまうのだ。これでは中国とかわらない。何をやっていいかより、何をやらないかの方が外国ではより重要なこととなる。また日本人で情けないのは大人の方がここの意識が低いということだ。学生たちがベトナムは今どうなっているとかカンボジア旅行のルートづくりなどの話を食事をしながら話しているその前で酔っ払いの大人がタイ人ウエイトレスをお茶屋あそびのつもりか追い回していたりする。カオサンのゲストハウスの壁のらくがきでも日本人と外国人とのちがいが表れている。外国人のらく

がきには「世界に平和を」などのピースという単語が多数出てくるのに対して日本人の方には女性に対してのラブのメッセージが大半なのだ。訳のわからないマンガも特徴だ。

②全体像がみえない日本人の行動に嫌けがさすことがある。今でも団体旅行のガイドはやっているのだろうか。あの右手にパスポート、左手に搭乗券を持ち両手を高く上げて「みなさん、ちゃんとありますか?」というもの。外国人からからかわれていそうなああいうことをやっているのをみると外国へ修学旅行か遠足へでもいくような違和感を持つ。そのせいか外国の町でもアリの行進のように一列で歩くのだ。

団体旅行も何度か経験したことがあるがいつも気になったことがある。「日本円に比べて現地の通貨は安いので必ずこちらで使い切って下さい」というものだ。このセリフはもう二度とその国へ行かない人には必要かもしれないがまた行く人には意味はないし、第三国で両替すると価値も出るのだがどうしてか必ず使い切れと言うのだ。これではパスポートを枕の下にかくした方は忘れてきてませんねと言っているのと同じで小学生並みになってしまう。

団体旅行がわるいとはいわないものの新しい血というのが入ってもいいのではないだろうか。例えば現地合流型とかとび入り参加型の変形団体旅行というものである。日本からタイへやってきた団体にカンボジアからの流れ組やラオスからのならず者組が合流し、タイ観光だけ一緒に回る。当然よその国をみているわけだから流れ組やならず者組の新発見をみることになり、世界遺産が世界異端の旅にかわることだろう。国境をこえてタイに入ってきた者とタイ国内のみの良いところだけをみて回る者とは自ずと感じ方もちがってくるのだ。ツアー団体なのに靴組、草履組といったキャリア、ノンキャリアの優劣をつけてしまうだろうか。

僕はミャンマーの小さな空港でお別れ会の拍手で周りを驚かせる宗教団体ツアーよりも余った外国コインを寺や神社のさい銭箱に入れて使い切る柔軟さの方が大事だと思うが。

③タクシン首相の顔はどうにもマンガ的だ。この顔がモグラ叩きゲームで下から出てくるとトンカチで叩きがいがあると思う。というかトンカチで叩いたさいにマンガでよくある顔が変形し星形の火花がとび出た、あの状態の顔に近い。腹話術師の持っている人形のようでもある。

雨期になると洪水になりこの時期にやってくる旅行者は困るのだが下水処理というものが全く進化している気配もない。地下鉄工事もすすまないようだが地下を掘るなら洪水対策が先だと思うのだが。とくにカオサンに宿をとると通常とりしまりの警官を気にしてメーターを使わないタクシーはそれを気にしつつ手前で客を降ろすくせにいざ乗ろうとすると洪水の日に限り空港しか行かないとダダをこねる。本当に腹の立つ洪水なのだ。そしてあの腹話術人形を思い出すのだ。

しかしあの顔をみているといわゆるタイがしたたかな政治をやるということもわかるような気もする。あの顔が政治家DNAなら高等戦略を持っているとは考えにくい。敵のゲリラを追っ払うためにタイ国内の非合法組織に、戦う代わりに住居を認めるといった取引も、満州国建国のさいの国際連盟での棄権票一票も大義に基づいたものというよりは「楽をしたいから」とか「周りにニラまれるの嫌だから」といった考えが功を奏したような感じがする。毒をもって毒を制する考え方は陸つづきの国ならよくあることではないか。そして矛盾がつきまとう。ビンラディンを育てたのがアメリカだったとかバーミヤン遺跡の破片をアフガン人が売って商売をしているなどと。この方程式でいくと日泰関係が悪化すると在タイ邦人で日本と戦った者にのみ永久ビザの発給を認めるとなりそうである。

また洪水で外に出れない。資産家の首相なのだから何とかしてくれないものだろうか。

④「明日私日本へ帰りますんで、これを」とラーメン屋の割引券をもらうと僕は「いよいよお迎えの日ですか」と答えたくなる。日本に帰るというのは今や人間社会に帰ることではない。モラル低下以前に人間の五感が既にいかれている。ウォークマンのまま自転車にのり危うく事故になりかけキョトンとしている者をみると聴覚がいかれていると思うし、外国では長キョリ列車以外ありえない電車の中で眠りこむ、そして車内で起きた暴力事件をみずに目をそむける行動には視覚のいかれ方を。階段や道の真ん中に空き缶の置き捨てをしている姿には方向感覚のいかれ方をみて、どこでもタバコに火をつける行動には嗅覚のいかれ方をみる。味覚はずっと社会問題化している。触覚だけは生きているが、これは異性を触りたいためでろくなものではない。

日本のＴＶをつけてみる。タイのムエタイを取り上げてくれている。これは嬉しいがその取り上げ方は完全なる教育論である。田舎の少年が都会で頑張って親に仕送りをして夢を目指すといった。この考え方は子どもムエタイでさえ廃止させてしまった。タイ人がスポーツに金を賭け、サッカーでさえ日本に賭けた者は日本人以上に日本の得点に大喜びをする。金を賭けると国境をこえると信じたいくらいだ。しかしＴＶは民族としてのニュースを東京から流してくれる。民族意識の低い大阪人、広島人、長崎人、沖縄人はアジアの中の一市民という意識を既に持っているにもかかわらずこれをやってしまう。『バンコク週報』でさえ米テロ直後にはカオサンを歩く旅行者に「今外国へ来て怖くありませんでしたか」とインタビューをする。阪神大震災時に北海道を旅している者に「北海道も地震ありますよ」ときいている姿のようだった。「飛行機は怖くなかったですか?」と聞けばいいだけだったのに。

「自分は民族じゃない、人間だ」

と叫びたくもなるのだが日本ではそれも許されないだろう。彼はもう執行されたのかもしれない。

タイ人のまったく入らない店

日本人ほどどこの国の食べものでもおいしいおいしいと食べる国民はいないだろう。カレーでも日本のカレー、タイカレー、マレー風カレー、インドカレー、バングラディッシュであれパキスタンであれスリランカのものであれ何でもいける。チキンでも各国どの味つけのチキンでもいけるのだ。

しかしこれが外国人となると一方通行の食文化しか持てないといったことになるのだ。タイ人ならインドレストランにはまず誰も入っていない。たまにいたとしてもインド人の友人に連れられ入ってきたらしくどこか緊張気味でテーブルにつくなり「タンドリーチキン以外なら何でも」と言ったりする。タイの焼きトリ（ガイヤーン）が最も好きなタイ人にとってタンドリーチキンなど食べものにもみえていないのかもしれない。僕は焼きトリはタンドリーチキンしかうまいと思えないタイプなのでこういうタイ人をみるともったいないと思ってしまうのだ。友人に焼きトリ屋に連れていかれると「うわ、トリか……」と気分が落ちこむ。インド人のおやじがねじりハチマキで「ヘイ、タンドリーチキンオマチ」とカウンター席に並べてくれる居酒屋をどれほど心待ちにしたことか。まあそれはいいとしても当のインド人の方もガイヤーンは食べないし、クイッティオもバーミーも食べないので一応の中立は守られている。タイ人は日本人が麺好きというのはやっとわかってきたようだが、インド人はまだ日本人がいかにカレーを好きかがわかっていないようで僕がカレーにつく丸いラッキョウまでパクついて食べるとフシギそうに眺めたりするので、タイに来る日本人はもっとインドレストラン巡りをしてもらいたいと思ってしまう。

こんなことを考え出すとマクドナルドというのは見事と考えている。日本人、欧米人、タイ人、インド人とまんべんなく入っているのだ。日本人男性にとって食べてはいけない戒律のあるインド人女性でもケラケラと笑っていたりして、不動明のようなインド人像とはまるでちがっている。日本でファーストフードは落ち目になっているがこちらではまだ人気だ。しかもポークバーガーを置く裏切りもやっている。

ケンタッキーフライドチキンにはインド人こそいないがタイ人は少なからずいる。ダンキンドーナツはタイの若者でいつも賑わっている。スターバックス、コーヒーワールドなどのカフェにもタイの若者は多い。またカフェとなると酒が飲めないアラブ人も合流してくるので多人種空間となって楽しいのだ。しかし、ここで一つ疑問の店がある。スクンビットとシーロムにある「デリフランス」である。この店は非タイ人客が99%という店なのだ。名の通りフランスベーカリーで、ケーキ類やクロワッサン、バゲットなどに具をチョイスして自分流のパンをつくって食べるというやり方だ。店には『ル・モンド』紙も置いているから本格派カフェなのだがどうしてかタイ人がまるで入ってこない。白人の連れた娼婦以外、学生がたむろして入ってきたことすらないのだ。スクンビット店は隣にクリントンプラザのバーがあるために白人客はそれなりに入っているのだがシーロム店になるとBTSサラデーン駅から少し離れた所にあり、CPタワー内のマクドナルド、チェスターズグリルに客をとられるので白人客でさえ入らない。いつもガラガラだし、外の席には蚊が出るからテラス席にも誰も座っていない。まさに閑古鳥の状態である。白人客をふやすのならば駅ちかくのコンベント通りやサラデーン通りに移転すればいいのだが、一体なぜデリフランスにタイ人が入らないのかがよくわからないでいる。

パンがダメというのならハンバーガーもダメだろうし、ドーナツなど甘い物がタイ人にとって好きなことを考えればカスタード系フルーツパンのあるこの店にも客は流れていっていいはずなのだ。タイカレーの具のパンも作っていけばいいかもしれない。

僕は日本人にこのデリフランスへ来て、ほぼ100％近い外国人客を相手に仕事をしているタイ人店員の姿をみてほしいのだ。

日本の店で日本人より外国人の比率の高い店など〝日本人お断り〟の貼り紙でもしない限りムリな話だろう。むろん自殺行為だからすることもない。彼らがせっせとオール外国人相手にパンを作り、急ぎ客に早くしてくれとせかされつつ作業している姿を。

ラーメン店における身分社会

日本にいるときにラーメン以外が目的でラーメン店に入る人はいないだろうがバンコクのラーメン店ならそれもありえる。外国へ行くと活字が恋しくもなるし自分の好きな新聞、雑誌、マンガがあるからと喫茶店に入る感覚でラーメン店に入ってしまう。

僕が昔よく入っていたのは「ねぎラーメン」という店だった。もちろんラーメンが目的ではない。おしぼりが目的である。冷凍庫で冷やしていたような熟成された氷の破片付きおしぼりはバンコクの町の暑さで顔に当てると生き返る。「ねぎおしぼり」「ねぎしおおしぼり」「冷やしねぎおしぼり」などおしぼりに引かれてこの店にフラフラと入っていったのだ。ラーメン一杯が無料になるほどクーポン券を集めたのだが、うまいと感じて食べていた記憶がない。これは店がわるいのではない。僕が関西人であって、それに合ったラーメン店がないだけだ。そもそも初めて入ったときでも、関西人の好きな刻みねぎが山盛り入っているのだろうと思っていたのだが入ってみると長ねぎの方だった。しかしこれを補うほどのおしぼりだったのだ。主人は僕をラーメン好きと勘違いしていたが。

僕は日本のラーメン店でも行列をつくってまで食べる人たちの気持ちがわからない。タイ人が麺類を食べるのが食事であるのに対して日本人の場合どこか儀式のようである。

まず何より偉そうな主人がいて〝ラーメンを食べて下さい〟ではなく、〝うちのラーメンを食え〟といったように客主導といったものになっていかない。アルバイト店員でさえ主人同様の食に対するこだわりがあり、ラーメン屋でチャーハンとギョーザを注文すればそれは二選級の客として冷たい視線を浴びて食事をすることとなる。喫茶店のアルバイトがコーヒーしか注文しない客に対してなぜカレーを注文しないとは言わないのだがラーメン店にはこれがあるのだ。テレビ番組がラーメン店の主人と見習いにおける修業に『巨人の星』を見事に合致させてしまったためにラーメン店にはスポ根的な緊張感がみなぎってしまうのだ。僕はこれが儀式にみえる。

さらに日本のラーメン屋が儀式的にみえる理由としてタイ人もびっくりのメニューに隠れる階級社会がある。紛れもなくラーメンが主人であり最も偉く、格さん助さんに当たるのがチャーハンとギョーザ、その下の部下としてカニ玉、エビチリ、ニラレバ、マーボー豆腐とつづく。ラーメン屋におけるカレーライス、オムライス、牛丼はご主人さまの連れている番犬的存在である。このピラミッド型社会とスポ根ドラマが見事にマッチしているために注文の仕方としてもラーメンとギョーザ、ラーメンとチャーハンとエビチリといった具合が主人を非礼に扱わない儀式にのっとった注文の仕方ということになる。スポ根ドラマに新庄はいらない。だから日本にはチャーハン屋やギョーザ屋（専門店のみ増えている）は生まれず、ラーメン、チャーハン、ギョーザの三権分立は完成しないのだ。

この身分社会を全く感じなくてもいいのがバンコクの多くのラーメン店である。何しろ従業員に一人も日本人がいないのだ。この自由な風を感じないわけにはいかない。

僕は「らあめん亭」ではチャーハンとギョーザ。またはオムライスとギョーザ、またはカニ玉とギョーザなどご主人さまを愚弄する注文をつづけている。部下と番犬といった注文など叱られてもいいようなものなのだが不思議にもタイ人は全くこの真実に気付きもしていないのだ。何をどう組み合わせて注文してもいつもの元気のよさで作ってはテーブルまで運んでくる。僕はこの瞬間こそがタイの身分社会にも日本のスポ根的階級社会にも打ち勝った気分に浸れるのである。

この優雅な気分を他の客にも感じてほしいのだが僕の隣のおじさんなどは日本と全く同じスタイルでラーメン、ギョーザ、ビールという注文の仕方をしている。しかもマンガに没頭して周りをみないのだ。少し隣をみれば、「こいつは変人なのか、いや、日本人顔の外国人、いや、外国育ちの日本人か……」と様々な空想もできるのだがスポ根的階級社会はそれをさせない。日本のラーメン店にタイ人はあまり入ってこないがそのタイ人のクイッティオの食べ方をみてみると意外にも音をズルズルいわせていないことにも気が付く。音をさせて食べるのはアジアではいいことだとずっと疑わなかったのだがこれでさえそうではないと思うようになった。従ってタイのラーメン店でさえ、隣に欧米人客が座ったらあまり音をたてないようにしている。ラーメン店に治外法権が適用されるかどうか怪しいからである。

しかし僕の隣のおじさんはこんなことを考えもせずズルズルと日本できいたあの音を激しくさせている。

「神よ彼を救いたまえ」と僕もラーメンをすするのだ。ちなみに僕は日本でもラーメン店で隣に欧米人客が着席すると音をおさえて食べてしまう。決して治内法権の放棄ではなく、気が小さいだけなのだ。ねぎラーメンに飽きると支那ソバ屋へいく。交番のような造りのこの店で容疑者Aの気分でラーメンをすする。階級から外れたアウトローとなり、やっと気分が落ちつき始める。

アジアの中の絶滅危惧日本人

タイにあって日本で絶滅しつつあるものとして「ハニカム」という仕草がある。タイ人の場合、失敗したときや困ったときにこのハニカムで逃れようとする。無愛想な顔でマイペンライでは気分もわるいがこの笑顔だと許してしまう。アジア人の特徴がこのハニカムかと思っていたが決してそういうことではなかった。トンローのスターバックスへ行ったときである。庭付きのカフェであり一軒屋でコーヒーを飲んでいるような他のスターバックスと一線引いている雰囲気の良さだ。この庭の隅に白い花が咲いていたのだが、白人女性がこの花の匂いをかいでいる。何気なくみていると目が合い恥ずかしそうに笑っていた。体をもじもじはさせないが確かにそれはハニカムであった。花の匂いをかぐという仕草も日本にあっては絶滅しつつあるのかと反省しつつなぜハニカムが絶滅してしまったのかを考えたい。

僕は日本人からハニカムが消えていったのは一九八〇年代からだと思う。つまり松田聖子が登場したときからだ。それ以前は意図的であれ天然であれハニカムは認知されていた。しかし、ハニカムをブリっ子と揶揄《やゆ》されてからはハニカムことができなくなってしまった。さらに輪をかけたのはタレント達の低ギャグによる〝苦境の逃れ方〟を一般人がマネし始めたことである。ハニカムとそれはテンションの低いブリっ子人間ということになったのだろう。今もし赤面できる若者がいたらすぐに絶滅危惧種に指定し保存しておいた方がいいと思う。

タイ人の場合、女性はハニカムを満喫している。しかし男性の場合、日本人の目線からいくと少し馬鹿にされたような気分になるのでけんかの素になる心配がある。この点、オカマはユーモラスでけんかにもならない。僕が町を歩いているとタイ人男性が道を尋ねてきて、タイ語はわからないと答えると〝キャア〟と両手で顔をふさぎ、右足をぴょんとはね上げる。オカマにとってのハニカムのポーズは日泰共通なのかもしれない。

青年の主張でいつだったかタイ人の女性が「日本人よ、もっと笑いましょう」と話していたことがあった。決して日本人が忘れた笑顔をタイ人が持っているということではなく、日本人には相手を気付かう愛想笑いというものがある。長嶋監督を語る徳光和夫や、陛下を語る侍従長の、他者を許さない絶対的笑顔とは対照的なものだ。それでいくと、マクドナルドのスマイル＝〇円というのは笑顔でさえお金に換算する社会として見事な作戦だったと思う。しかし相手をたてて笑顔をつくらなければならない苦労から自分という顔は消えていったのではないだろうか。中国人の無愛想な店員にメニューを放り投げられて注文することを考えれば日本社会がほっとすることもあるが自分というものがないからハニカムことができないことにもなっている。ハニカムことができないことが、羞恥心の欠如も生んでいる。バンコクのレストランで新聞を丸めウエイトレスの尻をつつく日本人ビジネスマンをみたときは驚いた。僕は遠くの席からみていたのだが、そばにいたアラブ系の男性は口をあんぐり開けていたのだ。この手のグロテスクさは外国人スチュワーデスをみると「ファッキン」と言いたくなるような日本人心理とも似ているし、アラブ人でもないのに「ユダヤが世界経済を牛耳っている」などと発言するタイプにもあり、戦争体験者でもないのに「亜米利加」といった言葉を使いたがるようなタイプにも存在している。みな、仮の日本人として生きているようで、もしハニカムことができるタイプならあのグロテスクさは消滅することだろう。グロテスクとまではいかないものの外国人にとって理解不能なものに日本の若者がよくやる自分を芸能人に例えて恋愛話をするというものがある。これも仮の自分かと思ってしまうのだ。

「私が松嶋菜々子だったら反町なんかと結婚しないで……」

と似ても似つかない女に限って言う。よけいなお世話だろう。

映画監督の井筒正幸が喋っているのをきいたことがある。

「僕の映画にはぜったいに不良の女性は登場させません」

そうだった。チンピラはいつも決まって本来バカにできている男の方。女性はそれを少し遠くからみている美少女風の生徒。ハニカムはこの頃はあったのだ。

ではやはり「積木くずし」や「スケバン刑事」の一九八〇年代からか。時代もきっちりと合う。そういえば中山美穂のドラマというのもこの頃気になっていたのだ。どのドラマでも男ことばを使っていた。

「平和を訴えるお芝居をいつもやっているのに最近の少年犯罪をみていると私たちの仕事は何の影響も社会に与えていないのかと残念な気になります」

とある女優が言っていたが片方でこういうことをしていたらやはり意味がなかったのだろうと思う。男性が馬鹿なことをやっていても全く止めようともしない同じく馬鹿な恋人の女性。

今では*人間の感覚さえない。電車内にアナウンスが流れる。

「ただ今人身事故が起こりまして、しばらく停車しております」

するとと居合せた女たちはとっさにこう言うのだ。

「今日二回目！」

「また乗り換えないといけないじゃないの」と。

自分の今いる車両の真下にバラバラになった足や腕があるかもしれないのだが想像力も果てたのだろうか。被害者が保線員ならＪＲは葬式でこう言う。

「彼は職務を全うしました」

死んでいるのにどこが全うなものか。

タイの田舎の少女が外国人の僕をみてハニカンだとたん手足をバタバタさせて逃げていった。これが絶滅するのはあまりにも惜しい。

＊バンコクでみる中高年でさえ「席いいですか」に無反応。

リゾートで考える

タイのリゾートというとよくプーケットとサムイはどっちがいいとかパタヤーとプーケットはといった話になるがあまり興味がない。行った時期がちがうとまるで感じ方がちがうからだ。ただ変わらないのが高級ホテルからみた景色である。プールの向こうにヤシの木と海とパラグライダーと切り抜き絵のようになる。日本人の場合、プーケット、サムイ、パタヤーが人気でホアヒン、チャアムが人気薄だ。僕がホアヒンへ行ったときなど日本人が一人いただけで八月とは思えなかった。向こうも目が合うと「おう日本人」と驚いていた。どうもこのホアヒンには遊園地感覚があり抵抗を感じる。いくら王室避暑地としても砂浜に白馬がいてはお城でお姫様や殿様の顔の丸い部分に自分の顔を入れるような、子ども感覚を感じとってしまうのだ。おごそかにしてしまわないタイ気質はわかるがどうも日本人には疲れるものがある。ただしプーケットなどとちがい料理は安い。パスタが五十バーツであったので僕はパスタとペンネを二つ注文して腹いっぱいになってしまった。しかも高級ホテルで出るちゃんとした味つけのものをホテル入口の路上で人にみせて作っているのだ。こんな得はない。

チャアムへ行くとやっと日本人の好きな熱海の海岸風になる。こちらは白馬の代わりをスルメが務める。のしスルメの露店をあちこちで見かけ地味リゾートを満喫できる。主にこれはチャアム北地区であり、南地区は高級ホテルがつづく。北地区はホテルも安く、それでいてTV、冷蔵庫付きと満足度も高くなる。プーケットで中級ホテルに泊まると情けない。いかにもうちは高級ではありませんといった中級感であり、中級ならではの得体のしれない重厚感や意外性というものがない。ホアヒンではみかけなかったレンタサイクルもチャアムの庶民リゾート感を感じる。

日本人が意外と少ないのがクラビだと思う。「日本人はみなプーケットへ行くから」と宿の主人に言うと笑って頷くようにここがまだ穴だ。ホアヒン、チャアムは海岸の町というより大河を目の前にしたリゾートのような錯覚を持つがクラビの奇岩はここが海だということを教えてくれて、これをみつつ歩くだけでも「今すごい所にいる」といった満足感がある。またプーケット、ピーピー島（ヌーディストビーチあり）、ランタ島、ジャム島、パンガー湾とどこでも行ける発着点の存在に島々の支配者にでもなったような優越感を得られるのも特長だ。いきなりプーケットへ飛んでしまうとプーケットしか得られないと思う。

パタヤーへ初めて行ったときは失敗だった。大型バスでバンコクから向かい、途中の休憩所で水着に着替え、着くなり急いでボートに乗せられラン島に着いたのだ。水上アクティビィティ以外することもない。砂浜の強烈なスルメの臭いはチャアムどころではなく完全なる日本だった。ドリアンあめにはまった以外は気分のいい島ではない。夕方にはもうバスでバンコクにもどるわけだからパタヤーには行かなかったというのが正しいかもしれない。後にパタヤーへ行ったがプーケット同様、「町」が存在している有り難みを感じ、高級ホテルを湾の隅っこに追いやり、メインロードの中央に安宿があることの充実ぶりにやっとパタヤーに来れたと感じたのだ。わずか五百バーツの部屋でも床がシックなタイルでT

V、冷蔵庫、エアコン、勢いのいいお湯シャワー、ふかふかのベッド、バリ風電気スタンド、木目の重厚感のある椅子、ノートを書く机もちゃんとある。NHKが映り、「軟こうの塗り方」を海外危険情報で紹介してしまう哀れさもカーテンを開けて流線形のプールをみてしまうと忘れていきそうな良い気分を味わえた。近くにマイクショッピングモールがあり涼むにも都合がいい。ビックCやパタデパートはフロアを間違うと動物に対面するようなゴチャゴチャ系だがこちらはロビンソン風がっちりデパートであるからブランドに興味などなくても涼むにはもってこいなのだ。

僕はリゾートに行くとなぜかパスタが食べたくなり次にヨーロピアンフード各店巡り、そして屋台、カレー店となる。最も行かないのがシーフードだ。味つけが大味で値段も安くはない。日本レストランでは日本のような値段でオマールエビでさえアクロバット調理法でカットしていく。

「お前たちは日本人だ。だからでかいエビもこうして小さく小さくしてやるぞ」

と調理人が無言で言っているようで気分が冷めてしまう。ソフトシェルクラブを食べて大トカゲの気分になる方がまだマシだ。日本レストランは本当に孤高をやる。リゾートに限らずトムヤンクンやカオパットなどを置く店は少数だし、タイビールしか置かない。外国食材をつかっていても外国料理をメニューに載せない疎外感というものがある。タイでヨーロピアン＋タイフードというのが一般的なことを考えると日本においてフレンチ＋ジャパニーズやジャーマン＋ジャパニーズがないことがフシギだったのだがここにきてやっと喫茶店やレストランに日本茶を置くことに目覚めて少しマトモになってきている。またあのインドでさえインディアンフード＋パキスタン＋バングラデシュ＋タイフードといった客寄せをしていることを考えればまだまだ日本レストランは孤高である。ドイツ国旗とベルギー国旗を見

間違えてもソーセージやウィンナーシュニッツェルを注文し、

「さすがドイツ料理はボリュウムがあってうまい」

とベルギーレストランで言ってしまうように、客の方は何でもとびこえるのだが料理人のこだわりは壁をとびこえない。韓国フード+日本フード店さえないのである。いくらヨーロピアンフードを現地で覚えてきてもボリュウムは日本では出せないからせめて、ドイツ人専属ゲストハウスに飛び込み、ドイツ語メニューから日本人の好きな一品を選び出しあのボリュウム感たっぷりの料理を安い値段で食べてみるのが僕のバンコク、もしくはリゾートにおける「町」の楽しみの一つなのである。


また、リゾートでない場所であってもタイ人やラオス人が川沿いに折りたたみテーブルとプラスチック椅子でごくふつうの食事をしている光景をみるとうらやましくて仕方がない。自然はホテルや旅館から見下ろすものではないだろう。漁師の食事風景がぜいたくにみえているようではいけないということをパタヤーのビーチロードに面するスターバックスの2Fオープンテラス席から青い海を見遠して考えてしまうのだ。

少しわかってくる

「アジア象とアフリカ象、性格がおとなしいのはどっち?」

というクイズがある。たいてい解答者はアジア象と答えて正解し観衆から拍手をうける。しかし僕はここを巻き戻す。このときの解答者の頭の中はこうなっていたのではないかと。アジアの人々はアフリカの人より気性がおとなしくたとえ象であっても同じ地域に暮らしていれば同じ結果になるだろう。だからアジア象が正解なのだと。つまりこのクイズは、

「アジアの人とアフリカの人、おとなしいのはさてどっち?」

という内容だったのだ。そして日本人のアフリカ観が変化していないこともわかるのだ。アジアに小慣れてくるとこんなことに気がいってしまう。

少しわかってくるとおもしろい。完全にわかってしまうとつまらないし、わかった人に教わるとまたつまらない。自分でハタと気がついたときこそ少しわかっておもしろいのだ。

少しわかるといえばアジアへ来ると日本でよく言われる戦後の論理で戦前をみてはいけないという話もちがってわかってくる。タイの場合民主化したのがほんの十数年前でありそれ以前は軍が関与の政権といってもいいだろう。テレビや冷蔵庫も民主化してから普及している。つまりタイ人にとっては一九

四五年が基準にあるわけではなく、日本軍がやってきた頃なら英仏を追っ払っていた時の一つの異常期間として存在していたのだと思う。こちらにとって異常期間を日本人側が戦後戦争をしなかったことに自信を持っていないために戦前に頼るような形で「戦前はそうじゃなかった」と言っているのをみると僕には変に感じる。まるでオウム脱会者の話より今でもオウムにいる者の話に真実味があると言っているような。軍国少年だった人の話も資料にはなると思うが学びたいのはむしろあの時代に反戦運動をして弾圧された勇気のある人の方だろう。こちらなら「殺された側」に「戦前の殺され方」をあてはめることなどしなくていいからだ。若い人の口から、

「今戦前だったら僕も軍国少年になってたかもしれないな」

というようなことばをきくと僕はげっそりする。戦争をあれ以来していない自信があるなら、

「今戦前だったらオレなんか刑務所へ放りこまれるだろうな」

と言えばいいと思う。これが老人を侮辱することなのだろうか。タイへ来て非国民もいいもんだということがわかってきた。

タイを舞台にしたもので少しわかってきたこともある。

それはニュースやドキュメントでよくあるエイズ関連のものである。タイの場合、同性愛者に限らず、非同性愛者にもこれが蔓《まん》延したために、同性愛者に直接の批判が集まらないといった経緯もあったが、逆に言うなら事態も深刻で、コンビニにも避妊具は必ず売られているし、外国人にもエイズ検査を実施させていくといったニュースもあったほどだ。

ロッブリーのエイズ患者のホスピスとチェンマイのＨＩＶウイルスに汚染された子どもたちを受け入

れる施設がよく紹介される。

そしてこの日もニュースを見ているとＨＩＶウイルスに感染した子どもとそれを世話する日本人ボランティアといったものを流していたのだ。

静かなトーンで統一され、遊んだり、絵を描く子ども。そしてその相手をする日本人。学生もいたと思う。

そしてＶＴＲを見終わると草野満代はこう言ったのだ。

「○○さんとは一度お会いしたことがあるんですが、本当に肩の力が抜けてらっしゃって感心してしまうんですよ……」

たわいのない話でも相手を気遣い、大きく頷いて同調する健気な草野が「感心」するのだから、それは相当に感心すべきことだとは思うし、外国まで行って＊ボランティアをやることは「感心」に違いない。ちなみに筑紫の言った「子どもから学ぶことは多い」も、佐古の言った「学校で学べないことを学べますから」も、これと同様、至って健全なのだ。しかし僕は何かが引っ掛ってしまう。それは、もしＨＩＶウイルスという言葉を消して映像を見れば、画面上にはごく普通の子どもと少しけだるい感じの日本人がいたということなのだ。ひょっとしたらこの映像はこうも解釈できたのではないか。

「子どもの相手ならガッツ溢れるような人でなくてもできるものです。人間捨てたものじゃないですから」と。

仮に草野がバンコクの路上でスヤスヤと眠り込む人に対して「まあ、肩の力が抜けてらっしゃって」と言ったのなら、「弟子にして下さい」の一言も言えたかもしれないのだが、この時に僕が感じたのは、貧しくてお茶漬けを食べている人に「日本人はお茶漬けですよね」と励ました時に感じるそれだったのだ。

ただ、これはリトル草野に限らず、どんな番組のキャスターであってもやるだろう。

この〝何かを持ち上げたい〟という心理が何なのだろうということを僕はわかってきたのかもしれない。

雑多なこともわかってくる。タイ社会で恩をアダで返すといったことばがつうじないこともわかってくる。犯罪をやる人間は親切を求めてくるのだから。そのせいか僕は疲れているときには顔に出さず目をしょぼしょぼともさせず足を引きずり完全に足の不自由な人を演じる。これなら犯罪者も近よってこないのだ。また、アダで恩を返すこともある。店のエアコンから水滴がポタポタと落ちてくると決まって主人が今ハナをかんだような丸まったティッシュを貸してくれる。悪気はないのだが。

町づくりもわかってくる。どのソイにも一軒は必ずネットカフェがあり、役人が町をつくったのではなく、「このソイにはないからオレがつくる」と市民が自然発生的につくってしまうのだ。役人なら「ここはつくってはいけない」とやるものだ。

少しわかってくると何かとおもしろいものなのだ。

＊戦下のボランティアに「関心」を当てると逆に「豊かなのにどうしてお茶漬け食べてるんですか」になってしまう。

方向音痴

一度でも行った場所なら絶対に間違えないが一度も行ったことのない場所なら必ず間違えるのが僕の性分である。

例えばスクンビットのソイを歩いたとする。何かでみたおもしろそうな店を探しに行く途中だ。露店客のじゃまにならないよう、イヌを踏まないよう、関係のない店の従業員の手招きに負けないように気をつける。しかしそのとき急に何かの店先をネズミが走り抜けていったとする。すると僕は考え始め周りの景色も人もみえなくなってしまうのだ。

「何でこんなにネズミが大きいのだ」「なぜみな平気な顔をしているのだ」「ひょっとしてあのネズミは食用なのか」「アフリカではネズミ肉は牛肉より高価だったなあ」「タイではネズミで中毒死する人も年間何人か出る」「本当のチュウ毒だ」「トムとジェリーは今でも再放送していたっけ」と僕の得意な夢遊病歩きが始まってしまうのだ。ニヤニヤしているときもあるからタイ人からみれば麻薬患者にみえたかもしれない。むろんそうではないが。これはあくまでクセなのだ。しかしこの夢遊病歩きが僕の方向音痴を決定づけている。BTSのなかった頃などスクンビット通りの町歩きは暑さといじわるとの対決だった。暑さは言うまでもないが偶数ソイと奇数ソイの見事なかみ合せの悪い通りナンバー。ソイ22とソイ24がなぜこんなに離れているのかとじだんだを踏みたくなるが踏むと暑さで疲れるからそれもできず、日本レストランで少し休憩といこうにも昼から夕方まで閉まっていたり、少し頭を整理するといきなりのスコールと、アソークからプロンポンへ行く予定が気付くとなぜかプルンチットセンター内のマクドナルド前にいたりしたこともある。暑さを忘れるためにも僕は夢遊病歩きを実践してしまっていたのだろう。

子どもの頃から方向音痴は決定付けられていた。中学校のときの遠足で大阪駅に集合となっていたのだが僕は遅れてしまった。大阪駅には三〇分も前に着いて友人とも出会っていたのだがその友人がトイレに行くから先に行っててくれと言われ僕はそのまま道に迷い五分遅刻者として他の数名とともに叱られたのだ。地図を持ち人に尋ねてこれなのだ。高校の同窓会が新宿の高層ビルであったときもビルまでは行けたがエレベーターの乗り換えがあったのかどうしても指定された最上階へ行けない。非常口はあかないし階段でもない。ひょっとして都会でよくある第一ビル第二ビル第三ビルというやつかと降りて別のビルを昇って行くという経験もした。本当はクラス会ではなく全卒業生の東京在住者のみの会であり、お金を払ったわけでもなく、まあいいかと新宿見物だけして帰宅したのだ。これは僕が悪いのと同様に都会のビルがわかりにくいのだがそれにしても球ぎわならぬ道ぎわに弱くて仕方ない。

このような人間だから初のバンコク上陸でも個人旅行であるのにわざわざツアー参加して、てっとり早くアユタヤ、チャオプラヤ川クルーズ、寺巡りと団体で歩き回ったのだ。タイはマフィアの国と固く信じていたし、路上で飯を食う人たちやゴロ寝している男、物乞い、皆が自分をじっとみつめているようで、声をかけてくる者もいる。タクシーを拾うとメーター通りに行かないし、ドアを開け放しのバスなど怖くて乗れず、パッポンにさえ行かないまま帰国した。ＢＴＳのできた今、怖くて外に出られなかったという人はいないと思うができる前ならありえた話である。この国で方向音痴が出たらそれこそ生きて帰れないのではないかと思ったくらいだ。その後何度もバンコクへ行き、市内の地図がおおよそ頭に入った頃でも失敗する。プラトゥーナム船着き場からカオサン方面へ行こうと人に尋ねた上で乗りこみ、当時よく通っていた「ＢｉＧＢＯＹ」のマスターが乗りこんできたので喜んでいるとそのまま反対方向へ船は進み乗客の乗り降りの素早さについていけず終点のバンカピへと行ってしまったのだ。前日『バンコクポスト』にクルマに爆弾が仕掛けられていた事件が載っていたので地名だけは覚えていたがガイドブックにも載っておらずバンコクと見間違えるほどの都会でファーストフード店や映画館が並ぶ町を散策することとなった。「バンカピに行ってきた」と自慢などできない。間違えて行ったのだ。

「〇〇へ行ってきました」という場合、僕は最低三回はチャレンジして内二回は失敗し、やっと三度目で行けたということが多い。最近やっと一度目で行けるようになり、夢遊病歩きを多少しても方向は合っているという所にたどりついた。しかしここでまた新たな問題にたどりつくのだ。日本人の拠点、伊勢丹への行き方が頭の中で混乱しているのである。しかもこれが何とスターバックスの位置にあると最近やっと判明した。頭の整理がてらによく利用するのだが、サーヤムのスターバックスとチットロムのスターバックスが同じラーマ一世通りを挟み反対側に位置していることから錯覚が起きているのだと気付いたのだ。サーヤムから伊勢丹へ行く道のりにチットロムのスターバックスから正面左のＺＥＮのビルがみえる映像と重なり、残像が頭をパニくらせる。仮に伊勢丹二号店がラチャダムリ通りの反対側にあると僕の方向音痴が二乗されてプラトゥーナム市場をルンピニー公園で探すことになるのだと考える。

リージェントホテルをインドラリージェントと勘ちがいしたまま半年気付かず、ジム・トンプソンの家をカムティエン婦人の家として見学し、ナナプラザをチュラロンコーン大学で尋ねることになったのかもしれない。

同じ物を道の反対側にはつくらないでもらいたい。京都人の自分にとって、七条、五条、四条、三条、二条、一条と数字が小さくなれば北へ行けるといった単純思考しか持ち合わせていないのだから。

昼のラチャダピセーク通りやその近くを歩くのが好きだ。昼でももちろんショッピングセンターはやっているし、風俗街の昼間に営業している店なら本当にそこで息づいてきた店という感じがして入りたくなるのだ。

ラチャダピセーク通りの一本西側に意外にも市場が並びバンコク市内では珍しい豚肉のかたまりや、わっぱ飯に使う小さな丸い器にサカナが寝かせてあったりして、ナコンパトムへ行ったときに町の至る所にあった風景の再現のような異空間を感じることができる。しかも右手上をみると「ナタリー」の看板もみえていてフシギな気分になる。そしてこのあたりにひょっとして意外なレストランやアパートもあるのではと旅行会社の出しているガイドブックを取り出し地区ごと拡大マップをみるとちょうど地図の切れた部分の少し先に自分が立っていることに気付くのだ。つまり旅行会社のガイドブックではラチャダピセークへ行くような人はうちの大切なお客さまではありませんといった偏見をマップからでも読み取ることができるのだ。そのくせ格安券販売もやり出すのだから驚くが。

このこととは反対に風俗本でラチャダピセークをみてみるとこちらは店に関しては値段から女性の質のランク付けから「白人女性がいることもある」といった心をそそる一行があったりして便利だが逆に

日常性には偏見を持っていて、店一帯のマップにはバス停一つ書かれていないのだ。つまりラチャダピセークなどに行くときはどうせ大金を使うのだし、行きも帰りもタクシーを使って行けといった趣旨になっているのだ。

僕はどちらの偏見も好きではない。その点いつも感心するのはバンコクのホテルのフロントに置かれている英語のガイド冊子なのである。これには全く偏見というものがない。スクンビット地区のマップをみても高級ホテルから中級、安ホテルとこだわりなく載せている。ソイ19のチャイナインが載っていることは感慨深い。バネが壊れてしまっているのかベッドがふかふかで腰の悪い僕などこのベッドだと五分以内に眠りにつけるのだ。部屋も大学生の下宿のように小ざっぱりしていて、二、三匹ゴキブリを殺すことを忘れなければ落ちつける。このチャイナインが載っているマップは他にみかけない。シティロッジかハニーホテルどまりなのだ。英語小冊子にはレストランも家族向けから高級レストランと日本のそれと同じように載せ、それでいて次のカラーページをめくるとエスコートガールやゴーゴーバーの店紹介もしてくれている。松たか子や優香やAV女優の写真の貼りつけには笑ってしまい、店の電話番号の下に「日本は好きです」と書かれていてこれもおかしい。日本人が書くのなら「日本が好きです」だろうし、このたどたどしい誘い文句が怪しさも出している。サッカーW杯のすべての試合の中継案内も載せられていた。またマップにはすべての大使館が載っている。従って僕は英語冊子のマップで町歩きをしてしまう。バンコク全土地図を町なかで広げたり折りたたんだりするのも面倒だし、偏見のない方を使っているのだ。

日本のガイドブックマップにも「白人の偽警官に注意」と出没する場所が指摘されていたりするがこ

の手の遊び心をふんだんに取り入れてほしい。僕のような方向音痴になるとどうマップをみて歩いても道を間違う。また、間違うには間違う原因もある。例えば大通りを歩いているとバイクタクシーの兄ちゃんがいっぱいいてあまりにしつこいので一本隣の道に入っていき、平行な道だからいつでもさっきの道にもどれると思っていたらわずか五度傾いていたためにどこをどう歩いても大通りにもどれず尋ねても言葉が通じずタクシーに仕方なく乗ってしまい、何気なく窓の外をみると賑やかな市がみえ、帰宅して確認しても小さい市で載っていなかったり、載っていても二つも三つもあり自分のみたのがどれかわからなかったり迷った所でさえよくわからなければ大通りでさえ途中までしか歩いていないと踏んだり蹴ったりになる。後日偶然にもそこを通り記憶の断片の重ね合せでマップを作っていくのである。

サギやひったくりに遭うときもそれなりの原因がある。安全ボケではなく、店先のかわいい女の子の両手を差し出しバタバタさせるあの仕草が原因だ。あれをみつつ歩くとどうしても顔がにやける。ここにひったくりが入ろうとする最大のスキを与えているわけであり、ブスの女性の手招きなら顔はこわばり、怒っている者をさらに怒らせてまでひったくろうとは向こうも思わない。従ってマップには「美人の多い店」同様、「顔がにやけてはいけないソイ」といったものが欲しい。

マップに遠近感が出ないのももったいない。パリの凱旋門同様バイヨークスカイビルも遠くから見るとすぐそばに見えるのだが近くになると他のビルがじゃまをしてバイヨークスカイは消えてしまうのだ。せっかく近づいたにもかかわらずプラトゥーナムの市場へ迷いこみ反対方向へ歩いていたり、バイヨークスイートと勘ちがいをしたまま友人と待ち合せをしていたりと。こうならない工夫も考えたい。

大きな通りはマクドナルドやKFC、ピザハットなどが出てくるので間違いようもないが小さなソイの工夫はしてほしい。例えば小さなソイに一軒のＣＤショップがあり、宇多田ヒカルの曲が流れていたとする。マップにもしこの店の従業員は日本の歌が好きな人ですと載っていたら、宇多田ヒカルの曲のメロディが雪山で遭難した人にきこえてきた救助ヘリのプロペラ音に感じてきて「このソイに相違ない、ここをまっすぐ行けばアノ通りが出てきて左へ折れればアソコへ行ける」と何の変哲もないＣＤショップが道歩きの命綱となるのである。

歌をうたう盲目物乞いにも注目したい。もし彼らが規則性のある道を歩いているとしたらずっと後をついていけばあのホテルの前を必ず通るという具合に初心者の町歩きにも少しは役立つ。先導者、盲目の歌うたい、そして自分の三人で四国お遍路さんの旅路をやってみるのだ。ＢＴＳシャトルバスのような巡回ルートマップも必要になってくるだろう。

いやしの錯覚

アジアに行くといやされるという言い方をずっと疑わずにいて、むしろいいことだと思っていたのだがここにきて少し変だと気付き始めている。タイにいやしというものが存在しているのだろうかと。性欲に対しては女、体が疲れたらマッサージ、腹がへれば屋台といった具合に一対一対応型社会であり、そういう点では新しいことには目ざといが、「いやし」的空間はバンコクに存在していない。いつかテレビの番組でベトナム旅行の旅を無声にして映像だけを流してみせるというものがあった。これがまさに日本人の求めているような「いやし」であり、風景による情感の取り戻し作用の効果でもあるのだろう。しかしこれはタブーである。あのやかましい喧噪の音がなければアジアの意味がなくなってしまう。

では田舎へ行けばいいだろうと思うかもしれない。しかし田舎へ行けば外国人ということで奇異にみられたり、風景による情感の取り戻しはできても、こちらは季節ごとにやることがきっちりと決まっている季節対応型社会であるから「いやされたい」と言えば、「都会へでも行けば女もいっぱいいるよ」と言われるだけだ。

バンコクもストレス社会になり、確かに「いやしのようなもの」はある。ＢＴＳの駅の構内にはグリーンミュージックのカセットやＣＤを売っている。しかし群がっているのは大抵白人だし、時に日本のフォークソングのタイ語バージョンもきこえてくる。仮にタイ人がこれらを買ったとしても都会に住んでいる人が田舎をなつかしんで、「川の音」「滝の音」「鳥の声」をきいているだけで、日本人のいう「いやし」として楽しんでいるとは思えないのだ。何しろ〝DACO〟の調査によるとバンコクで働いている各々な職業の人が収入に関して大部分が現状に満足していると答えているのだ。皆が満足している社会で「いやし」が必要とはとうてい思えない。

日本で流行したいやし系グッズの「たれぱんだ」というものもバンコクでよくみかける。しかしTシャツやカバンに「たれぱんだ」と書かれているだけで、どこにもパンダのイラストがない。つまり日本語の文字を楽しんでいるだけなのだ。同様に「こげぱん」もよくみかける。こちらもパンのイラストなどみたためしがない。

日本人のいやし好きは若い世代からもう始まっていてバンコクでは滑稽《こっけい》にみえてくる。例えばテーブルの下で丸まって寝ている親子のネコを必死でビデオカメラで撮っているのが日本人の新婚である。よその国民で外国へ来てまでネコを撮影したりはしないだろう。さらに奇妙なものにカオサンロード脇あたりで日本と同じスタイルで座りこみ、いやし系メッセージソングを歌っている若者がいる。インドやアフリカで買ったような民俗楽器は持っているものの歌っているのは日本と同じ叫び系の曲。しかも日本語で歌っている。「いやし」の存在しないバンコクでなら誰もが知っているアメリカンポップスかタイ人の知っている日本の歌かいっそ大道芸にしてしまうかなのだが「いやしソング」として歌っているのだ。

日本にいるからこそ、いやされたいのであってバンコクに来たなら、もういやされなくてもいいと考えた方が僕は楽だと思うのだがそのへんが埋まらないでいる。タイでお寺ブームや仏像ブームが起こらないことを考えても存在しなくていいものを意識してしまう。

関西人は概して「いやし」は好きではないと思われる。金のことしか考えないという意味ではない。関西の場合、「笑い」の文化が「いやし」の代用品としてあるのでこれ以外を「いやし」にする必要がないということがある。大阪人には「たればんだ」の不人気はなかったが、これがまさにタイ人にとってのお寺ブームに匹敵するのだろう。関西人にとってもう一つ重要なものに「六甲おろし」の存在がある。これがタイ人にとってのルークトンと同じく地域アイデンティティーを揺さぶってしまう。野球に興味がなくてもこの歌が流れてくると地域と個のつながりを意識するのだ。ルークトンが演歌か否かなどといった話は学者に任せればいいとして、関西人は「六甲おろし」をきくときのアドレナリン増幅作用がタイ人にとってのそれと考えれば当たらずとも遠からずということになるだろう。

僕もいやし嫌いの一人になるのだが、戦後から今までのギスギスした社会をつくった戦前の若者たち、つまり今の老人たちが何の断罪もされずにいるのに何で下の世代がいやしに頼らなければならないのかがわからないでいる。いやしではなくスカッとしたいのだ。いやし好き人間は「性器以外でも感じることがある」と言っている男性のようで気味わるく思う。「生」に重点のかかる国ではいやしはいらない。「過労死」も「慰安婦」もどう助けるかが問題なのに、助けるか死なすかでしのぎを削っているのだから「だれたパンダ」も登場するのだろう。

タイ人が「王のために死ねる」などとは古参の軍人でもなければ言わない。立派な王が国民を死なせるわけがないと考えるからだ。ここでも「生」にかかっている。

僕が少しいやされた気分になったのは日本国内でコメ不足が深刻になったときのタイ米緊急輸入で、マスコミがいっせいにタイ米のおいしい調理の仕方を紹介していたときだった。タイ米にすがりついてでも生きようとしたあの日本人の姿にはいやし的効果は十分にあったのである。(今では鳥インフルエンザで正反対になってしまったが)

ものの出来方

①王のイヌの写真集

バンコクで王のペットのイヌの写真集が売れているという。この手のニュースは日本のニュースでも素早すぎるほど早く伝わる。NHK—読売速達便ルートでもあるのかと。

事のいきさつはこうだった。バンコクでへたりこんでいる野良イヌ対策として避妊手術を施そうとしたところに王がイヌにマイクロチップを埋めこみ管理してはどうかと言われ、多大な費用がかかるのでそれは王のお言葉とはいえ……といったやり取りの末、王はそうだ私の愛犬トンデンの写真集を作って人々にイヌに対する優しい心を持ってもらおうとタイらしいお話として出てきたのだ。

しかし、日本の新聞の活字から感じるものは、

「タイは敬虔《けいけん》な仏教国であり殺生は許されず王の粋な計らいにより……写真集は品切れ状態がつづいています」

というふうにまるで人々が役所に並び「はい二百三十番の方どうぞ」と手渡されているかのような律義な文体が多いのだ。しかし『バンコクポスト』の写真にはタイのオバさんたちがバーゲンセールに押しかけるような白眼をヒンむいた顔で下品に写っている。これはまったく大阪のオバちゃんたちが野村

グッズや星野グッズに群がった姿とそっくりなのだ。

この女性の習性からいくとマーケティング戦略なのだろうかと考えてしまう。今では中流家庭も出てきたバンコクの人にとっては日本のようないやし系ペットではなく、明らかにお金持ちへの憧れ意識だと思う。となるとペットブームを世に定着させるために王にも一役買っていただこうといったマーケティング戦略に思えてしまうのだ。こうなると次に何が出てくるかは楽しみだ。

「何で今頃『わくわく動物ランド』なんかやり出したんだろう?」

友人にそう言われ、ああ、やっぱりと納得した。

②スターバックスの増え方
トンローにまたスターバックスが生まれた。ガラスの宮殿風で近くにはマーケットもできていて便利にちがいない。(二〇〇二年)十一月からエアコンの効いている室内での喫煙が禁止となり、違反すると喫煙者は罰金二千バーツ、店側が二万バーツとなったので喫煙テラスの付いたスターバックスは外国人向けにますますふえるだろう。

外国人向けにと書いたのはマクドナルドとこの店が僕は完全に一線引いているからだと思うのだ。マクドナルドはハンバーガーセットが七十九バーツだがスターバックスならアイスラテのミディアムサイズでも七十バーツ、シロップを付けてもらうと八十バーツくらいにはなる。また、マクドナルドには店内に子ども向けの遊戯施設もあるし、店外にコーヒーカップのような乗りもので食事をすることもできる。つまり幼児性を伴っているがこちらにはそれはない。タイ人にとっても屋台のラーメン三杯分に相当する一杯のコーヒーを飲むのは気分のいいものではないだろうし、若者は入っているもののまだ敷居も高いし、「カフェ」ではなく、アメリカンレストランである。僕がスターバックスに通いつめケーキをタダにしてもらったこともあるように向こうも「カフェ」意識を持っていない。先日はテラス席に若いタイ人女性が入ってきた。身なりもいいし、携帯電話も持っている。ツアーガイドをしているのだろうか、英語で連絡を取り合っている。しかしこの女性が僕に話しかけてくるのだ。

「オーダーは店の中でやるんでしょうか?」

つまり彼女もマクドナルドとスターバックスのボーダーを知っている一人だったのだ。

日本ではアメリカで人気というと何でもはやっていくが、こういった同国内ボーダーというものは何かないのだろうか。ドトールコーヒー派にとってのみ日本のスターバックスはタイ人にとってのそれかもしれない。

③怒りのつくり方

日本にいたときは当たり前と思っていてバンコク暮らしをすると少しちがうと感じてきたことがある。物乞いに三度つづけて腕をつかまれたための体内細胞が生き返ったことによるのかもしれないが。

それは李登輝に対するビザ発給の件なのである。むろん日本は自由の国ということで発給するに決まっている。だから新聞も真剣には読んでいない。おそらく『朝日』なら「中国の気持ちはわかる、しかし日本は自由主義の国だ」とシーソーで高い所までいってドスンと落とすような二股かける記事を書いたろうし、『読売』ならカジキマグロを巨大定置網ですくって捕ったような喜びで「内政干渉だ」と書いたことだろう。しかし本当の論点は日本の学生の質ではなかったのだろうか。どこかの大学に李登輝がやってきたとする。学生には台湾寄り、中国寄りなどというものはないのだし、もしあまりに中国攻撃が激しければ学生たちは怒ればいいのだ。

「向こうの学生とも交流してんだぞ」

と。こういった怒り映像を世界に発信すれば手つづきとしてのビザにクレームもつけてこなくなるように思うのだ。

日本人の場合概して怒らない。しかも論理がおかしいのだ。マスコミが利益至上主義をやっている→だから世論を誘導する→国民は飼い殺しになるといった「怒り」の存在がないのだ。入社三年目の女子アナがたった一年下の女性に対して「私が先輩よ」と言い放つ姿の鼻につくことからいけば利益至上主義はあるにしても韓国で米兵への傷害事件が起きたことを考えれば何も起こさないからこそマスコミに誘導されると言えなくもない。そして基地賛成反対と第三・第四の道が閉ざされる。そして、これもマヤカシあれもマヤカシと……。

昔、選挙中に大阪のオッチャンが「小泉なんかに負けるなよ」と立候補者に檄をとばしていたのをみたことがある。そのときマスコミは小泉人気をつくっていたのであってこのオッチャンの姿が新鮮だった。僕はこれをみて以来、ムエタイスタイルで闘いながらニュースをみるようになった。

「よし行けェ。そんなしょうもない政治家叩け。ほら、ふらふらしてきよった、とどめ刺せ、右ストレート！」

と。

ナショナリズム

いつだったか雑誌にタイのナショナリズムについて書かれていたことがあった。具体的に盛り上がっているという話ではなく、その下地があるという趣旨だったと思う。

確かにそうなのだ。日本で偽者とはいえマスコミ主導のもり上げ方があってタイでは全くないと考える方がフシギかもしれない。

コマーシャルで以前、外国人による文化の逆輸入をタイ人として恥ずかしいと思いませんかというものがあり、その後、スリヨータイのような歴史映画ができ上がるのをみると、

「はた、これか」

となってしまった。しかしここで少し落ちつきたい。歴史大作というのは概してナショナリズムには結びつかない。これは「芸術作品」の域に入ってしまうと逆に縁遠く感じてしまうからだ。ナチスのプロパガンダ映画「意思の勝利」や最近の日本の「凶気の桜」のようなミニシアター系映画とでもいうような、あの手の映画の方がよほどナショナリズムがもり上がっているかどうかの判断になると思う。バンコクの場合、日本のようなミニシアターがあるわけではないが大学生の自主映画などは注意しておいていいかもしれない。

もう一つ注目したいのは外国人の通りであるカオサン周辺だろう。アメリカのテロ、バリ島のテロがプーケットやサムイ、そしてバンコク市内で起こったときに*怒りが一気に外国人へ向けられる可能性がある。不景気によりジワジワと外国人排斥に向かうかといえばこれは日本のような社会ではあっても、観光国家、観光都市という前提を考えると少し考えすぎともいえる。外国人がふえた方がタイ人にとっても仕事がふえることからもだ。

「カオサンへ行って下さい」

とタクシー運転手に告げると、「買物か?」と乗ってくる者、「えっあんな所へ」と驚く者。この二つはいいのだが、黙っている者はうす気味わるい。何ともないのか外国人を相手にしたくないのかわからない。

〝タイは身分社会だからタクシー運転手は外国人客を見下す〟とはきくが世界じゅうどこでもタクシーはやり玉に挙がるから、接客態度のわるさより、この黙っている運転手の方が怖い。最近、タクシー運転手で車内でルークトンをきいてる者が前よりふえている気がする。このブームもそうなのかと思えもするのだが、しかし僕のためにクリスマスソングをかけてくれる者もいるし、タクシーを基準に考えるわけにもいかない。日常生活としてはとりたててナショナリズム高揚は感じないという所である。

唯一感じることとしたら若者がゲームセンターで人殺しのゲームに大騒ぎしていることだろうか。銃を持った男が岩場に隠れている者をみつけ次第に射ち殺していくもので、皆それをやっているので初めてみたときは驚いた。もっともこれがナショナリズムではなく、日本と同じくこういう風潮を叩くことで外国文化、果ては外国人がわるいと持っていく大人のそれだ。若者がゲーム感覚で物乞いや動物を襲い始めたら黄色信号だが。高校生が制服のまま喫煙しているのをみると「日本人の影響だ」と言われないかと僕はひやひやする。

映画にしろ音楽にしろ民族のルーツでも食文化のあり方でも、昔を見直すだけならいいのだがこのナショナリズムに結びつける人間の特徴として「変化に敏感、**進化に鈍感」というものを感じている。少しでも変化すると「昔はこうじゃなかった」と言うのだが、人間が進化すると何かと否定的に考える。新しい日本人像がなかなか出てこなかったのもこれにあると思う。「君が代」の論理ともどこか似ている。

「昔はみんな歌ってた」

これを言うのなら「僕は僕の先祖とはつながっているが、あなたの先祖とはつながっていません」と民族否定もしたくなるし、戦時中に天皇にこだわった教育をしたことはそれだけ当時も浸透していなかったのではないかと言いたくもなる。ナショナリスト（悪い方の）はいつも現代に近い方の歴史は浅はかなものとして「昔はよかった」を使うのだ。

「変化」や「進化」ではなく僕は「仮定」にこだわっている。アジアにもし今でも日本の神社があったら、

「日本人が神社に参って何かおかしいですか」

と言いはしまいかと。この心理が靖国のバックボーンだろうと。タイ人には本来こういうものを反面教師にしてもらいたいのだ。

「観光地化してつまらなくなった」

というこどばも日本人はよく使う。その場所が戦地であったなら「観光地化して良かった」のだが「変化」の方に過敏になる。

いつだったか屋台で食事をしていると紳士風の男性が隣に腰かけたのだが僕の調味料の使い方を事細かに「それはちがう。こう使うんだ」

と指南し始めたことがあった。

「オレがそうしたいのに何でおまえがそう決めつけるんだ。寿司が世界に広まったのは食べ方まで強制しなかったからだろう」

と言いたいのを我慢して、

「なるほど」

と言われる通りにしていた。

だいたいこのタイプはタイ人と同化し彼らの琴線に触れることをしてはナショナリズムを揺らせてしまう。日本にいる日本文化大好き外国人と同じだ。そして飯がまずくなったときに限って、

「ああいうウンチクを鼻にかける人いるんですよ」

と話しかけてくる別の者に出会う。怒りを共有して意気投合してしまうとあとにこういうのが自分の最も嫌いなナショナリストだったりする。日本がナショナリストを最も刺激させる国であることを忘れてしまっているような。

*カンボジアと衝突したような失言もテロ同様に怖い。

**タイでは結婚を反対され心中する事件が多い。この事も身分の壁の崩壊につながらないとは限らない。

タクシー運転手いろいろ

日本で最近とくによくみかけるようになったのがタクシーの運転手がすぐに切れてしまい客を残したまま外へ出て相手の運転手を怒鳴りにいくといった場面である。運転マナーは日本が世界で№1といってもいいがこれがルール違反であることは理解していないのだろうかと思う。

タイの運転手は怖い運転はあっても外に出ていくということはない。欧米でも腹立たしさをハンドルにぶつける者や客を乗せたままカーチェイスをやる者、クラクションを鳴らし放題といった者はいるが降りていかないからクラクション殺人というものがない。降りて向かっていくのは丸腰で武器を持つ者に向かうようなものだから起こらないのだろう。こういうことから考えると日本の運転手が安全第一をやっているとは思えないのだ。

各々な国で恐ろしい運転手をみてきたので僕はタイの運転手がそれほどひどい運転をしているとは思わない。トゥクトゥクとバイクには安全第二、第三といった感じもあるがタクシーの場合、運転手の人格こそ怖いものもあるが他の国に比べ運転そのものが怖いといったものではない。そもそも運転手なのに場所を知らない者が多い。マーブンクロンを運転手に「こっち」「そうここを真っすぐ」などと客の自分が道を教えてやることになる。従って猛スピードで走ったり急な割り込みもない。例外的なのは酒が入っている場合であり、深夜、新年、水かけ祭りの正月、居眠り運転の長距離バスはやはり怖い。

しかしそれでも中国のようにスピードを落とさないままの割り込みや台湾のように烏龍茶の店で一服させられたり、フィジーのように忘れ物を取りに帰るのに付き合わされたり、ニュージーランドのように運転手が居眠りしてしまうことはない。宝石店とソープランドの勧誘を除けば比較的まともといえる。

タイの場合、運転マナーより運転手のプロ意識のなさ、これに尽きる。早く行く、正確に行くというものがなく、代わりにあるのがいかに稼ぐかや思い込みの激しさである。

とくに腹立たしいのがわざと遠回りをするタクシーなのである。ナーナーへ行くのに、スクンビット通りへ出ないままランスアン通りとウィッタユ通りをぐるぐる回って結局チットロムのセントラルへ行き〝着きました〟ということがあった。スコールが来て仕方なくタクシーにとび乗ったのだからこんなことをされては乗った意味がない。メーター通り走らないことより悪質だ。シーロム通りだと風車のあたりからわざわざスリウォン通りへ抜けてパッポンへ連れていこうとする呼び込み運転手もいる。シーロムを真っすぐ歩けばいいだけなのだからそのエネルギッシュさには感動するがいいかげんにしてほしくなる。また道を知らないものも多く、例えばシーロムから拾うタクシーはソイカセムサンを知っているが、チャイナタウンで拾えば十人中九人は知らない。BTSができてタクシーで近距離を走ることは減ったが以前は困ったことだった。

そのくせ思い込みは激しいものがあり、BTSのプロンポン駅までと告げれば「よっしゃ」と自信満々にフォアランポーン駅に連れていく。おそらくタイのタクシー運転手より日本のタイフリークの方がBTSの駅名をよく知っていてスクンビットライン、シーロムラインをすべて言えてクイズで賞金を稼ぐ者もいるのではないかと思ってしまう。ナーナーと告げると〝はい、ナナプラザね〟とナナプラザでないといけないといった思い込みもある。僕がソイの3の方だと言えば、〝いや、ナナプラザはソイの4だ、オレは知っている〟と悦に入る。実際ナナプラザへ着くと「ほら、ソイ4だったオレの勝ち」といった具合で外国人の僕に勝って何が嬉しいのかと思うのだが運転手の喜びようをみると怒る気力がなえるのだ。

「カオサン」を「カオサンロード」、「パッポン」を「パッポンストリート」と言えというようなこだわりもあるようだが裸足でアクセルとブレーキ操作をしているのをみるとそっちのこだわりはないと思う。町を歩いている金髪ロシア人女性をみては「おおロシアン、千バーツ」と値段まで決める。そんなに安くはないだろうし、この調子なら日本人女性も言われているのかもしれない。いかにも学歴のない人の商売といった感じもするし実際英語を話す運転手も少ない。王宮をグランパレスでは通じないから王宮前広場はサナンルアンと言いたいし、ワールドトレードセンターも通じない。これはワートー（ワーターか）で通じる。むしろイセタンと言った方がいいかもしれない。泥棒市場のナコンカセムはタイ語のはずだが通じない。隣の市場を運転手はコントン《クロントム》と発音していた。マーブンクロンは通じない経験が一度もない。英語がもう少しわかってくれたらなあなどと思ってみたりするが民主記念塔の英語が出てこず羽根の絵を描いたこともあり、あとでデモクラシーモニュメントだと気付き、自分もそう大したことはないと気付くのだ。タイ語スクールに通わなければ……。

タイのタクシー運転手のプロ意識のなさはドンムアン空港へ着いたときから始まっている。空港のタクシー乗り場に「＋50バーツ」と掲示が出ているのだ。これはおそらく運転手が高速を使うのでその分支払ってくれということだろう。しかし実際に乗車すると僕に高速代金を払わせ、そしてメーター分に50バーツを加算した額を言ってくるのだ。

「ではプラス50バーツは何なんだ」

と言うと運転手が言うには、

「メーター通りに行ってやったから」

と。これ、安心料だったのか。

目からウロコの落ちるタイ

町歩きをしていておもしろい光景をみた。屋台でフルーツと串焼き両方の作業を忙しそうにしているおじさんがいたのだ。少し列もでき始めていてどうするのかと思っていたら前の客が勝手に串をひっくり返したり次の客がナイフで細切れにしたパインを勝手に袋に詰め始めたのだ。タイのガイドブックやエッセイなどを読みすぎたせいか頭が白くなる瞬間でもあった。タイの屋台の料理人の地位が低いことや決して大学生がアルバイトでやったりしないことはどの本にも書かれているとおりだし、喫茶店から屋台の料理を出前してもらい食べてもOKというのも正しい。日本レストランにタイ人が入ってきて店の天丼とは別に外から炒めものを出前しているのをみたこともあるし、日本人も厄介な国で仕事をしていると思ったものだ。しかし僕はずっと客は立場が絶対に上で串焼きをひっくり返すとは思いもしなかった。日本で神社の縁日に屋台が出ても客がトウモロコシやフランクフルトやおこのみ焼きを引っくり返したりはしない。客は絶対的であってひたすらでき上がりを待ち、作る側もまた「作る」という作業に絶対的で客を立ち入れさせない。ファーストフードの店員が〝一分お待ち下さい〟と言ったり、相手が子どもなのに〝ここで食べていかれますか〟などと敬語を使っているのをみるといかに客が絶対的と考えているかが伺える。正しい教育なら〝ここで食べてくか？〟という客の絶対化否定ではないかと思ってしまうほどだ。〝三分お待ち下さい〟とそのまま忘れてしまうタイ人も困るがこちらには不気味さも感じるのだ。客の絶対化は駅にも空港にもある。大雪のために電車が動かなくても駅員は頭を下げて謝るし、空港職員も濃霧であれ台風であれ飛行機が飛ばないと謝り出す。今ではこれで傷害事件も起こっている。これとは逆に店側の絶対化もある。高級日本料理店は食べ方指南もあるし、水を出さないラーメン店のこだわりというものもある。水をのむとラーメンの味が変わるからという。それならキムチラーメンも自分の食べているラーメンの味がわからなくなるからやめてほしいと思うのだが通じない。店が絶対的であるからだ。

日本のレストランでの口論発生率をとれば世界一ではないだろうか。「水をくれ」「灰皿！」と高圧的なものから「早くしてくれ」と怒鳴る者、一皿ずつ店員が持ってくると「二人分一緒に持ってきてくれ」といった怒り方もする。日本にこそ絶対的というものが存在している。社会がおかしくなっているのは性善説に基づいたこの「絶対性」が関わっていると僕は思うのだ。

タイの町を歩くと絶対を打ち砕くものが次々に現れる。スクンビットのプロンポン〜トンロー周辺のソイを歩くと閑静な住宅街で、暑いわりに気は落ち着く空間だ。庭付きの豪邸も建っている。その家の郵便ポストにふと目をやると、あの、客が串焼きをひっくり返したときの驚きを感じる。何と郵便受けが三つも付いているのだ。推測すればこの家には主人の他に中国人コックやインドネシア人もしくはフィリピン人家政婦がいるのだろう。タイ語、英語、中国語の新聞を取っているのだ。家政婦やコックに新聞を取ることを考えるとご主人様と家来という間柄ではなく三人で一つの家を借りたかのような印象を持つ。また、家の塀をよくみるとビール瓶などを割ったガラス片が突き立ててあり、泥棒対策にしている。金持ちなのだから防犯対策にお金を使えばいいのだが機械を崇拝していないのでこのように原始的な対策を取っている。これと同じことがクルマの展示場などでも言える。昼間はわからないのだが夜になると男二人でずっと見張りをやっている。人的手段としては最たるものがあり、犯罪がふえているのに日本の家や会社にガラス片も見張りもないことを考えると日本人にとっての〝体裁〟というものは機械でさえ絶対にしてしまうのである。絶対のない社会はコンビニと屋台の関係にもある。コンビニの前に屋台があれば日本だとコンビニの主人が怒り出しそうなものだがタイではそうではない。コンビニでカップ麵を売るのであれば、うちはカップ麵以外を売るとでもいいたげな力関係の両立である。屋台を観察するとなぜか柵に袋入り麵が並んでいることもある。コンビニの商品をひょっとして屋台で宣伝しているのかと思うとこのタイのこだわりのなさと絶対性のなさには底知れないエネルギーを感じてしまう。日本のレストランでカレーを注文してボンカレーやククレカレーが出てくることはあっても店にカレーの箱を陳列したりはしないのだから僕にはすさまじい姿に映るのだ。

絶対化否定は庶民のエネルギー、そしてアジアのエネルギーにもなっている。クリスマスになるとこの時期、有名ホテルはその外観を美しいイルミネーションで飾られる。ホテルの前に巨大ツリーや回転木馬が登場して、仏教国を忘れてしまうほどだ。更に驚くのはホテルの宿泊者向けに楽しんでもらおうといった内向きのものではなく、アメリカ人が家を電飾だらけにして道行く人に見てもらおうとする、あの外向きの趣向といった点だ。ホテルのイルミネーションをバックに記念写真を撮る一般タイ人たち、そのタイ人たちを目当てにした屋台や露店、もはやねずみ講のように人がつながっていく。仮にタイ人同士の肩がぶつかったとしても通りがかりの第三者がサッと割り込み止めに入る。事件現場で携帯電話をかけテレビリポーターをやる我々とは違っている。ここでも機械神話は崩れている。

タイにアタる

①韓国嫌いにアタる

バンコクの日本レストランで辛くないソムタムを食べていた。タイレストランでは辛くしないでくれといっても十分辛く、日本レストランで言うと全く辛くないものが出てくる。この表と裏しか存在しないソムタムが今の日本をよく表していると思う。とくに若い世代では。

「人の絵を描いて下さい」というと皆タバコをくわえる絵を描く。くわえない絵が存在しないようなことになり、べっこうアメをくわえる絵などありもしない。キムタクが好きか嫌いかはあっても「自分は好きだからアンタはちがう人を好きになったら」が存在しない。

マンガ家が本を読めと訴えている姿もみなければ風俗ライターが児童買春禁止のデモ行進をしている姿もみかけない。ディベートばやりのせいか批判されると守りに入り、東京のファッションヘルスが「今日から指入れ解禁になりました」というような開き直りの弁解をやり始める。表にも裏にも前向き後向きというものはありどちらからも裏切り者が出る風通しというものがいるのだと思う。

とまあこんなことを考えていると隣のテーブルに日本人団体が腰かけうるさく話し始めたのだ。落ち着いたジャズが流れそうな店なのに居酒屋のノリの大声での会話。これには日本人の中国人化を感じてしまう。すると中の一人の男性が一段と大声で「韓国なんて嫌いだ」との一声。ワールドカップの誤審か日本海の呼び名問題か竹島問題か（これ、沈んだら解決と思うが）しらないが耳クソ程度のことで過去がひっくりかえる危うい日本から出てきてアジアで暮らしているこちらには「韓国旅行の日程をバンコクに変更しました」といった話は何の意味も持っていない。カンボジア（アランヤプラテート）行きミニバンで同乗した韓国人と手当りしだい握手していた日本人の方が前向きさだけは感じるし。

いつだったかテレビで韓国が好きかどうかを統計をとり理由をきいていたことがあった。好きであろうと嫌いであろうと自由だがどうして共通項をきかないのかという点を感じた。好き嫌いの感情は統計のメインではなくサブなのだ。メインとサブの逆転統計はここのところテレビがよくやるまやかしの一つである。

新聞にも同様のまやかしがある。過去にこだわり護憲派の新聞と過去に目を伏せ改憲派をやる新聞があるだけで過去にこだわり改憲主張をやるものがない。これが正真正銘の『朝日』にとってのライバル新聞だろう。我々のやる新聞読み比べは相撲にたとえれば体重百キロの大学生が体重百二十キロの小学生と対戦しているようなものでありどちらが勝っても嬉しいという類ではない。

「バンコクの韓国人は日本にいるのより少しマシなんですよ。それに美人が多いんです」

隣のテーブルの一転ニヤケた顔。ソムタムを少し辛くし始めたのか……。

②老人にアタる

タイ在住日本人を大きく三つに分ければ、人間の国の楽しさを満喫する中高年、多民族社会を楽しむ若い世代、そして神の国再来の老人たちといったところか。三重構造のようになっているのだが最近タイ政府はシニア世代の日本人のロングステイ、移住を本格化させようとしている。老人が来てわるいはずはないが僕がみて問題に感じるのは必ず日本で「研修」というものを受けてくるという点である。

他国の人でよその国へ住むというだけでこんな大そうなことをしてくることはないと思う。自分の眼で慣れていったり知識の収得をしたりするのだと思う。「研修」において教える先生（在タイ者である場合が多い）が型破りな人であればいいがそうでない場合、MUST思考から抜けられなくなってしまう。タイはこういう国だからこうしなければならない、または、こうしてはいけないといった考え方の問題は例外を許さないという気持ちになってしまうことにある。例外をみてしまったらMAYの考え方、ひょっとしたらこうかもしれないと考えた方が修正は効く。日本の老人たちの口から、よく聞く言葉。

「王様の下で暮らすことのありがたみを感じております」

腰の低さよりも精神的侵略の構図を浮かべてしまう。戦時中に異教徒たちに神社詣でをさせていたような外国人との同化の有り方を。

僕はアラブ人にこだわっている。タイ人たちが仏像に手を合わせる姿をみても全く我れ関せず、さりとて南部の過激派に手を貸すこともなく外国人として生きている彼らの姿を。いくら戦争の傷跡が少なく、日本にいたら軍人扱いされそうな老人が親切にされる社会といってもアジアにアグラをかく姿は好きになれないのだ。

「日本で子を叱ると怒り出すから怖いのですがこちらは叱りつけても躾になります」

といった、立場まで逆転してしまう。僕はこういう人をみるとタイの中村主水に仕事料を支払うことにしている。孤独な老人とは反対の老害として。

概して怪しいと思っているものに日本人協会というものがある。〝こんなものにワシは入らん〟と豪語する老人がいれば僕は尊敬したいのだがこれに入ると一定のマインドコントロールが行われ、協会加入者の参加するツアーにとび入りで参加すると同じ日本人であっても白い眼でみられることになる。「バアちゃんのために頑張る」というセリフが好きな北海道の若者から感じるような内縁意識が外国でも感じ取れるのだ。バンコクへ来るのなら指を一本詰めての永久ビザ取得という手もあるかも。

③食事にアタり歯が欠ける

初めて食べものにアタったのはピサ・ヌロークの屋台でだった。スコータイの玄関口の町でありここからすぐ向かえばよかったのだがスコータイにはそれ以前に行っていたので、この町だけを過ごしていたのだ。「空とぶ野菜いため」という空中に放り投げた野菜いためを皿でキャッチするといったテレビで紹介されたらしいものをみたいだけでナイトバザール迄サムローを使って行ってみたのだ。川沿いの屋台群を歩いて回ったが料理を放り投げるようなことはやっていないし、仕方なく適当な店でカキのおこのみ焼きを注文したのだ。関西人にとっておこのみ焼きと名が付くと食べないわけにはいかず、おこのみの元祖が中国の福建省であるといった番組でさえ食い入るようにみてしまう。

すべてたいらげて一時間ほどして帰宅したのだが眠りについてしばらくしてそれが起こった。胃の内容物が一気にノドへこみ上げてきて限界を感じトイレで吐いてしまったのだ。自転車サムローの運転手の汗臭いシャツの臭いを夜風とともに吸っても平気だったのにこのザマである。屋台でアタったのはこれが初めてで、バンコクでは一度もなかった。ベジタリアンウイーク時の日本のおでんのような煮ものでさえアタったことなどなかったのに「空とぶ野菜いため」の軽率な目的でこうなってしまったのである。

このときはてっきりカキにアタったのだと思い込んでいたのだが後にカオサンでマレーシアンピラフ（日本でいうドライカレー）を食べたときにも同じ症状となり、油が問題だったと気付いたのだ。アタりそうに感じたらソムオーの汁をかけたらいいと日本レストランの主人は教えてくれたが油ではどうしようもないし、「昼はサバーイ、夜はヨバーイ」などと言う主人のことばの信憑性も気になるところだ。

ピサ・ヌロークでもカオサンでもともに丸三日は胃がいたく食欲なしがつづいた。とくにカオサンでアタったときには吐いたさい歯が欠けてしまい治療に七百バーツもいかれた。日本語を喋ってくれるのはありがたいが歯の治療に保険が効かない理由がよくわからない。神経質な人間が外国へ行くと最もおかしくなるのは歯である。悔しさで歯をかみしめたり、肉がかたくて歯をわるくしたりするのだから。逆にこういう人間は注意深く事故に遭うことはまずない。宝くじで三百円しか当たらない人間が初めての海外で盲腸炎になる可能性はマイナス10％に等しい。それなのにより可能性の高い歯に保険が効かないのは納得がいかないところなのだ。

それでなくても日本の若い歯科医は助手と相談しないと治療ができない相談医、患者にここ削っていいですかと尋ねる打診医、今日中にできますかときくとプライドを傷つけられたとムキになって「できます」と怒り出す社会性欠如のボンボン医とつづくのだ。医院の入口奥に金魚の水槽があり、ガラステーブルの上には『Yomiuri Weekly（ヨミウリウイークリー）』と『ＡＥＲＡ』を並列に置いている趣味のわるさからいけば外国の歯医者が格安であってほしいと願うのだ。

海外傷害保険も考えてほしい。昔あった自分に必要な所だけを選ぶ組合わせプランが旅行者に好評だったのに儲からないといった林真須美精神を全面に出してなくしてしまった。食あたりと歯の治療はまだ解決していない。

④カオサンで若者の宗教話にアタる

カオサンの白人向けレストランで珍しく宗教の話をしている若者をみた。厳密には宗教否定の話といった方がいい。僕が学生の頃にもこういうのはいたし、モルモン教徒に勧誘されそうになったという話もきいた。

彼らはオウム事件が身近だからまたその後こういう話がはやったのだろう。別に有神論でも無神論でも悪徳宗教にひっかからなければそれでいいのだが、彼らの話には天皇教が全く出てこないのだ。中東の紛争やインド、アフリカの話そして、宗教トリックとよく喋るわりには出てこない。

僕の父など国家神道の世代であったためにその反動で宗教否定するときには攻撃的に否定をしていた。しかし戦後生まれの者もこの攻撃性をずっと引きずっている。本来、宗教を否定するのならこう言えばいいと思う。

「僕は仏教はどうも合わないんで」

と。しかし日本人の攻撃的否定はそうではないのだ。宗教をみとめると天皇教の支配下にあることになるといった、反宗教的立場に身を置きたいということなのだろう。従って攻撃的否定の姿は宗教対立の姿と全く同じになり、かなり醜いものとなる。

本人は無神論者を装ってもサッカーにおける列島一体教や野球における逆転ホームランを願う神風教はきっちり根付いているし、スポーツにある「ジンクス」ということばも神からの啓示だろう。占いブームも合格祈願も。

タイの国王は坊さんの前でもひざまずいて敬意を表わすというのだが仮に天皇がひざまずく者があればそこでやっと日本人は宗教に解放されていくのではないだろうかと思う。

今日は奇しくも十二月二十三日だ。クリスマスイブの前日だから宗教の話もいいじゃないですかというわけにはいかない。何しろ天皇誕生日でもあるのだから。

カオサンから減点主義を考える

僕はカオサンを隠れ家として使いたいのだがどうもうまく使いこなせていない。いろんな国の人がいるのだから紛れこむのは簡単だろうと思っていたのだが泊まっているゲストハウスの庭先で雑誌のグラビア撮影をやっていたり、外へ出ると有名作家がでっぷり腹の出た編集者を連れて早足で横切ってきたりと、この町は何者かによって暴かれる町であることを知るのだ。

テラスでくつろいでいたときには爺さんに話しかけられたこともある。詰問調でこうだ。

「あなた仕事は何？　月収は？　年収は？　休み何日とれた？　倒産の可能性は？」

同じにおいを感じ、『タイ経済』か『バン週』に寄稿しているにちがいない。僕の右腕をみてはこう言うのだ。

「ダニにかまれたのか、安い宿に泊まるからだ」

放っておいてほしいがこういうことがよくあるのだ。

それにしてもカオサン自体変化した。

D&Dインの下にひっそりとあったインドレストランも消え、今のBUDDY　BEERの建物以前にあったガランとした食堂には屋台のパッタイを持ち込もうとして追っ払われたり、隣には大音量で音楽を流すネットカフェもあって今思うと懐かしい。チャートゲストハウスに態度のわるい従業員がいたが、ここも改装され、野生味のある顔のラオス人女性が働いている。ランブトリー方面へ向かう途中のロイヤルカフェも、とうとう消えてしまった。ここも喧噪から逃れるスポットだったのだが。賑やかな商店街に大型店が進出してきたようなもので形態が変わっていく。ランブトリーのシャバットゲストハウスにはイスラエル情勢によって見張りのガードマンが常駐している。グリーンハウスのイグアナはまだ元気だが、そんなことは言っていられない。

――そしてまた暴く――

昔、NHKで珍しく個人旅行を取り上げていたことがある。カオサンに宿をとるところから始まりマレー半島を南下していく旅だった。NHKで個人旅行を取り上げるとは珍しいと少し見入ったのだが、旅のコーディネーターと思しき人物は「宿の選び方がわるい」「お湯が出ないとは何事か」「どこで休憩しているんだ」「何でそんな所でスケッチするんだ」といった具合の減点主義で注文をつけ、みていた僕は耐えられずチャンネルを変えてしまった。大阪のタレントなら放っておいた方がおもしろいのに企画が従来の域を超えていかない。僕は間違っていても悪意を感じないものはOK派だ。これは一般書にもいえると思う。屋台にタンドリーチキンがぶら下がっていましたと書かれていたとしても初めてタイに来たときには自分もそう思ったことからいえば微笑ましい。

カオサンでこの日本人特有の減点主義を考えだすとキリがない。何しろ説教日本人もよくみかけるのだ。

今僕が気になる減点主義は相撲の将来である。日本人力士の根性が外国人力士に比べ劣っているといった考え方と優っている外国人力士を制限するといった考え方である。日本人力士が劣っているのなら野球選手やサッカー選手が世界で通用している意味がわからない。相撲がつまらなくなったのは老人の楽しむスポーツに成り下がったからだろう(力士が相撲をスポーツと思っているかどうか疑問だが)。TV中継では今でも「努力」「根性」「師弟愛」「親子のきずな」「出稼ぎ物語」といったドキュメンタリータッチで「この一番」をみせてくれる。しかし我々はもはやドキュメンタリーとしてのスポーツをみる気力体力を持ち合わせてはいない。野球を考えてみればいい。三振すれば野次られホームランなら拍手される。その選手がキャンプで何万回バットを振ったかは打席において視聴者の視点ではない。相撲中継を民放に任せて、神通力を感じさせないところから始めないと力士になりたいという若者が出てこないだろう。朝青龍同様、高見盛の気合の入れ方も日本人の品格を落としているわけだし。

もう一つ減点主義が色濃く出ているのが外国人犯罪報道である。もちろん犯罪の取り締まりを強化して警官をふやすことや水際での取り締まりは必要だろう。しかしそれとは別に、あの報道から感じる

*生理的不快感は何なのだろう。

「ここ、中国では犯罪の約九割が中国人の仕業です。こちらでも中国人犯罪は深刻です」

と言われ頷いてしまったような違和感。

外国で日本人が犯罪に遭えば必ず使う危機管理が足らないというセリフを国内では使わず、警察幹部でさえ、「外国人犯罪は我々の常識を超えていますので」と国際基準に合わせていないことを棚に上げる。「犯人は外国人の可能性もあります」といった思慮深い一言がもっとも不自然に聞こえてしまう。これは犯人がオランウータンのときに使ってほしい。街頭インタビューされたらこう言えばいい。

「外国は外国人犯罪の本場なので慣れてます」

これで慣れていかない人への警告をまず与え、それから付け加える。

「犯人は髪の毛が金色の洋風日本人、大阪弁まじりの日本語を喋っていました」

と。外国人風や東南アジア系よりは適格だ。中国人風には笑ってしまった。これは中国人でいいのだ。タイでは外国人といえばラオス、ミャンマー、カンボジアといった自分たちより遅れている国の人を指し、白人、日本人、中国人、韓国人などは自分たちとはちがう異邦人として判断される。しかし日本では外国人ということばに一つ目の減点（卑下）があり、これに犯罪ということばをくっつけ二つ目の減点（完全なる卑下）にしてしまう。

小倉智昭が喋っていた。

「外国人に指紋押捺させると差別といわれるんだから日本人にも全部取っちゃえば」

警察の堕落ぶりから考えればこんな危ない話はないのだが、小倉智昭モードに感染した識者たちは「それもそうねえ」と言い始める。本質をみえにくくする小倉智昭モードでは報道の不快感は存在していないのかもしれない。これならまだ地面を静かにはってきて途端にかみつく福留功男のガラガラヘビモードの方がましなくらいだ。

毒をもって毒を制する、変形勧善懲悪主義を僕は学んだのかもしれない。北朝鮮やイラク問題から感じる国家と市民を分ける考え方であり、犯罪と国籍を分けないことでもある。これでいくと、水戸黄門にも殺人罪はありえるし、第三者のあおりにも適用可能だろう。「どんなひどい国でも国交はあった方がいい」という考え方も変形勧善懲悪である。ただし、これとて良心はいる。目の前で倒れている人をどう助けるかでぶつかり合う社会。生かすか死なすかでぶつかり合ってる今の日本は開国前夜のように映る。

カオサンではいつもこのようなことを考えてはタメ息をつくのだが今ではタメ息が似合う場所も探しにくくなっている。そして筋肉痛のため、ファンの部屋も困難となった。

＊日本人の犯罪の場合、ヤクザ絡みのものと一般犯罪は分けるのだが外国人犯罪になるとすべてがマフィアになっている。

タイのホテルの居心地の良さ

日本で一万弱もするビジネスホテルがバンコクでは七、八百バーツ～千バーツ、三千円弱で泊まれ、しかも日本より部屋が広く冷蔵庫が付いていたりと感動しないわけにはいかない。階級社会であるからホテルもランク付けされていて差異があるので選ぶ我々としては有難いし楽しいことでもある。日本のホテルは一流ホテルのスイートルームが広く豪勢なのは当然としても、一流ホテルの一般の部屋はさほど広いということもないし一流ということばから考えれば狭い。ビジネスホテルになると更に狭く、カプセルホテルに人権擁護団体がクレームを付けない理由がわからない。「おまえはウサギだ」と言われているのと同じなのに。広いという均一社会なのならまだしも狭い方の均一社会だからバンコクへ来たら安宿であっても広さにこだわりたい気分になる。何もない代わりに広さだけがある安宿もあるし、同じホテルであってもバスタブかシャワーかエアコンかファンかテレビがあるかないかでも値段がちがっている。これなら日本でもやれそうなものだがまだ一律のやり方から抜けていない。

念のために日本人が親切だということは言っておくがそれを頭の隅に置いたとしても日本のホテルの窮屈さにはホトホト参ってしまい、外国人を受け入れてこなかった国だということを感じてしまう。部屋のテーブルに敷きつめられたチラシの多さ。近所のレストランの紹介まであり、電車の中のチラシと同じく圧迫感がある。チェックアウトの時間が十一時になっていて一般旅行者がビジネスマンと同じに設定されていて気分がわるくなる。一〇分チェックアウトが遅れただけで「うちは機械で扱っていますから延長代を頂かないと」とけんかになりかかっている場面などをみると機械に三〇分迄なら我慢します」とデータ設定をしておいてほしいと思ってしまう。更に僕が驚いたのはビジネスホテルの冷蔵庫の扉を開けると中が自販機になっていて、コインを入れて引き出すやり方になっていたことだ。そこには無人コンビニと似た不気味さがあった。

バンコクの様々なホテルに泊まり感動するのは見晴らしがいいとか贅沢な雰囲気だとかそういうものではなく、本当に当たり前のことがあるといったそのことなのだ。

例えば向かったホテルが満室だったらホテル側は同ランクの他のホテルを紹介しようとして気分を害させない。すべてのホテルがやっているわけではないが紹介料をもらえるといったシステムがあるからだ。クーポン券を持っているのにハイシーズンだから使えないと小馬鹿にされもしないし、期限が一日過ぎただけで紙切れになることもないだろう。

多くのホテルにはインターネットが設置されているし、エアーチケットやツアー手配、外貨両替はもちろんのこと、世界標準時計まで飾られていてニューヨークやパリが今何時かもわかる。ビジネスマンにとって必要なのはこういうことではないのだろうか。モーニングコールを二回もする過剰サービスより、たとえサービスではなくても当たり前が欲しいのだ。やっと日本にバジェットホテルが出てきて値段も五、六千円代のホテルが生まれたが、テレビをなくして共同ネットを置くようなことはやらない。僕は関空のりんくう地区に巨大ゲストハウス群でもつくってアジア都市としての再建として旅行者の町にしてやりたくなるのだ。24時間空港なのにレストランが夜で閉まる不自然さから考えても。

タイのホテルは当たり前を備えている代わりに当たり前でないものも備えている。ゴキブリはよく出るし、注意しないとダニも多い。日本でホコリ取りの粘着テープを買って持っていくようになったくらいだ。お菓子を置いたまま外出するともどってきたときにアリだらけになっていたり、アリの攻撃をうけなくてもメイドによって食べられていることもある。カオサンのゲストハウスなら合鍵をつくって入ってくる泥棒に注意しないといけないし、黒人街のホテルならパスポートを預けて、チェックアウトの日まで返してくれない所も多いからビザ申請をしたいときは使えない。南部ハジャイのホテルはバンコクと同クラスのホテルが半分ほどの値段だからお得といった気分にもなれるのだが、こちらはマレー系が利用するので部屋のカーペットの至る所にタバコの焦げ跡がある。自分の泊まっている部屋の扉の前の通路にタバコが捨てられているのをみたときは心臓が止まりそうになった。タイ南部で焼死しては『バンコク週報』にも載らない。怖ろしい思いであった。ハジャイといえばもう一つ驚くべきことがある。これは禁じ手だから存在しないだろうと考えていたのだがやはりタイには存在していた。ホテル内でマッサージ兼ソープランドを営業しているのだ。名前がピンクホテルといい、見事すぎるネーミングだ。タイ人にとってもピンク色は欲情的な色ということになるのだろうか？　しかしフロントの従業員はみな女性であり、日本人感覚を打破してくれている。＊ホテル内にソープがあるというのは善と悪とがひっくり返るような驚きで社会学としても研究の余地があるのかもしれない。カオサンのD&Dインの部屋にはテレビで監視カメラの映像が映っているので客本人が監視できるといった、これも東南アジアを考察するのに押さえておきたい部分であろう。

タイのホテル群には非日常的なおもしろさというものがあるのだがこれも個人で旅をすればこその発見である。あらかじめ超一流ホテルを予約して団体でやってくる日本人にはスパの違いはわかっても文化の違いはわからない。日本が早く欧米化して夏休みを一ヵ月とれる社会になれば頭を使う旅もやりだすし、タクシーの代わりにバスを利用し、自分でホテルを探し英語もより身近になるだろう。ツアコンが日本人旅行の悪の根源のように叩かれている姿は可哀想にみえるし、毎日コーヒーを飲んでいるくせに欧米化がいけないなどと言う者をみるとピンクホテルのフロントにでも立たせてみたい。

個人でホテル探しをすると苦労もするが得をすることもある。パリを旅行したときに日本人の多い所を避け、マレ地区の中級ホテルに泊ったことがある。少し歩くとユダヤ人街があり、ピタパンの店が出てきてはバンコクのナーナーと同じく何ともいえない哀愁がある。マレ地区にはバスチーユ広場もあるので歴史散策としてはもってこいだ。多人種の町らしくゴミが多いのは難点だが拠点としては最高の隠れ家といえる。そして事件が起こった。帰国するその日にホテルで日本円の一万円をフランに両替してもらおうとすると、フロントの女性がなんとフラン札を両手に山ほどもって現れるではないか。どうみても一桁間違えているのだ。彼女の側の女性は全くそれを見ようともしない。仕事の分業制があるために他人の仕事ぶりをおもんばかるなどという機転がありもしないのだ。断わると失礼になるから日本人らしく相手を敬い、立つ鳥後を濁してそのまま空港へ向かい、十万円分のフランを日本円に両替したのだ。日本人慣れしていないことがこれほど有難いと思ったことはない。さすがにバンコクでこういう経験はないが個人旅の楽しみとはこういうことだと思うのだ。

日本でアメリカ人ご用達ホテルはどこなのだろう？　アラブ人ご用達ホテルは？　インド人の好きなホテルは？　タイ人の泊まるホテルはどこ？　僕は答えがよくわからないでいる。

＊後にタイには多数あることを知る。

ガイドブックから考える

僕はもうタイに五百日以上は滞在していると思うがガイドブックをいつも持ってきていてカバンに一冊は入れている。確かにもうガイドブックを頼りにしなくてもバンコクの町歩きぐらいできるし持ってこなくてもいいのかもしれないが〝旅の達人〟などになりたいとも思わないし、なぜかあのガイドブックを片手に道でキョロキョロしている日本人もしくは欧米人であってもあの姿がどこか初々しいのだ。僕はタイ初心者のふりをしてガイドブックを開けてみたりする。初めてタイに来る人でガイドブックも持っていない人などをみると、よほど自分の眼に自信がある人は別でもごく常識的に考えて危機管理が足らないといってもいい。若い世代がガイドブックの必要なところだけを日本でコピーしてきているのをみるとなかなか頭を使っているではないかと思ってしまうのだ。東京から大阪へ行く軽装で海外へ行けたらそれに越したことはない。実際には季節がちがうので常夏の国に冬服も一つは持っていくから完全な軽装というわけにもいかないのだが荷物は少ない方がいい。それでいくとトランク旅から抜けられない芸能人の旅番組は時代から遅れていっているような違和感があるのだ。

僕はバンコクなら伊勢丹やサーヤムのスターバックスによく足を運ぶ。旅の達人にいわせると観光客まるだしかもしれないが伊勢丹前の石の腰かけに座ってどこへ行こうかと考えている日本人には「やっぱり日本とちがうっ!」といった素直なフェロモンが出ているのだ。のれんに腕押しのような社会から地に足がついた爽やかさを感じてしまう。同様にスターバックスの屋外テラスでガイドブックをみている者たちにもこれがいえる。

日本のガイドブックには趣向がもっとあっていいと思う。個人向け旅行ガイドブックでさえホテルリストはすべて載せず団体旅行用ガイドブックと同じようなホテル名しかない。英語のガイドブックならタイ全土のホテルやゲストハウスリストがあるがこういうのも一つはあってほしい。アジアの国なのに欧米人が穴場的ホテルを知っていて日本人がそれを知らないというのはおかしな話だ。

スクンビット通りソイ2のアトランタホテルなど部屋は大したことないがロビーだけはヨーロッパの古城ホテルのようでうす暗さと天井から吊るされたシャンデリアが見事にマッチしている。ソイ8のプロムナードホテルも値段のわりに閑静な場所でアソーク方面の高層ビルがみえ夜景もきれいだ。このソイ8にはテラス付きのロッジ風ホテルもあるから穴場といえるだろう。ソイ19などにも場所がいいわりに安いホテルがある。チャイナインやVSゲストハウスなどであるがどれもガイドブックには載せていない。また穴場ホテルとは逆に空港からヘリでシャングリラホテルへ飛んでいってチェックインするように豪遊的ガイドブックもおもしろい。節約旅の本が山のようにあるのに対して一日に十万円使ってさっさと帰ってもらうようなVIP旅のできる本というものがないのは変なものだ。もちろん僕には関係ないが。

日本のガイドブックには歴史が書かれていないといったこともよく耳にする。欧米人が持っているガイドブックはカラー写真もなくひたすら説明がなされていて疲れてしまうにせよ、タイの好きな寺ベストテンやタイの好きな王様ベストテンぐらいの趣向はしてほしい。日本人に合わせなくても、タイ人が選んだものでもいい。直情的な彼らなら選んでくれるだろう。それと歴史的背景を書いていてくれたら珍しい寺でも行きたいと思うのだが地区別のガイドブックでは有名な所しか行かなくなる。

日本とのちがいという点ももっと書かれていていいだろう。バンコクはそれほどでもないがチェンマイチェンライの寺へ行くとまず目につくのは腕のない人や目の見えない人などの身障者である。寺にこういう弱者が集まっていることがいかにも寺の役割だと思うし、金持ち老人や修学旅行生がいても身障者がいないフシギさをタイに来て気付いたほどだ。ワットマハブットなどの金運の神のいる寺へ行くと寺の敷地でも周辺の店でも宝くじ販売が盛んなのだが、日本ではファーストフード店で売り出す規制緩和こそ予定されていても寺や神社で宝くじを買えないといった〝初歩的な疑問〟を感じてしまう。タイ人に「何でロト売ってないの?」と言われて、「いや、お寺は神聖なところだから」などと答えたら、「ああ、それで体の不自由な人もいないのか。じゃあ寺は一般人のためにあるんじゃないのね」と日本人にとると追いつめられる。ホアヒンの寺で貧しい人のために境内でアメリカ映画を上映していたことなども紹介してほしいのだがリゾート地となるとこういうものも小さく扱われてしまう。かと思うと同じリゾート中継地の、ハジャイとクラビーの間にあるトランなどは鉄道駅そばに欧米人バックパッカーのたまり場があってオランダ人が経営しているカフェではゴーダチーズのサンドイッチさえ食べられるのにこの地はまずガイドブックでは省かれるか簡略化されている。このトランからハイ島、リボン島、マレーシア国境の町サトゥンなどへ行けるのだが大自然ツアーなどは小さな扱い。

このようにガイドブックの世界でさえ日本人の急激な多様化についていけない状態になっているのが

現実だ。脱北者に『地球の歩き方』を持たせたい時代でもあるし。僕は初心を忘れないためにガイドブックを持っていくのだが現地のフリーペーパーを集めることも躍起になってしまう。日本にいては知ることのない記事や変化を知れるからだ。これを切り抜きにしてファイルしていくことをやっている。自分のガイドブックを作るような作業である。参考になることも多いし自分の個性も生かせると思う。旅行者の情報ノートを本にしてしまうのもいいかもしれない。最大公約数から最小公倍数型への変化は二十一世紀の個人旅行の形である。

スクンビットナーナーに魅かれる

バンコクに着くまでは飛行機の中でずっと物価が安く朝方まで明るいカオサンの宿をとろうとカオサン行きのバスに乗ることだけを考えているのだがいざバンコクのドンムアン空港について熱気を浴びてしまうとバスの案内係に「ナーナー」と答えてしまう。いつの間にかこの町の独得の雰囲気に引きこまれ自分の中で外せなくなってしまっている。初めてこのナーナーに来たのは偶然で、グレースホテルという手頃な値段のホテルがあったので何泊か予約して来たことに始まる。やけにアラブ人が多く馬鹿さわぎもしない代わりに一つ間違うと大変なことになりそうな空気がはりつめていて変わったもの好きにとると得をしたような心地よさがあったのだ。後にガイドブックでここのカフェがアラブ人娼婦のたまり場と知ったのだが僕がこのホテルを二度も利用した頃にやっと気付いたほどである。確かにここのカフェにはスタイル抜群のアラブ美人の娼婦がいてじっとこっちをみていることもあったがどこのホテルにもこういうのはいるから気にも留めていなかった。側の団体が踊り出した方がおもしろいと思ってみていたぐらいだ。ホテルの客が一斉にひざまずいてメッカに向かって祈り出しそうなアラブ人御用達のこの場所が僕には居心地がよかったのである。僕は酒が飲めず豚肉もあまり好きではないし、中学高校時代でも憧れの芸能人というものもなかったくらいで前世がアラブ人ではないのかと思っているほどだ。

おそらく戦争で亡くなり、次は戦争のない国に生まれかわりたいといったところ、日本へ生まれ落ちたのではないかと想像する。前世が皆わかれば戦争がなくなると思うのだが神はこういうところだけは封じてしまう。

ナーナーには有名カレー店も多い。僕は「アクバル」「モグールルーム」「マハラジャレストラン」「ブクハラ」「パセンド」など片っ端から食べ尽くしていった。「ミセスバルビア」の初老のインド人主人が近くのコンビニで仕事のあと缶ビールを立てつづけに二缶飲んでいる姿などをみるとどこか日本人サラリーマンの疲れた背中と似ていて僕はアジアに体ごと溶けていくようなフシギな感覚を持つ。また同じインド人でも相変わらず「ユーアーラッキーマン……」と話しかけては洋服屋に連れていこうとする男には頑固なインド人像で笑わせてくれるのだ。

ナーナーを一通り歩き回った当時は単に様々な国の人が混在した楽しさを経験したいといった考えをしていた。ソイ3なら黒人が多く、少し怖いものの小競り合いもみたことがなく夜中であれペップリー通りへ歩いて出てみたり、偶数ソイ側の落ちついた通りを歩いてみたりもした。突き当たりに教会が出てきたり、欧米人好みのロッジがひっそりとあったりするのを確認しつつ散策するのもおもしろかったのだ。ナナプラザ近くの「トムズクイック（もう消えた）」で中高年女性の娼婦を眺めるのも日本とのちがいを感じていた。五十代のミニスカート。

しかし今では多文化、多国籍をみたという楽しみより、どの国の人であっても絶対多数になれないといった哀愁をこの町に感じるまでになってしまった。白人が黒人街やアラブ人街へ行くと少数派になり、アラブ人やインド人がゴーゴーバーのナナプラザ一帯へ行けばこれもまた少数派になる。日本レストランがポツンポツンとしかないナーナー地区では日本人もまた少数派となる。日本風カフェのＪＡＶＡ ＣＯＦＦＥＥというのがアソーク寄りにあり、ここを自分の体制立て直しの拠点にしたこともあったが、今では日本人にとっても大変居心地のわるい場所なのである。

日本人は概して自分を外国人と認めることを嫌う。五歳児位の子どもを外国へ連れていき、両親が「ここでは日本人は外国人だからね」といった途端に、子どもが「私は外国人じゃない」と怒り出したとの話もあるほどだ。外国人を否定することで日本人でありたいと思う人によくあるのは外国でサムライになってしまったり、ひどい場合だと国粋主義者になって帰国するといった具合だろう。

このナーナーでは常に少数派気分を味わうために外国人否定をやることの無意味さに気付くのだ。代わりにあるのが「哀愁」である。これが他の地区ではどうしても感じることができない。カオサンは外国人の町そのものであるが、何せ賑やかすぎて哀愁を感じる暇もない。スリウォンやシーロムではタニヤ通りが通り道になるために日本人は第一外国人であるかのような錯覚まででき上がってしまう。同じスクンビットでもアソーク、プロンポン、トンローまで行ってしまうと日本人の数が急激にふえていくので哀愁は忘れ去られる。

僕は夜十時を回ったナーナーであれば「マキシムズイン」のピンク色の鮮やかなネオンでさえ哀愁を感じ、ソイ5脇の路上カラオケにも、アンバサダーホテルの広大な入口前広場でアメリカンポップスを聴いて食事をし、両脇の賑やかなマッサージ店で体を休め、そのあと横道からソイ11のうす暗い通りへ出た瞬間でさえ哀愁を感じてしまう。マイアミホテルなど逃亡犯が静かに身を潜めているのではないかと。人知れず死んでいっても誰かが自分のつづきをしてくれるような幻覚を感じさせてくれるエリアだと思う。気のせいかもしれないが他の地区よりベタ寝の犬が多いような気もするし、これも哀愁に駆られる。露店が夜の十一時になると一斉にたたみ始め、より哀愁を深くしていく。

買物と帰国

バンコクで買った靴がひどいことになった。道を歩くと靴のひもがすぐにほどけてしまい歩くことができないのだ。エンポリアムでセール品を買ったのだが右足のひもをきつく結んでもすぐほどけ左足でも同様、気付けば両足ともにほどけている。暑いバンコクではなく、寒い日本でもこれなのだ。以前マーブンクロンで靴を買ったら底がめくれ上がり骨組みがみえたこともあり、草履しかはかないタイで靴を買ってはいけないとつくづく感じたのだ。カバンにも同じことがいえる。ショルダーバッグをシーロム通りの露店で買ったときのこと。中を開けるとスルメの臭いがしたのでヤバイとは感じたが、ガッチリとした黒色の使いよさそうなカバンなので二百五十バーツで買ってしまった。しかし肩に掛けて歩いてみると白人向けなのか若干大きい。この若干が問題なのだ。バンコクの狭い通りに人がぎっしり行き来している町では左手でカバンを押さえながら歩かないとすぐ人にぶつかってしまう。うしろに振り返った瞬間にカバンの角が揚げものに当たって引っくり返したら大変だし、現実にパッポン通りの入口では棚をひっくり返し、偽ロレックスを路上にぶちまけ平謝りしたこともある。カバンは倒れ方まで日本のそれと反対だ。ふつう財布や小物を入れるポケットの付いている方をカバンの表とすれば、床に置いた際はより重たい表側へ倒れるはずなのにバンコクで買うカバンは反対側へ倒れ込むのだ。習慣が反対になると慣れないため何度もソファに置いたカバンが引っくり返り中身がぐちゃぐちゃになってしまう。ノートなど文具類は外国では買わない方が賢いと思う。ノートは紙質がわるく暑さもあって書きづらい。僕はボールペンが苦手で旅日記やメモは常にシャーペンを利用している。しかしそのシャーペンの芯も暑さで溶け出し、ＨＢ芯は２Ｈ芯のような薄さになる。これでムリして書き出すと力が入りすぎて紙が破れ穴が開く。従っていつも２Ｂ芯を買ってＨＢ芯として書き始めるのだ。昔テレビで「ＨＢの芯を火で少しあぶると、ほらこんなに薄くなりました。これが私の裏技です」というのがあったがバンコクで紙を破きながらノートを書くと、裏技というより嫌な体験談となる。何もタイ迄行って靴やカバンやノートを買わなくていいと思うが、日常生活の延長線上で買物をしている自分が楽しいのだ。初めて海外旅行をしたときはそれこそブランド品、民芸品、工芸品、タイならシルクのネクタイと、その国の代表としての土産物を買っていた。しかしこれは言いかえれば他人にみせるための買物であり代表品を買うとその国を忘れていく作業のような気がしてきたのだ。タイシルクを持つことでタイを卒業したかのような錯覚に陥る。写真に写った景色が肉眼でみた景色に比べどこかこぢんまりと何の変哲もない感じに思える、あの落胆と似ている。ここでみせる買物はおわりを告げ、次は日本で再現できる買物へと変わっていく。タイの甘いお菓子、スナック菓子、レトルトのタイカレー、トムヤンクンカップ麺などへと。食べればなくなるので残して自慢することもなく、日本でタイを再現する試みとしてはおもしろかったのだ。しかしこれも今では日本で手に入ってしまうことから味気なくなった。ナムプラーでさえ日本にあるのだ。僕が凝ったのはタイのシャンプーだった。ワトソンズなどへ行くと日本と同じメーカーのポンプ式シャンプーが四分の一の値段で売っているので飛びついて買ってしまった。イチゴやパインのフルーツシャンプーまであり、バンコクと思えないほど容器がオシャレにできている。タイ語が読めず、ヌルヌルしている液体が出たらそれはシャンプーでサラッと出たらそれはリンス、シュワシュワだったらそれはコンディショナーと帰国してから再確認はするが、この日用品の内外価格差を楽しむ買物こそがブランド品のそれ以上の楽しみであることに気がついたのだ。

それでいくと南国のフルーツを日本へ持ち帰れないのは何ともむなしい。まさにタイそのものの再現にもなるし、ビニール入りのパインやパパイヤが十バーツの安さからみてもドリアン、マンゴスチン、マンゴー、グァバ、パッションフルーツ、チョンプー、スターフルーツ、ジャックフルーツ、シュガーアップル、サラ、ローガン、ライチー、クラトーンと山盛り持ち帰り「買物してきました」と胸を張りたいのだ。ベトナム産ドラゴンフルーツの奇抜な形と毒々しいピンク色などはアジアンフルーツそのものなのだが缶詰でもない限り没収されてしまう。何でもOKなのは*パインのみらしい。古代の考古学者が数学の定理を発見したのではないかと思うあの見事にピラミッド型に並び積まれた南国フルーツ。てっぺんの一コのみ皮がむかれ虫が集まる灼熱社会。長嶋茂雄宅の桐の箱に鎮座する発泡スチロールで網をかけた高貴なメロンやリンゴでは太刀打ちできないあのフルーツを植物検疫ごときで没収されるのはいたたまれない。アメリカでテロがあっても海外危険度を0に設定していた役人はハワイ寄りのパインのみを入国させるのだ。相変わらず再入国審査では「一人でタイに行ってきたんですか?」と映画を一人で見てはいけないような質問を投げかけ、「荷物もたったそれだけで?」とフルーツを持ち帰れなくしている事実を棚に上げ、「何しに行かれたんですか?」と僕を麻薬かバイアグラやガウクルア密輸入者として扱い始める。さすがにテロ警戒特別期間中にフラフラと出かけたとは言えないので短期留学で向こうで作った新聞ファイルをみせるとやっと納得して通ることができるのだ。以前、「雑貨をやってますので」と言ったところ「えっ作家！」これは怪しい奴とばかりにカバンを端から端まで調べ上げられたこともある。

いつになったら一人でタイへ行くことがふつうになり、ゲリラでなくてもミャンマーへ行けて、自衛隊員でなくてもカンボジアへ行くのがふつうのこととなるのだろうか。

＊後にマンゴーが解禁に。ただし旅行者が携帯手荷物で持ち込むのは現実に不可能。ドリアンはＯＫ。だがあの強烈なにおいが航空機内に持ち込むことをＯＫする航空会社はない。

カルチャーショックから考える

どこへ行ってもカルチャーショックを感じなくなってきた。もともと地に足がつかずに生きてきたせいもあるが、テレビでさんざんよその国を紹介してきたこともあるのだろう。アメリカのテレビが内向き白黒テレビなら日本のテレビが外向きカラーテレビといった話もきく。世界との距離が近く感じる日本こそ二十一世紀のニューヨークになればいいのにと僕は思っているのだが政治がそれをさせない。〝ニューヨークはもう古い、これからは日本だ〟と世界の人に言わせている日本を夢見るのだがまだまだムリな話。トルコであのねっとりしたコーヒーを飲み、カップの底で占いをやってくれと頼み、トルコ人が血相かえて〝なんで知ってるんだ〟と叫んだことを考えるとそのギャップはますます激しい。

従ってカルチャーショックも外国人から感じるより日本人から感じるものの方が初々しい。タイで感じたものとして「今年は平成何年ですか?」というものがあった。何でも今二人で話し合っていたんですどっちだったっけとのこと。元号で生きていなくても西暦でも仏暦でも生きていけるわけだから外国で暮らしているとこういうことになるのだ。今が今年だから一年前は去年、一年後は来年となり、これは今が来年であってもおそらく同じだと思うのだ。

もう一つのカルチャーショックは「日本ではまだ『君が代』が好きな人がいたんですね」と立派なオ

バさんに言われたことだ。論議が活発になったからこそ強硬な意見が生まれたわけだが、それ以前は歌う歌というより苦い歌というのが一般的だった。卒業式を思い出せばいい。このオバさんも元号を知らない人も日本の物差しなら鈍感な人となるのかもしれないが僕には日本社会に汚染されていない純粋さといった意味のショックがあったのである。

尊皇攘夷派のような人たちはアジア地区にはやってこないため、カオサンへ集まる若者をみていても池田屋に集結する倒幕派のような怪しさを感じ、日本人から受けるカルチャーショックにつながっている。実際にはクーデターの密談をしているのではなく、仕事や旅の話をしているのだが日本とちがった色の空気を満喫できる。パキスタンが軍事政権に支配されたときに新聞を読んでスットンキョウな声をあげている若者がいた。たぶん、ネパールからインド、パキスタンへ行く旅行ルートを計画していたのだろう。そこへこのニュースがとび込んできたのだから日本で政権交代が起きたかのような驚きぶりになったのだ。日本列島から少し離れた地に足をつけると世界の動きにリアリティが加わっていく。彼ら旅行者の作業はまるで自分を一度、無国籍に置きかえて線ではなく点でその国との関係を導き出そうとしている純朴さを感じるのだ。この手の日本人によるカルチャーショックにはなぜか引きつけられるものがある。

また、カルチャーショックを感じた自分が恥ずかしくなる瞬間というものもある。バンコクだと物乞いをみたときのカルチャーショックがある。日本でもホームレスがふえているが行政指導で町の中心にはいない。そこで町の中心街でみかける物乞いにはかなりのショックをうけるのだ。しかしよくよく考えてみれば僕の幼少時には駅前に軍服を着た手や足のないおじさんが立っていたのだ。足元に鍋を置いていてそこへお金を入れてもらう。軍人鍋というものだった。紙に難しい漢字が並んでいるから、どこどこで〇〇機に爆撃されて負傷しましたとでも書かれていたのだろう。バンコクの物乞いが生まれつき体の不自由な可哀想な人たちであるのに対して僕のみた人は戦争によって体を破壊された残酷さを有していた。僕は物乞いに対する免疫力が知らない間に低下していたのである。カルチャーショックをうけている場合ではなかったという気持ちにもなるのだ。

同じような後悔は*ミャンマーへ行ったときにもある。ヤンゴン市内の夕刻の闇に隠れて道端でしゃがみ込んでいる男性をみたことだ。これも昔の日本なら田舎へ行くとよくあった風景だ。「野ぐそ」ということばがあったのにこれも何かを拾っているのかと思い出すのに数分かかったのだ。日本のバス、トラックを、みているのに。

このようにカルチャーショックを「日本と外国は違う」といったことから、「日本にあって忘れてしまっていたもの」、そして「日本人自体から受けるもの」と考えていくと想像力もふくらんでいきそうなのだ。

ホームシックという言葉が死語になりつつある今、同様にカルチャーショックという言葉も後にそうなっていくのかもしれない。中田選手のイタリア語や日本人メジャーリーガーたちの英語、ハングル語ドラマのブームなどを考えるとNHK教育テレビに出てくる外国語であればもはや日本人が喋っていてもカルチャーショックをうけることが許されなくなる。タイブームが国内で起きているのに語学講座でタイ語をやらないNHKはこういった点でも時代から遅れているのだ。これもカルチャーショックかもしれない。

また、アジアの人から受ける最大のカルチャーショックは原爆投下を正当化する声だろう。日本人ならこれをちゃんと否定できる感情を持っていないといけないと思う。最近目立つ兵隊さんの論理の行きつく先がこの正当化だろうし、ここに限界を感じてしまうのだ。

＊「ミャンマー」は軍事政権が使っていることばだから「ビルマ」を使う人もいるが、僕の場合、知り合いに「日本」を「倭国」と使っている人がいるので、「今、一般的」という方に重点を置いている。

タイで感じるエアーポケット

リストラされたサラリーマンに、

「毎日が日曜日ですね」

と言うほど失礼なものはない。たとえ仕事がなくても平日は他人が働いている姿をみて気分が沈み、週末になると今度は「この人たちは来週から仕事ができるのか」とまた気分が沈む。リストラされていても平日と週末と祝日の区別はつくし、気分の段差はある。

同様にバンコクにいても南国だからのんびりしているといっても毎日が日曜日ではない。仕事をしていればもちろんのこと、していなくてボーと過ごしていても今日が平日かちがうかがわかる。平日には人間音、日曜祝日には人工音というちがいがある。平日の人間音だと物売りのかけ声や町なかで裸足の子どもが走り回って遊んでいる声、タイ人独得の低い声で人を「オォイ」と呼ぶ音や祠からきこえてくるザワザワした声や音。日本とちがってお寺の鐘の音は鳴りひびかないが人間らしい声がある。日本では魚市場でしかとび交わないような声が町なかであるのが特徴だ。バナナの叩き売りがデパートの卸し金販売員に変わり日本の町に人間音が消えてしまった。

「日本の町にはにおいがない」

と言う外国人もいたがこれはそのまま屋台が消えていったことによると思う。

しかしバンコクでも週末になると人間音にとってかわりマイクを通じての人工音が支配する。シーロムの歩行者天国でのコンサート、サーヤムの各種イベントなどで人間音がかき消されていくのだ。

このような理由で僕は土日はあまり遠くまで外出しないようにしている。金曜から土曜にかけて音のエアーポケットを感じてしまうからだ。そして週末だけは日本にいる気分を感じてしまい気持ちが醒めてしまうのである。

週末といえばチャトチャックのマーケットが有名だ。サンデーマーケットと呼んでいる日本人が多く、おばさんの中には土曜日に衣料品をここで買い込んできても「サンデーマーケットへ行ってきた」と言っている人もいる。僕は雑貨にはあまり関心がなく、大学生のようにこちらで大量に雑貨を買って日本の学園祭で売るといった商売をするわけでもないし、学園祭に中曽根康弘を呼んでくる時代錯誤調の大学だったので今大学生だったとしてもやっていないだろう。

しかしこのサンデーマーケットへいくのはバンコクの市内の中で最も暑い所を選んで行くようなものであり、初めて行ったときには人の列が巡礼者のようにみえたぐらいなのだ。

チャトチャックマーケットが市内の西側にあってくれたらといつも思う。関西人にとって「東」「西」「南」は自分の手中にあるような精神的安定感というものがあるのだが、こと「北」だけは支配しきれない。もしくは支配しない方がいいといったエアーポケット方角になるのだ。東西に向かう、南下していく進路には関西人というのは強いものがあるのだが北へ向かう進路にはつくづく弱く、東北新幹線で北へ向かう乗客はその内の半分くらいは自殺志願者ではないかと思ってしまうほどの虚しさを感じてしまうのだ。これがたかがバンコク市内を北上するＢＴＳごときでも発揮されてしまい、国立競技場〜オンヌット間、サーヤム〜サファンタクシン間を数え切れないほど乗り降りしているにもかかわらず、サーヤム〜モーチット間になるとぐっとその数がへってしまい、決して庶民エリアのためにみどころが少ないという理由とは別の虚しさをこの路線には感じるのだ。北アレルギーともいえるこの関西人にとってのエアーポケット症状は地方へ行くときにも感じられ、飛行機でラオス入りし、友好橋を越えてタイ側へ入り、そこから一駅一駅南下して鉄道旅を楽しむといった南下型鉄道旅行はできても逆に北上する鉄道旅には抵抗を感じてしまうのである。マレー鉄道の旅は一般的にタイ〜マレーシアと南下がふつうであるがマレーシア〜タイへ入ることにこだわる人がいれば東北信越出身者ではないかと思うのだ。とはいえ外国の鉄道は市内を走るものと地方へ走るものとがきちんと区別されていて本当にわかりやすくできている。外国で生活をしている者が日本へ帰るとこの電車のわかりにくさというものはなく、エアーポケットどころではなく本当に墜落になってしまう。

初めて東京に出た頃には駅で路線図をじっと眺めていて最後尾の人に怒鳴られたりもし、新宿から代々木へ出るだけなのに行き先が西船橋になっている電車に乗るのも何ともフシギだった。東京から千葉へ行く電車なら都内は通過して千葉から各駅停車となるのが本来だろう。千葉へ行く人にとって代々木で降りてしまう僕は居酒屋でコーヒーを注文する客のような嫌な存在ではなかっただろうか。ただし残念ながら関西も同じで電車の乗り降りほどわかりにくいものはない。

東京では大江戸線といった古風な路線ができたが駅名はごくありきたりで「水戸黄門駅」や「由美かおる行水駅」も「金さんのお裁き駅」といった趣向もない。それどころか地下鉄「霞ヶ関駅」を「悪代官山駅」に変える努力すら怠っている。

風俗のグローバル化

たまたま新聞を読んでいると台湾の市長が日本の風俗ガイドブックに頭にきているといった記事が載っていた。軽い国だと思われても困るから自然な怒りと言ってもいいだろう。

僕は人権擁護派でもアグネスチャンでもないし、太古から風俗があるといったような反論の仕方も柄のわるさを助長するだけだからやりたくはない。

外国人が日本人の女性に声をかけていると気分がわるいからアジアに来てもやらないようにするといった真面目な人もいるが僕はこれは反対の発想をしているような気がするのだ。日本がポルノ大国ならそれに似合ったふうに外国人向けの風俗産業が発達していなければならないのだと思う。東南アジアや白人女性の働く風俗店や水商売はあっても外国人客を呼んで顧客開拓していこうというボーダレス化には及んでいないのだ。これと同じことが同性愛者にもみられる。テレビのバラエティで同性愛者をスタジオに呼んで社会の差別などを語らせるのだが、派手なオカマや化け物のようなオカマに興味は感じず、なぜ同性愛者が集まっているその中に外国人とのカップルが一人もいないのだとこの事実に興味がそそられる。バンコクだとマレーシアホテルのカフェなどに入れば大柄な白人男性と小柄なタイ人が四人用掛け椅子の同じ列に座っていちゃいちゃしている姿をみる。気持ちわるいというよりどこか微笑ましくみえる。日本人の白人コンプレックスも克服されそうなものだが日本でこの組合わせをみたことがない。こちらもボーダレスを感じないのだ。

これらのことから考えると日本人の風俗遊びはたとえ東南アジアに来ていても外国人と遊んでいるのではなく、外国人を日本人に見立てて遊ぶといったものになる。タニヤの日本人クラブの店前に看護婦やミニスカポリスの格好をした女性がちょろちょろしていたり、浴衣とウチワのタイ女性が陣取っているのもこうした理由なのだろう。二階の窓から下を歩いている僕に向かって「イラッシャイマセニカイドーゾ」と叫ぶバイタリティは尊敬するのだがタニヤ通りを歩いて虚しさを感じる日本人も決して少なくはない。タイ在住の日本人には〝タニヤ〟ときいただけで女遊びかと怪訝そうな顔をする人もいて僕がラーメン屋かサントスのでかいハンバーグでも食べようと思っていてもタニヤと言っただけで顔をしかめるのだ。タニヤ通りをスリウォン通りへ出たいために何百回と歩いているが日本人クラブへ入ったことはまだ一度もない。楽しんでいる日本人にはわるいが日本人専用ということばにどうしても日本の閉塞性を感じてしまうのだ。

僕は日本のアダルトビデオやVCDなどすべてボカシをなくし、すべてを表ビデオとして裏の収入が暴力団に流れないようにすべきだと思う。海外逆輸入といった変なルートもいらない。軽い気持ちで出演する女性にもこれなら影響は出るだろう。ヤクザに「くそ、何でも開けっぴろげにしやがって。裏の世界がなくなっちまったじゃねえか」と地団駄を踏ませてみるのもおもしろい。女子高生ソープもつくり、バンコクで日本と同じ短いスカートで歩く女子高校生だとそのままゴーゴーバーで踊ってほしくもなるのだ。選挙公約で外国人向け風俗産業の充実と五か国語を喋るポン引きの育成を掲げてくれたら一票を入れたくもなる。一夫多妻制や一妻多夫制よりは現実味はあると思うのである。風俗のグローバル化がない限り日本人のジメジメした遊びが直っていかないだろう。外国人と日本語だけで会話する店など何のためによその国に来ているのかもわからなくなるのだ。

この点でいくとラチャダピセーク通りの夜はラスベガスかと思うほどきらびやかで一大エンターテーメントのような開放感はまさにこれが東南アジアの遊び方といったものだと納得してしまう。ソープランドやマッサージパーラーと呼ぶにはもったいないほどの高級感で一階がショー、二階がバーラウンジ、三階にソープランド、四階に古式マッサージといった造りだ。ソープランドの巨大金魚鉢に現れる女性たちのヒナ壇にも驚くがこの金魚鉢がマジックミラーではなく目と目が合うと向こうから手を振ってくるといった客を見下ろせるようにしている所にも開放感を感じる。指名女性と部屋に入ったあともドリンクを持ってくる若い女性やらフロのお湯を入れにくるオバさんなどプライバシーを次々に崩壊していく彼女たちにこのワークシェアリングは日本では使えるだろうかと考え込む。事を終えチップを渡し店の外へ出ようとすると警備員の男性が客に向かい、にやりと笑って敬礼する。外国人に敬礼するのだからそのこだわりのなさにこちらは敬服する。広い駐車場には中国人団体のバスやら欧米人の乗ってきたクルマなどが止まっていて日本人専用〇〇というものとは天と地ほどの差を感じる。フィリピンのマニラで女性をホテルへ呼びチェックアウトで追加料金を請求されて何だホテルもぐるかと思うようなこの日本人思考をはねつける開放感がアジアのそれといってもいい。

孤独はあるのか

バンコクに長くいるといろいろなことが疑問になっていく。ナナ駅から見える廃居をすみかにしている子どもたちはどうやって食べているのか、そしてむきだしの柱に描かれているガイコツや悪魔のスプレー絵は誰が描いているのか。サイアム駅からみえるクルクルと回る換気扇はどういう仕組みなのか。駅でタイタニックの真似ごとをする日本人にも疑問を感じ、BTS車内に自転車を持ち込もうとするタイ人の姿にも驚く。バーのハッピーアワーは何で日本に根付かないのか。銀行の入口の階段を利用していきなり腕立て伏せをしだすランニングシャツのおじさんはどういう神経を持っているのか。白人の大男を鉄棒をふり回して追っ払っている小柄なタイ人小娘には何があったのか。道端でやるセパタクローはうまいのに何でサッカーは弱いのか。なぜMKレストランに日本人VIPルームがあるのか。チャオプラヤー川をスーツ姿で水上スキー出勤する白人ビジネスマンはまだいるのか。何でSOGOのネット店に日本語がないのか。ゾウの鳴き声とクルマのブレーキ音を間違え事故が起きないものか。宮殿の見学で靴下を脱がないと失礼に当たるというのはどういうことなんだろうか。タイにレズはいるのか、と挙げていくとキリがないが最近驚いたのはある日本人との出会いだった。僕がタニヤ通りを昼間歩いているとタクシーから降りてきた男性がこう言うのだ。

「昔、そこの旅行会社でお会いした方ですよね」

僕がきょとんとしていると更にその人はつづける。

「ほら、ミャンマーへ行くとか言ってたときの」

これで思い出した。確かに僕がミャンマーへ行くときに近くの旅行会社でチケット手配をしたのだ。

「あれいつでしたか？」

「ちょうど二年前です。私二年ぶりにバンコクへ来ましたから」

また驚いてしまった。二年前に旅行会社の待合席でほんの少し喋っただけなのだ。週末はチャトチャックの市場が人気ですよなどと。この現象は日本では起こりえないと思う。よほど世話になったとか写真を持っていたとかでなければ日本の旅行代理店で一度口をきいた人の顔を別の場所で照らし合わせたりしない。似ている人と思ったにしても似ている人でおわってしまうものだ。

外国に行くとその町や場所の風景として人の顔も覚えてしまうのではないかと思う。従って記憶が鮮明に思い出されて似ている人があのときの人となるのだろう。もちろん日本人が少数派になることもそうだがやはり二年前のアノ人を選び出してしまうのは何だか怖い感じがする。もし僕がサルのマネをしたら、何年たってもここでサルのマネをしていた人として記憶され、ガイドブックにはサルマネの日本人に注意と書かかれてしまうかもしれない。

こういうことを考えていくと外国へ来て孤独を感じるというのはあくまで自分からみた話であって本当はありえないのではないかと思ってしまう。

現に日本でよくあるメッセージソングを考えてもわかる。地方出身者が都会に出てきて、誰も自分のことを知らず孤独感に押しつぶされそうになってもくじけず頑張って今日とちがう明日があるそして、時を超えて……といったものであり、バンコクで「大都会」や「とんぼ」などをきいたときの雪が降り出したような気分。「孤独ならエスコートガール呼びましょうか五百バーツで」と言われそうだ。日本が嫌になりとび出してきたオレ。誰も自分を知らない、しかし何かがちがう、皆ジロジロみている、そう目立ってしまっている、近寄るな、あっちへ行け、しつこい、孤独を感じさせてくれ、昨日と同じ明日でいいから、とこれではメッセージソングにもならないのだ。

タイの場合、時差とはちがう感覚差というものが存在している。旅行者が丸一ヵ月満足のいく旅をしているにもかかわらず日本の家族は丸一ヵ月拷問をうけているのではといった心配を感じる差である。ヤクザ八割、ふつうの人一割、ムエタイ選手一割の国と捉えているあのように。現実には日本の元ヤクザがリュックを背負って伊勢丹で買物をするほど大らかな扱いをする社会なのだが。

従ってこの国のメッセージソングでいくならば日本に残した者に対する歌は強烈なインパクトとなる。例えばさだまさしの「案山子」などはヤワラートに潜む、家族を日本に置いてタイ女性を追っかけてきた中高年男性にとり逆の孤独感を感じさせてくれる。彼らは隠れていても僕が呼び止められたように実のところ異国では目立っているのだと思う。たまに指名手配犯がやってきてもすぐに捕まっていることを考えれば隠れる町ではないのだろう。現にパスポートナンバーもフロントは控えるし荷物ボーイは手に書いて控える。

チェンマイ、チェンライに隠れ潜む日本人にとっては吉幾三の『雪国』のような日本を思い出す「雪」が一つのキーワードとなる。山あいの町は夜はかなり涼しい。少し冷えてきたと思う瞬間などは感傷にひたるに十分でテレサテンの亡くなったホテルがチェンマイにあることもナイトバザール近くから彼女の歌が流れてくると隠れ潜む者にとっては身にしみる。間違ってもチューブはいけない。常夏の国でチューブでは火に油を注ぎ元気の素になってしまう。メッセージソングのテーマはあくまで孤独を克服する力なのだ。森山良子、ＴＨＥ　ＢＯＯＭといった、沖縄をテーマにした曲は同じ熱い町でも全く似合わない。つくづく沖縄の中立性を感じてしまう。

それにしても、あの二年後に出会った男性とまた二年後に果たして僕も出会えるのだろうか。

バンコクでワールドカップを見終わって

ワールドカップをたっぷりバンコクでみた。主に立ち見したのはサイアムのディスカバリーセンターとサイアムセンターの間のオープン特設ステージの大画面だった。隣のマクドナルドの店内にもテレビが置かれていて歓声が上がっていた。日本のマクドナルドにはさすがにテレビは置いていなかっただろうと思う。何しろ役所の職員に対して「みてはいかん」とお達しが出て物議をかもしていたのだから「楽しむ」ことが素直にできない社会なのだ。「みろ」というのも変だ。田中長野県知事の言っていた通り、能率が上がるのならみればいいし、下がると思うのならみなければいいが民主主義というものだろう。

タイ人は日本チームに金を賭けてくれているので大歓声が上がるとそれは日本が攻めているときで、悲鳴が上がると日本が攻められているときだと、画面をみていなくても試合展開がわかるのだ。従って僕はタイ人と心を一つにして応援していたことになり、日本のマスコミがさんざん繰り返していた「列島が一つになった」という言い方からは外れていたと思う。もちろんタイにいる日本人のことなど気に留めてくれなくてもいいのだが、しかしあの「感動表現の使い回し」が何とも弱々しく感じて仕方がなかったのだ。芸能人の習性も手伝い、オリンピックでも先の大戦でも使ったであろう「心を一つに」がまた頭を持ち上げてきた。老人の投書にはこういうものまであった。

「愛国心を感じさせるサッカーの国際大会は日本人の忘れていたものを思い起こさせるには十分の……」

これでは北朝鮮かミャンマーの政府公式見解のようである。後に韓国がどんどん勝ちすすむにつれてこの感動は何かが間違っていると感じた人がふえたはずなのだ。

日本人にとって「心を一つにする」ということはチームを神格化させることになってしまっていると思う。だから神風の吹いた試合には強いが吹かないとあっさり負ける。

予選のベルギー戦、ロシア戦、チュニジア戦ではダメ息子が頑張っているような、予期しない感動と勝利の感動が見事に一致していてこの時点での「感動した」は確かに本物だったと思う。しかし予選リーグを一位で突破したためにチームが完全に神格化されてしまい、人々は客観的にサッカーを見てしまう結果になっていた。スポーツにおける「心が一つに」というものは人間の本能として当たり前のことであって口に出して言うようなものではないし、感動の再確認作業を日本人がやり出したのをみては少しやばいと感じていた人もかなりの数いたと思う（阪神快進撃のときの北島康介金メダル同様、感動同士でも衝突すればあふれ出す。あのときの北島康介は金の鳩賞でよかったし、再確認作業もいらなかった）。

トルコ戦の日本チームは四年前の弱い日本チームのように感じた。一点取られて追いかける展開はベルギー戦と同じだったのに後半が始まってわずか十分足らずでもう泣き顔の女性や悲痛な顔の男性サポーターが画面に大映しになっていたのだ。野球でいうところの負けパターンだ。いっそのこと阪神ファンのやかましい連中を競技場に連れていけばいいのにと思うのだが国際試合では選手へのヤジや激励は日本コールの和を乱すとの理由でだめだったのだろう。「金返せ」と言った方が自分たちがプロだったことを思い出し奮起すると思うのだが。

チームの神格化は試合前の国歌斉唱から既に始まっている。どこの国民で国歌を苦しそうに歌うのだろう。黙って聞いているか柔和な顔付きになるか、歌に合わせて踊り出すかどれかだろう。日本人にとって苦しい歌というのをサッカーでさえ証明させてしまっている。画面下に「戦前の子どもたち」とテロップが出そうな顔なのだ。マスコミに利用されることなど考えてもいない。そして神風も吹かずベスト16という結果だけが残った。韓国は歴史をつくり、日本はドラマしか作れなかったのだ。勝利の喜びよりも国際舞台に日本チームがいることの喜びなのだから四年前のラモスの激怒も生かされていない。セルジオ越後氏の言っていたことが重い。

「韓国ではサッカーが社会の内側にあり、日本とはファンの質が違う。自分の国の選手を試合前に追っかけて写真撮ったりしませんから」

蒸し暑いバンコクではやはり神風は吹いていなかった。

ただそんな日本人でも素晴らしい点はあったと思う。日本が負けたにもかかわらず共催国として、アジアサッカーの発展のためにも、韓国チームを応援していた姿だった。当然向こうのマスコミでも紹介されたわけだし、後々を考えても百利あって一害なしといったところだろう。これにフェアプレー賞が与えられなければウソだろう。(口の悪い人は別としても)もう一つは日本でのベッカム人気である。バンコクではベッカムとオーウェン両方の等身大パネルが町なかに立っていたが、日本ではベッカムオンリーの人気。日本人がイングランドのユニフォームを着て声援していた姿はかなりの衝撃を与えたという。簡単に民族をとび越える日本人の姿で衝撃を与えることは爽快である。最もソフトモヒカンのどこがいいのか僕にはわからない。羽生名人が寝ぐせのついたままの頭で将棋をさす姿の数倍の衝撃をイングランド人に与えたのだろうと想像する。

日本にいったん帰ると空港で外国人三人組がテレビ観戦をして談笑している姿を遠くから警備員がじっと監視していた。フーリガンは初めから入国させないことで暴れさせないことに成功したのだと。一度ぐらい暴れてくれないとワールドカップという気分になれないのに。勝ちすすむ韓国をみて本当は日本人が暴れたくなったのかもしれないが。日本チームに対するウサ晴らしで韓国を応援するフシギな大会であった。ドイツでは頑張ってほしいが……。

タイでみる事件・事故

日本のテレビでタイをみると町じゅうあっちこっちで麻薬患者がさわいで警官と対峙してそうなのだが意外にもそう簡単には犯罪者と遭遇しない。娼婦によるオッサン連れ去り事件は相変わらずだが。

僕がみた事件といえるものはスクンビットナーナーでみた殺人事件だった。トランクの中から子どもの遺体が出てきたというもので夜だったがかなりの人だかりができていた。ちらっとみただけなので遺体をみたわけではないが後に親が犯人として逮捕されていた。タイの殺人事件によくあるのは遺体をトランク、冷蔵庫、ビニールのゴミ袋などに入れて捨てるといったやり方だ。日本だと海や湖に遺体を捨てるときには何かに隠すのだがタイの場合ふつうの事件でもこれがあるので殺人犯でも気遣いがあるのかと思ってしまう。不倫による殺し方は残忍だが。

いくら殺人事件といっても動機のあるものが大方であり、さすがに動機がないものや誰でもよかったというものは今のところ聞いたことがない。逆恨みによる事件はやけに多く日本レストランでも従業員を解雇したことで恨まれ、脅迫をうけたという話もきいたことがある。タイ人が人前で叱られることを嫌がるのでレストランでさえ些細なことでは怒鳴りつけてはいけないという決まり事もこういったことから考えると正しいのかもしれない。

日本のようにワイドショーというものがなく、事件も多すぎるために事件が起きてもすぐに忘れ去られるという特徴もある。昔、ネパールのカトマンズを散策しているときに人質を取った男が住宅の中庭にいてそれを通りにいた人が集って見ていたことがあったのだが野次馬が野次馬を呼ぶということがなく少し現場から離れると通常の生活風景があるので〝さっきのは映画のロケだったのか？〟と頭が少し混乱した。重大な事件ならじっくり時間をかけてやってくれてもいいが一家庭で起こった事件を無理して社会に当てはめようとしてしまうマスコミの報道とこれらが対照的にみえ考えさせられる部分であった。

タイでよくきく話でこの国は命が重いのか軽いのかわからないということがある。ソンクラーンや新年の祝日期間なら一日に百人も交通事故で亡くなっている。日本なら一日に平均二十人強だから多すぎることは明らかで、バイクの横乗りはみていて怖いし、一家五人乗りなどしている者をみたら家族ごとあの世へ行ってしまうのではないかと心配する。プーケットに行ったときガイドの女性が「警官のいる夜八時まではヘルメットを被りますから安全です」と言ったことにも驚いた。それでいて殺人犯を皆で袋叩きにして犯人が死んでしまったということもあるのだから正義感が強いのか命を大事にしないのかよくわからないというのも納得できる話だ。

僕が思うに〝命は重く死生観は軽い〟というのがこの国を見抜くコツにはならないかと考えたことがある。日本では命が軽く扱われていることは承知の事実である。事件の多さもそうであれば、クーラーを入れているために生活保護を打ち切られたといったふうに社会も命を尊重しているとは思えない。それに対して死生観の重さには恐ろしい執念がある。若い人にとっていっこうに夢のある社会にならず、アジア諸国を敵側などと位置づける人々にとると相変わらず生まれてくる子どもより戦争で亡くなった先人の方が大事といった考え方が閉塞感までつくっている。アジアから本当の信頼感を勝ちとれないのもここにあるだろう。

僕はタイ人のあっけらかんとした死生観をみるにつけ驚きもあるがそれ以上にこのへんのちがいを感じてしまうのだ。僕がもしバンコクで死んだらそのままシリラート病院内の博物館に展示してもらってもいいと考えたこともあるほどだ。目の前で逮捕劇を見てそれを強くした。

殺人や死亡事故とまでいかなくても軽犯罪もまた多い。宝石サギが最も多く欺される日本人も多い。宝石店に連れていこうとする者は皆ニセ者と思っても仕方がないのではないだろうか。僕も「今日は休日だから寺は開いていない、宝石店はバーゲンをやっているから行こう」とトゥクトゥクの兄ちゃんに連れ回された。知らない場所へ連れていかれ断ってはまた別のトゥクトゥクに乗り換え、サーヤムからチャイナタウンまで行くのにトゥクトゥク、タクシーを三回も乗り継ぐといったことを経験してしまった。日本でタクシーの乗り換えなどないからこのとき初めてバスの有り難みを知ったのだ。タイの場合タクシーもメーター通りに走らないし昼間でも風俗店のカラーチラシをみせつけ連れていこうとする。日本の有名タレント似の写真を使われると少し見入ってしまうので厄介なことだ。トゥクトゥクの運転手は日本語で書かれたメモを手渡す。何かとみると、〝ガソリン代をこの人に払ってあげて下さい〟と書かれている。運転手よりもこの日本語を書いた日本人を詐欺未遂罪で追いかけたくなる。とまあ嘘つき村で暮らしているような気分がしてくる町なのである。

ふつうの人も負けてはいない。店番の女の子が五バーツコインをごまかしてしまうし、コーヒー代に五百バーツ札など出したらおつりの百バーツ札が一枚足らないことにもなるだろう。ポケット内のコインをみせ「足りてる」と聞くと全部もっていかれる。宝くじ売りのバアさんが観光客と判断するなり十バーツ高く請求することもある。罰当りということばを知らないようなのだ。町を歩いていてもバス代ちょうだいと寸借詐欺のオバさんに出会う。王宮前広場ではハトのエサやりバアさんにトウモロコシの袋に百バーツと言われたこともある。十バーツコインを渡すとうけとらずワンワン泣くふりを始めるのだ。

可愛気のある犯罪はアジア旅行の話のタネにもなるがパスポートや大金を盗まれてはたまらない。日本人は外国へ行くとすぐ欺されるというがこれはマスメディアがあまりにも〝外国は日本とちがうので注意しなければいけない〟と言いすぎる点にあるのではないだろうか。日本で町なかで両替する人はいないし、変な人が近づいてくれば怪しいと思うのにあたかも外国へ行くと日本とちがったことをしないといけないといった緊迫感や外弁慶が日本人の行動をおかしくさせているような気がするのだ。（本当に困っている人をサギ師扱いする日本人もいるし）もっともカバンを置いてトイレに立つといった行動は盗んで下さいといっているようなもので日本にいるときから既に修正がいるが、ごく一般的な常識まで壊して外国へ行く必要などないはずなのだ。

こうはいったものの僕も油断してとんでもない奴に遭遇したことが一度だけある。いわゆる複数の窃盗団である。ワールドトレードセンターの少し薄暗いエスカレーターだったのだが先に降りていった数人組と少し距離を開けてエスカレーターに乗った。階段がなくなってきたあたりで先頭の男が紙切れを下に落とし一人で慌て出したのだ。男との距離が迫ってきて押し問答になっている間に周りの男たちが僕のカバンを開けたのだ。カバンの前チャックと中身の両方を開けていたから初めから持ち場が決まっていたのだろう。財布を抜き取られてしまった僕は前にいた中年男を問い詰め日本語でまくしたてていた。すると、側から警備員が現われ〝これですか?〟と僕の財布を持っているのだ。中をみると奇跡的にお札が一枚も抜かれておらず胸をなでおろしたのだがこのときのショックはひどいものだった。ひょっとしたらあの警備員も仲間だったのかもしれないし少しの油断は怖い。伊勢丹とつながっているビルなので油断したまま歩いていたのが悪かったのかもしれない。この窃盗団が今ではエンポリアムやBTSのエスカレーターでも同じことをしているようなので僕が警察に突き出さなかったことが悔やまれるのだが注意してほしい連中である。

事件・事故の相違

スクンビット通りで暴走バスとクルマがぶち当たり七人死亡という事故があった。この日バンコク市内は洪水だったはずで、ふつう日本だと台風の日だと誰も外に出ないために事故件数がへるといった現象が起きる。最も死者のふえるのが一日の途中から雨が降り出したときである。つまり気象がわかりきっているときは事故は滅多に起きていない。

こうなるとタイ人は気象に関係なく、洪水の日であろうと快晴であろうと無茶な運転をしているということになる。しかしこれがちがうと思うのだ。彼らはプロ意識を持たず、クルマやバスといった乗り物がどこか家族的な乗り物の域を越えていないように思える。日本はちょうどこれと逆だ。若者が一台のクルマに六人も乗り込んで深夜町を徘徊するように走っているが事故を起こすとこれが途端に日本的な数字になる。一人死亡五人重軽傷。到底シートベルトをしているとは思ず、メールをしていたかもしれない六人乗りのクルマでさえ死者を一人しか出さない中途半端さである。エアバックの影響だけとは思えないのだ。ペルー人やブラジル人の若者が無謀な運転をしていたら全員が即死する。この押しの強さをみると日本は南米にサッカーで勝つのは十年早い。

バスになると日本人の事故は神技に近い。タイで長距離バスが居眠りにより横転したら死者は十名単位になるだろうし、バス事故は地雷を踏んだ、崖から落ちた、クルマと正面衝突したといった具合に多数の死傷者となる。しかし日本のそれは酒が入っていなければ運転手のみ死亡、乗客全員が軽傷と、信じられない結果となる。軽傷客たちはすぐに事故を忘れていくし、所詮運転手がわるいと世間も忘れてしまう。これなら「初めから事故など起こさなければよかったのに」と与太郎のような見解になってしまうのだ。

日本人が家族であっても友人であっても会社の同僚ならなおのこと相手とのキョリ感を大切にして、たとえ事故が起きても運転手がとっさに自己犠牲を考えるのとは正反対にタイ人なら同じクルマに乗り込んだのだから死ぬときは一緒だと家族的思考を重要視する差がここにある。つまりバンコクでタクシーに乗り、事故を起こしてほしくなければ運転手と意気投合しない方がいい。こんなつまらない客は早く降ろしたいと彼らが考えたときが最も安全運転をしてくれるときである。目的地だけを考えてプロ意識に近い意識を持ってくれる。

「こんな奴と一緒に死ぬのはご免だ」

とばかりに。逆につまらない話をしたばかりに意気投合してしまうと彼らは安全運転よりも金もうけのできる運転をやり始め目的通りに走らなくなる。そして危険が生まれる。

日本人が日常会話でよく使う「きのう事故ったよ」はタイにおいてはあの世でのあいさつと考えた方がいい。スコータイのトゥクトゥクだと前方席の客の方が先に死ぬ。

ちなみにバイクに乗っているタイ人の姿勢は実にいい。体重が後ろにかかっていてスピードを出すことにも騒音にこだわることもしていない。夜中には暴走族も出るが日中はふつうに走っている。ビーチに行っても山に行っても夜景をみても球場へ行っても「音」で台なしにしてしまう若者とちがっている。彼らは「音」がないと死ぬだろうが、こちらのバイクタクシーはテクニックに溺れて死んでいく。これとも意気投合したくはない。

事件に関しては昔からずっとある、北部での麻薬ディーラーの射殺に僕は一応の共感はしている。ここで人の命を語ると趣旨がちがってしまうからやめておくが、少なくとも社会悪が成敗されているといったものは口封じであれ、感じることはできるからだ。簡単に人を射ってしまうと言えなくもないが僕はびびれない社会はどうしても好きになれないのだ。日本で起こっている事件というのはホームレス殺害にしろ、独居老人の殺害にしろ社会を動かしている人たちを成敗している事件ではない。むしろ社会から外れてしまった人たちであって、それらが殺されていく事件がふえているのだ。恐喝、傷害、強盗、路上強盗、ピッキング、車上荒らし、女児連れ去りなど言ってみればどれも通り魔的事件であって、だからこそ怖いのだが、これも社会の中心とかかわっている事件ではない。

本来社会悪が成敗されているのならテロは別としても銀行員が上層部と対立したとか、デモが盛んに行われるとか、少年たちが不祥事を起こした企業に乗り込んで暴れたとかアメリカのようにリストラされた社員が銃を乱射したなどがあってもフシギではないのだがまるでない。せいぜいリストラ社員が抗議の焼身自殺をする程度である。自殺に関してはスポンサー批判につながる怖れがあるせいか、それが社会悪の成敗につながる性質のものであってもマスコミは追究していかない。ニュースフラッシュで少し流れるだけなのだ。マスコミは何でもやるというのはこういう点では合っていない。あえていうなら、医療ミスを犯したであろう医師が患者に殺傷されたり、冷遇されたであろう市民が役所で暴れ回る事件、この二つが昔なかったことからも社会悪の成敗のにおいは少しだけする。外国人犯罪はとり巻く状況の方が大きい。

僕はこういったことから変な話本当は事件は少ないのではないかと思うようになった。何しろびびれないのだ。クアラルンプールのメイバンクへ入るなりマシンガン所持の警備員とご対面して銃口を突きつけられた翌日帰国すると「強盗退治の新兵器」としてカラースプレーを紹介しているのだ。カラーボールから進化したかもしれないが共に銃器ではなくオモチャだろうに。銀行には銃所持の警備員を二人おいて一人は行員たちに銃口を向けバカなマネをするなと脅しをかけ、もう一人は強盗対策用に入口に向けて設置してやりたい。

バンコクで先日、警官同士が仲間割れで射ち合うという事件があった。どこまで生身の人間なのだろう。警官は射ってから悩むのだ。通り魔が自分の体を刺すまで引き金を引かなかった警官の美談でやっと射ってもよし、と号令のかかるような法改定の社会へ帰ると人が死なないと変わらないという自己犠牲がここでも出てくる。僕が日本に帰ってびびることには自分が殺人者になってしまわないかといった恐怖なのである。

アジアブームに想う

今起こっているアジアブームは昔のハワイ、グアム、パリなどのブームとは明らかに質が違っている。ハワイ、グァム、パリというブームは観光ブームだといえるがアジアブームは観光というより交流の意味合いがつよい。日本に対する閉塞感の裏返しで起こっているブームということでは亡命旅行ブームというとわかりやすいかもしれない。従って閉塞感がぬぐえない限りほぼずっとつづくと考えていい。SARS、鳥インフルエンザ、テロで団体旅行は終焉《えん》を迎えたかもしれないが。

海外在住者の八割もが外国の方が暮らしやすいという統計もあったほどだ。これもまた日本の閉塞感をよく表している。

この亡命旅行ブームから考えれば一年間のみ外国で暮らす者も何年も暮らしている者もその地位が中国人に近づいていることに気付くことになる。ふつう我々が中国人をみる場合こうなるだろう。中国本土にいる中国人は言論の自由がなく、政府批判につながるようなニュースもみていない。インターネットがあるとはいえ、その規制もあるだろうから中国本土の中国人はこちらから見れば可哀想なものだと。それとは逆に国外にいる中国人は政府批判も可能だし、より民主主義がわかる中国人であるとも。この、より民主主義のわかる中国人の部分に日本人を入れれば外国に出て行きたがる今の日本人の心境と合致するだろう。もちろん今のところ日本には言論の自由はある。しかしそれさえ危ういことを考えれば中国本土外在住中国人に近いといっても過言ではない。

ただ、ここで気になるのが我々がより民主主義のわかる日本人をやっているかということである。確かに外国へ来れば外国語を覚えて使い出すから多民族や多文化には慣れていき、日本とちがうといった満足感もあるだろう。ポルノなど雑誌でもVCDでも丸みえ状態であり先進国で局部や乳頭にモザイクを入れる国とはちがうとこれも優越感があるだろう。しかしこれらは向こうからやってくる事態であってこちらから起こしているものではない。つまり外国で日本人がチベット弾圧をやめろといったプラカードを持って行進している姿もみかけなければ、小泉政権発足時にアジア在住邦人が反小泉で結集したということもきかない。日本の劇団がロンドンへ公演へ出かけ向こうのコント集団がやるような皇室批判劇をやったという話もきかない。もっともこういうことをすると日本へ再入国不可となるのか右翼団体が国際電話を使って嫌がらせをしてくるかは知らない。しかし本当の民主主義なら日本でできないことをやっているという証明がなければ本物とは思えないのだ。

タイの日本語FM局で日本で放送禁止処分になった歌でも流してタイ社会とのちがいを論じたりするのもいいと思うのだが相も変わらず日本と同様のヒットチャートを紹介しているだけなのだ。それどころか日本で低視聴率のため打ち切りになったドラマを、

「もうすぐタイのテレビでもやりだすので皆さん楽しみにしましょうね」

などとDJが言う。隣のタイ女性が嬉しそうに甲高い声で「カー」と相づちをうつと僕は「バカー」と言ったのかと思ってしまったのだ。これでは日本より、より民主化度が低くなってしまう。

またもう一つ海外在住日本人を困らせることがある。それは台湾型日本人の存在である。サメット島に現れる蚊のようなものと考えてもいい。西洋型日本人とはちがいみた目では判断できず、初めは政府批判をやるものだから「お仲間か」と油断していると気付かない間に蚊の針を自分に向かって打ち込んでくる。蚊というのは卑怯にできていて、一発目の針で麻酔を打ちこみ刺されていることを気付かせないまま二発目の針で毒を注入してくるのだ。刺された瞬間は気付かないであとで気付くのはこのためだ。

「オニイサンタイハタノシイデスネ、ニホントチガッテイイデスネ、デモニホンモイイトコイッパイアリマス、アマリニショージキスギルノイイコトジャナイデスヨ、ニホンコクミンスバラシイデス、ヤマトミンゾクミリョクアリマス、ワガワジンヲブジョクスルコトワユルシマセンデスヨ……」

と日本を好きになれ攻撃をしてくるのだ。この過剰日本擁護とでもいうべき台湾人の特性は僕もはっきりいってよくわからないでいる。台湾人が葬式に軍艦マーチで送り出すというのは有名な話で単に派手好きなのだろうかと思っていたが、朝鮮の南北統一でさえ、なんで日本人は反対してくれないのかと言ったりもする。中国に同化されることを恐れているとはいえエールは送っても反対などできるはずもない。教科書問題に反発しておきながら靖国への同情論といった具合に日本と似た島国根性があるのだろうかと考えもする。台湾人の過剰日本擁護が大ブーイングを起こしたのは例のダイエー王監督のローズ（元大阪近鉄・現巨人）への敬遠策だったと思う。とても王監督が自分の年間五十五ホームランを抜かれたくないといったせこい考えをしていたとは思えない。八六八本を抜くわけではないのだし。あのときの王監督の心境はこうだったのだろう。

「台湾から帰化した自分は血のにじむ苦労で年間五十五ホーマーを達成した。そして私の苦労はプロ野球の繁栄と発展を高度成長とともにもたらした。その中で生まれた記録なのだ。これを守ることは日本プロ野球の伝統を守ることなのだ」

と。台湾人の考え方をよく表していたのではないか。しかし我々日本人は確かにあの時大ブーイングを起こしたのである。台湾型日本人の日本精神再注入にはくれぐれも気をつけたいし、コンビニには台湾型日本人用虫よけスプレーを置いていてほしいものだ。

タイ人がバミーヘンやクイッティオヘンやカノムチーンを食べているときの姿がかわいらしい。汁なし麵やビーフンなのだが食べる前に何度もくちゃくちゃとかき回し混ぜていく。混ぜれば混ぜるほどおいしくなるといったおまじないでもかけているような丁寧な混ぜ方をする。

僕は汁なし麵より汁あり麵が好きだ。汁がないとヤキソバになってしまい、どこか物足らなく感じてしまう。汁あり麵でも調味料は入れないのが好きだ。というより初めてタイへ来たときにはテーブルに備えつけの調味料もうす汚れた色をしていて危なっかしくて入れたくなかったことに由来している。バミーナームも話によるとサトウを入れるとおいしくなるらしいのだが、僕は出てきたばかりのバミーナームのあのスープの頼りない味がオカマの多いこの国の味と頭の隅で決定してしまっている。神が間違えた味として。八名信夫が青汁を飲み干して「まずい。もう一杯」とやったように、あの頼りない味を感じてこそ、やっとタイに来たといった確認と「うん、まずい、麵お代わり」と言えそうな喜びを感じるのだ。

「こうするとうまくなる」

と説教まがいのことをされると、

「せっかくまずいのに何てことをするんだ」

と反論したくなる。日本のテレビで豚の血スープの真っ赤なクイッティオを食べた芸能人たちが、「意外にいける」と言ってくれるとそれは確かにそうなのだがそれより先にこのまずさとズボラなタイ人の相性の良さをたとえ一人でもいいから触れてほしいと思ってしまう。たとえヘビ料理であっても本当にその国の好きなタレントが食べたら「うまいうまい」といって食べるかもしれないのだがスタジオで食べるあの手の番組には周りの風景というものが入っていない。クロマキーを使ってバックがバンコクになった上で食べるような工夫があってもいいと思うくらいなのだ。

食事風景、つまりタイ人たちがスプーンとフォークとレンゲですべての料理を食べてしまうことも各種の本で紹介されていると思う。しかし今だとタイの若者向けレストランもできているので、そういう場所ならハシが備え付けられている。従ってハシを使って麵類を食べていても、中華系かそうではないのかはよくわからない。僕のような人間観察が好きな者の場合、他人の食事中でもよく目と目が合ってニラまれる。今まで白人に二回、タイ人にも三回ニラまれ変な顔をされたりしていて、食事中は人をみないことにしていたため、これこそガイドブックを参考にして「ああ、あれがそうなのか」という具合になる。とはいえ印象深いものはそれとして目に焼きつく。タイ人の焼き魚をスプーンとフォークでほぐすやり方や白人がクイッティオをスプーンとフォークで食べている場面などである。まさかこれをみて、タイ人が白人の真似をしてサカナの身をほぐしているとか、白人が伝統的タイ人の食べ方を真似しているとは捉えない。そういった食べ方をするのだと捉えるだけだ。しかしこの考え方をするには当然自分たちはそうしないという食べ方があっての話だと思う。今、日本人が本当に茶碗のごはんをハシで食べているのか僕は疑しい。バンコクのラーメン店に入っても皆新聞、雑誌、マンガを左手に持って読み、右手のみで料理を口に運んでいる。僕はこれが幸か不幸かできないのだ。家が厳しかったせいではない。二つのことを同時にやるのが嫌いな性分だからだ。だから読みかけの新聞でも食事をするときは必ず閉じて置いてしまう。すると「新聞よろしいですか」と一声かけられいつも途中までしか読めないでいる。そのくせ僕が「新聞よろしいですか」というと必ず「まだ読んでます」とぶっきらぼうな返事があるのだ。こういった食事風景からすると独り暮らしをしている日本人なら「右手のみ食事」でごはんの口への運び方もしているだろう。そうなると茶碗のごはんでさえスプーンの方が使いやすいということになる。タイ人がサカナをフォークとスプーンでほぐしているのをみるにつけ日本人の食事の崩壊をみているような気分になるのだ。コンビニに入ってもオムライスおにぎり、チャーハンおにぎり、ソバメシおにぎり、カニめしおにぎり、おにぎりバーガーなどおにぎり一つでも頭の変になるものを並べている。タイの恐らく台湾の番組だと思うが「小燕有約」で日本コンビニ探険と称しリポーターが「種類超多」と驚くのもよくわかる。コンニャクアロエでスタジオが盛り上がっていたほどだし。味覚障害を起こしている方の女子高生を新製品研究対策室に呼んで試作品を評価してもらう大人たちにも同様のグロテスクさを感じてしまうのだ。男根でもマヨネーズ味がいいと言い出しそうな女性たちなのに。

僕は決して昔の茶ぶ台を偉そうな父親を中心に囲んでいるあの風景がいいと言っているのではない。良いところを伸ばさないで悪いところを伸ばすような日本人の悪癖を感じるのだ。日本の洋食レストランでハンバーグをハシで食べる者、エビフライにしょうゆをかける者、サラダにドレッシングではなくマヨネーズをかける者、みな家でそうしているからこそ外でもそうするのだろう。それならばなぜレストランにはライスにふりかけるフリカケを置かず塩を置いているのだ？　家でごはんに塩をかけるのは赤飯のときぐらいだろうに。日本人が洋食レストランで小瓶に入ったフリカケをかけライスを食べていたらタイにおけるパクチー、欧米人にとってのフライドポテトにぬりたくるケチャップのような「何だコレは」といった伝統をつくれたはずなのに。

僕はタイでライスを食べるときはカレーやオムレツをのせるときは除き、タイのサカナマークの辛いフリカケをカバンから取り出し皿の上の台形のライスにふりかけ、店員に笑われながら食べることにしている。

国際交流から感じる

若者が集団就職でアジアへやってくるというシミュレーションをみたことがある。これを経済で語るなら日本は不景気だからこうでもしないとどうしようもないといったことになるのだろうが、日本人にとって外国で働くというのは少し意味がちがっている。日本人の場合どこの国で働いても給料は下がるのだ。それでいて体験談をみると多くは海外で働いて満足だと答えている。賃金が下がっているのに満足と答えるのは日本人くらいのものでアジアの人々にとっての働きというものとはちがっている。日本人メジャーリーガーでさえある種のジャパンドリームを放棄することで渡米していく。仮に五億円プレーヤーが十億円プレーヤーになったからといって本来アメリカンドリームを達成したとは言わないし、中米や欧州系移民とは質がちがう。

タイの場合、出稼ぎといえばイサーンの人々が有名だ。高度成長の頃はどうか知らないがグローバリズムの波で自給自足の暮らしができなくなり海外や都会のバンコクへ出稼ぎするに至っている。当然そうなると親子が別れ離れになる人情話や成功談も生まれてくるにちがいない。しかしこれら美談こそが日本人には最も似合わない。日本の若者がイサーンの出稼ぎ事情を知ると一様に「それはすごいですね」と言う。僕は賃金が日本の半分以下になっても「外国で働くと人生勉強になりますよ」と言えてしまう日本人の方がよほどすごいと思うのだ。

より金のある所を目指すアジアの人、より付加価値を付ける考え方で納得させる日本人、お互いの交流の難解さはこういった相手をより知るということにあるのではないかと思うのだ。

僕は交流には「お国自慢」と「お国批判」の両方が必要ではないかと考えている。アメリカ人に「まだ原爆のこと怒ってる?」ときかれたり、フィジー人に「日本は高層ビルばかりで住みにくいだろうしお前はこっちに住め」と首根っこを摑まれるような言い方をされるとぐっとキョリ感が近くなる。シドニーオリンピックの際にオージーの子どもたちが日本人選手団を『君が代』で出迎え、『読売』が〝ザマアミロ〟とばかりに報じていたが、このような形式的歓迎とは先の話は正反対である。ヤバイ所に入らないと交流などできないのだ。

文部科学省の言うところの「日本の文化や伝統が大切」といった交流は「お国自慢」の片面しか当てはまっていない。僕は折り鶴を折ってみせるとげっそりする。小学校低学年の頃に少し熱中し、ボンボリあたりで挫折したのだが、中学生の頃には白血病で入院中の生徒のための病気回復祈願で鶴を折ることになった。そして彼は死んだ。従って折り鶴は不幸の兆しを僕には意味している。これを相手に渡すと「お互い不幸だね」といっているような交流に思えるのだ。スポーツの方がよほどいい。

僕はタイ人にははっきりとこう言ってもらいたい。

「タイには朝鮮人差別はありません」

と。戦後教育批判による戦前擁護も『朝日新聞』を「チョウニチシンブン」と読む皮肉も同時に吹きとばす日本人を一撃で仕留めることばである。このとき初めて日本人の望んでいる交流というものが生まれていくのだろう。

日本人の場合、まだ国際交流というものが自分探しや自己否定の延長線上にしかないような気がする。これをもたらしているのは未発達な意識ではないかと思うのだ。「この野菜だれが作ったの?」「神様が作ったに決まっているじゃないのやあね、この人」といった会話から感じるズレ。

日本に帰ったときに近所の軽食屋へ入った。店の奥に古めいたテトリスのゲーム機が二台置かれている。よくみると「楽しみ方」の貼り紙に「ゲームに勝つと女性が現れ目の保養ができます」と書かれている。ゲーム製作者は女性蔑視の気持ちなどなかったことだろう。だからこそ抗議されれば「ラーメン屋にも水着のポスターが貼ってある」といったあたかも客がそれを貼れとでも言ったような反論を持ってくる。ゲームのアニメに登場するナチスのカギ十字にも同様の未発達さを感じてしまう。アジアの中でも女性の社会進出が遅れてしまった日本なのに国内では相も変わらぬ男尊女卑論を展開し、昨今では慰安婦否定に役立てたいのか〝女性は皆売春婦〟といったような古代哲学者まで現れる。バンコクに住むと娼婦を追っ払うマニュアルが知りたいくらいで観念論的な女性論は意味を持っていない。

「ゴーゴーバーへ行きませんか?」

とタイの若者を誘うとこう言われる。

「よく誘って下さいました。今まで恥ずかしくて行ったことなかったんですよ」

日本人の方が詳しいことに僕など恥じるが自己否定さえしない者は日本人娼夫と化するのだろうか。

「大阪のオバちゃん」ということばがあるように町の代名詞に女性をもってくる関西人にとってそもそも男尊女卑という思考回路もないのだ。タイのオバちゃんとしての付き合い方にこそ交流があるはずだろう。

日本人にとって本当に必要なのは外国という舞台を通しての日本人同士の交流の方ではないかと思えてくる。

核武装するしかないなどと言う日本人が本当に日本人らしいかどうか。タイの自然破壊を日本の自然破壊をみてからでないと判断できないのはどうしてか。イラク攻撃をする前から「一ヵ月で終わりますから」と言い放つ者にちぎれた腕を想像できるのだろうかと……。中国残留孤児が拉致家族支援法をどうみているのかという視点がテレビ・週刊誌では報じられず、大人と一線画する『週刊プレイボーイ』に掲載されていた事実からいけば日本と一線画してこそ未発達から逃れることもできタイ人と交流する資格も得られるのではないかといったふうに。

僕は「マイ非ブーム」にこだわる。バンコクで日本語を話す本など読んでいたら日本語を喋れない愚かな日本人となる。

「オレには必要ない」

これが個人の交流としての源だろう。そして僕はタイで学んだ微笑みを日本人の金髪兄ちゃんへ向けてニラまれる。ここにまた壁があるのだ。日本人交流もほとほと難しい。

旅嫌いの外国好き

アメリカの旅のガイド本などでは音楽が好きな者なら音楽をスポーツならスポーツ、ニューヨークならニューヨークを極めようとするがアジアになると誰も行かない所へ行ったとか日本で紹介されないものを食べたとかお前の知らないことをオレは知っているというようなどこか競い合っているものを感じる。こういう人に勝てるわけがないから右に出ないで左に出るようにすればいい。この競い合うような旅の本には等身大以上のものを感じてしまい、僕はしんどい。日本に住む外国人は標準語を喋れず地方の言葉を喋るという人がいるが、これに匹敵する日本人がいないというか。余計なことを知った時点で負けているのかもしれない。パンガンへ向かうフェリーにいる殿さま気分の若者にも似ているものを感じる。アジアに関しては押し着せがましさを感じない本が当たりでそれを感じる本がハズレということになるのではないか。

初めてタイに来た頃はタイの参考書のような本をいくつも買って果物の名前から通りの名前から覚えていき、「なるほどこれがそういうことか」とやっていたのだが、ある程度わかってくると自分の求めているのは旅の本ではなく外国の本だと気付いてしまった。大雨の日に軽トラックの荷台に乗って何キロも走って目的地に着いたという内容より、大雨なので一日中部屋で寝てましたといった内容の方に少なくとも生活のにおいやスピードののろさを感じてしまい、「ぜんぜん頑張ってないこの人」と感心してしまうのだ。

僕はもともと旅はあまり好きではない方だと思う。中学生のときにボーイスカウトに入っている友人がいて日本国内のユースホステルを泊まり歩いたと喋っていて、学生用割引航空券のカードを持っていたりして、こんなものがあるのかと驚いたりしたが、リュックを背負うという行為にどうもリポビタンＤのＣＭが重なるせいか抵抗があり、むしろジャーナリストのようなショルダーバッグ派で中にぎっしりメモや本やノートが入っているといった、あちらへの憧れで世界をあちこち行ければいいかなあと思っていた。プチジャーナリストやプチ商社マンの気分でいつも町歩きをしてしまっている。（良いかどうか知らないが）従って市場へ行くとアジアの熱気を感じるというより市場調査をしている気分で見て回り、リゾートへ行ってもさあ泳ごうというよりはライフセーバーか水質汚染調査員の気分で自然に佇ずんでしまう。夜の歓楽街へ行くと僕はこともあろうか補導員の目線で人物ウオッチングをしてしまう。もっとも補導員であっても性欲はあるので時には道を外す。トレッキングなどとんでもないことだ。今日チェンマイに着いたなら日系チェンマイ人かチェンマイ系日本人にでもなって、さあ今日から日常を生きてみたいと気持ちが高ぶっているのに翌日にもうトレッキングなどしたらそれこそ「旅」になってしまう。トレッキングなら富士山へでも行くだろうし、少数民族なら日本でも「赤族」「茶族」「金色族」「モヒカン族」「ハナワ族」「貴金族」「ヤ族」「走族」と沢山いらっしゃる。ヤ族は走族を取り込んで社会問題を起こし、収入源の麻薬にはイラン人もかかわってきていて、タイ北部の様相を呈している。外国の日常を感じたい僕にとってトレッキングは日本と同様の非日常的なものでしかなく、一度ムリに行くことになったときも朝宿を替わったことをすっかり忘れていて帰ってくるなり以前の宿へ入ってしまいルームナンバーを告げては「あんた朝チェックアウトした人じゃないの？」と恥をかいたのだ。頭も完全にパニックになっている。そもそも家の近所でそう多くの外国人をみるわけでもない僕にとってはアメリカ人やイギリス人でも少数民族であるはずなのになぜチェンマイだからという理由で少数民族をみに行かなければいけないのかよくわからない。それでなくても少数民族は迫害を受けているから「見に行くツアー」といった響きに傲慢さを感じてしまう。

非日常性としてはゴーゴーバーもその一つである。僕は長い間タイにいてまだ一度も行ったことがない。初めはボラれるという理由で行けず二回目はバンコク近郊旅で疲れ切り行かず、その後はバーの仕組みを知ってしまって興味がわかず、それにバンコク女性の不美人さも手伝い行かずじまいになっている。ゴーゴーバーはオカマショウやムエタイのような観賞やソープのような生活延長でもない、女性を連れ出すといったドラマ性がある。僕はこのドラマ性が夜のトレッキングに感じてしまう。日本人旅行者の団体が「ここからは夜の時間帯なんで男性陣女性陣別れて行動しましょう」などと言っているのをきくとたとえ半年でもこちらで暮らしている者にとると逆に行く所ではないといった非日常性を感じとってしまうのだ。ちなみに僕は外国人と結婚したいとは思わなかった。やれ文化の違いだとか国境を越えた愛とか日本社会が閉鎖的なためにハードルを高くしていることの裏返しで言っている。韓国を怒らせたい方の人間が「近くて遠い国」と表現するのと同じだ。「文化のちがいなんかどうでもいい」という社会なら外国人と結婚することもあるかもしれない。（外国人としか結婚できない国があればおもしろいが）国際結婚が日常にない限りしたいとは思わないのだ。もっとも外国を旅しながら日本人同士で恋のかけひきをする番組が高視聴率だったことを考えると日常になるはずもない。

もう今では旅の本はあまり読まず、代わりに新聞やフリーペーパーの記事の切り抜きをやって本代りにしている。アジアをみつめる記事や「ベトナムで里親になる」「タイ北部でボランティアの家造り」「カンボジアに靴を送る」「タイの子どもと交流会」などの記事。真面目くさるわけではない。こちらの方が日常性を感じてきてしまうのだ。旅の記事でもどこか可愛い。西安でギョーザを食べただけの旅行記であっても本当に素直に喜んで書いていて晩年ギョーザに感動しただけでそこに永住してしまいそうな勢いだ。一般投稿はおもしろい。プロの書き手とちがい自負がないのだ。

僕は日常の中にある非日常を探究したい。バンコクの高層アパートに十年も暮らしている独身日本人はいかなる心境でいるのか。日本人街のコーヒー屋で毎日日本式コーヒーを飲む初老の白人は何者なのか。雨の日に道でころんだ僕を皆が上からのぞき込み「助けはしませんが見守ってますからご安心を」といったタイ人たちの心の奥はどうなっているのか。立ち上がり道を渡りかけているのに話かけてくる娼婦は空気というものを読まないのかと些細な非日常性が頭を攪乱させる。ブランド品の紙袋を持ち歩く日本人女性が最近ではまともにみえてきた。僕が初めて海外へ行き外国のカレンダーを飾り、町の音をテープに録音していたような初歩的作業を彼女たちにみてしまうからだ。いずれ彼女たちも知るのだろう。アメリカの独立記念日に多くのホテルでイベントが行なわれるこの国の底力を。葵祭の斎王代に外国人が選ばれるようなこの国の寛容さに。

若者から発せられる攻撃的熱波

昔ニュースをみているとオーストラリアで日本人女性が殺害されるというニュースが流れた。無防備にも地元の人のクルマに乗り込んでそのまま殺されてしまったといういたましい事件である。

しかし画面に映ってインタビューされている旅行者である日本人の若者は「このあたりは事件が多いですからねえ」と吐き捨てて喋っているように答えているのだ。仮に自分の友人ならこうは言わないから勝手なものだがしかしなぜ吐き捨てるように言ってしまうのかは興味があるところだ。インタビュアーが日本のテレビでみたことのある者だったから自分の領域を侵害されたといった気分にでもなるのだろう。

この気分はたとえはカオサンロードを歩いていると日本のマスコミがマイクを向けて「タイには何の目的で来られました?」と尋ねるときにもある。目的というものを持たないと旅はしてはいけないのかと思ってしまう。それならブランド品を買い漁る者なら「ブランド品を買う」という目的があるから目的なしの者よりマシということになるし、

「上等の目的か下等な目的かどちらでタイへ来られました?」

と尋ねなければならなくなる。

「町にきっちり娼婦がいますからコミュニケーション不全には陥りませんし、おかしな連中はすぐに捕まっていきますから至って健全です。ここに来て初めて人間の社会で暮らしているって感じているんです」こういう会話からは金でソフトな人間関係構築も感じる。

マスコミの傘下に入るような合致した目的といったものを持たない方がいいと思う。アメリカの同時多発テロ後にニューヨークにいた日本人旅行者を「呑気な日本人」としてまとめている週刊誌の企画があった。しかし、この場合呑気なのはマスコミの方ではないのかと思ったぐらいなのだ。ふつうテロ直後に現場をうろついていたなら「こいつもテロリストの一味ではないか」といった目線でみるのだ。初めから「そこにいるであろう」日本人を「呑気」でくくってしまう呑気さで結論づけているのをみるとこの支配下から常に逸脱しておかなければならないといった気になるのである。「日の丸の重み」「感動をありがとう」をそれぞれ、長嶋認可、ジャニーズ認可を与えた上で一般化させたような〝虎の威を借りる……〟を感じてしまうからだ。

オーストラリアで中国人女性が殺害されても日本のニュースでは流れない。しかし日本人だと途端に大騒ぎになり、南国ののどかな町で起こった凶悪事件として伝わり、コメンテーターたちはいつものことばで締めくくる。

「日本人の危機管理が問われていると思います」

この一連の流れにハマらないためにはこうも考える。もしバンコクで暴漢におそわれそうになったら先にポケットからナイフを取り出して自殺してしまおうかと。そんなことはしないが。

ここで初めてあの若者たちの吐き捨てた気持ちがこれらマスコミ循環への反感ではないかと思えてし

まう。

もちろん若者がマスコミを敵対視しているのかといえばこれもちがうだろう。目立ちたいという心理などまさにマスコミへの迎合だし。彼らは敵をみつけられない苦しさをそれにぶつけているような気がするくらいなのだ。例えばタイ人が「日本へ行って思いきり勉強したい」と言ったとする。しかしこちら側にしてみれば外国人差別が激しいことも学級崩壊が起こっていることも知っているために親日派タイ人でさえ敵に回してしまう危うさがある。何年か前に大学の先生がまた戦争掘り起こし授業をやり、アジアからの留学生が授業をボイコットした事件さえある日本では留学生を受け入れる器は整っていないのにどんどんやってくる親日派への窮屈さというものである。若者たちがきっちり敵を見定められないで吐き捨ててしまうことの土壌がこのあたりにあるような気がしてならないのだ。外国人による弁論大会をみていても同じことを感じる。観衆である大人たちは話に納得していたり笑顔もあるのだが若者たちは話に窮屈さを感じている態度をしている。

タイで頑張っている日本人を取り上げたり、タイを舞台にして日本の将来を語り合ったりするニュースもあるが、僕からすればバンコクをほっつき歩いている若者に「日本を好きになれない原因」や「帰りたいと思えない心情」でもきいてやった方がよほどいいと思っているのだ。

「たまたまバンコクの町をほっつき歩いていた若者との対談を今週はお送りします。どこの誰だかさっぱりわかりません。従ってもし変なことを言い出しても御了承下さい。それではどこの誰だかわからない、ほっつき歩いていた若者との対談ですどうぞ」

と。

誇りのための誇り

タイ関連の本が出るたびに新聞や日本語フリーペーパーに批評のようなものが載っている。最近とくに気になったのは女性が書いたタニヤ批判本だっだ。この本が気になったのではない。批判本の批判が気になったのだ。女性の書いた本だから大げさに風俗店批判をしているのはわかるがこれにそれほどの怒りを返したい気分になることがわからない。例えるならこうなるだろう。

「僕はあくまで健全なスケベなんです。なのに何で変態スケベのように描くんですか。スケベは認めます。しかし変態スケベという点だけはどうしても撤回して下さい。そうでないと世の健全スケベの男性たちに申し訳がないんです。どうか撤回を」

と。男性社会なのだということもわかるし、僕も健全スケベの一人としては気持ちはわかるのだけれど、しかし何かが変なのだ。

それはいつから風俗が誇れるような商売になったのかということだ。昔、AV女優がテレビに出演して文化人まがいの芸能人に説教される番組があった。するとAV女優は「汗をかいて仕事をしています」と「それ、意味がちがうだろ」と、つっこみたくなるような返事をする。これもまた仕事に誇りを持とうとするのだ。ストリッパーなら踊らないといけないからプロ職種かもしれないがAVなど素人ものが受けるのだから素人ではないのか。

「私はバカがつくほどエッチなもんでこんなことをやってるんです。ふつうの女性はこんなのやらない方がいいですよ」

と言ってくれたら、誇りを持たないノンプロ意識と尊敬するが、プロのＳＥＸというものが存在しているかのような風俗の誇りには原始からスケベがあっただけに腹が立ってくるのだ。僕など風俗店の待合室でも難しい本を読んでいたい人間だ。エロマンガからエロの世界へ入っていくのはどうしても気が引ける。女性と対面する直前まではエロの誇りを持たず、会ったと同時にエロエネルギーを一気に150％まで引き上げる。タイのように店から女性の連れ出しＯＫというやり方が仮に日本であったとしてもエロの誇りを持てない自分は連れ出しまでしなくてもと考えてしまうのだと思う。

このようにエロの誇りは電車内で〝裏ビデオ情報〟といった雑誌を平気で読み漁るおじさんを生み、喫茶店で下ネタ話を大声でするサラリーマンの中高年たちをも生んでいる。コンビニにポルノを置くことがけしからんと言うと業者側は出版の自由を持ち出すがこれは全くのウソだ。コンビニにはポルノだけではなく夏場でもないのに打ち上げ花火やバクチクなどを置いて夜中にうろつくチンピラの犯罪助長もしているのだ。コンビニが何でも揃っているといったつまらない誇りを持っているためにポルノもつまらない誇りにあやかっているだけなのだ。一度でも迷惑を被ればそれがわかると思う。バンコクの路上で売っている小さいミカンのしぼりたてジュースに「果汁120％」と書かれていたあの自己主張の方がエロを持ち上げる誇りよりはずっといい。

若者のけんかでさえ「オレの誇りのためにやった」と訳のわからないことを言い出すし、若者のことばの乱れを埋めるかのように日本語ブームが起こっている。これも誇りをとりもどすということでだ。こんなことをするくらいなら日本人の細分化を初めからすればいいと思うのだ。ニュースキャスターは「全国六千万の皆さまこんばんは」と登場し、もう一方の六千万は相手にしない。トレンド情報番組では「東京の今の流行色は赤です。埼玉は茶色、千葉は紫、神奈川はパステルカラー、大阪は黄色で頭にバナナをあしらっております」と初めから統一させない方が力強い。僕は統一性のある誇りや平等すぎる誇りというものが好きではない。日本人と言われるより関西人と言われた方がうれしいというアレかもしれない。

本批評ではもう一冊よく出てくるものがある。「タイ人と働く」といった白人のみたタイ社会の本である。日本のビジネスマンが勘違いをしないよう、あくまで白人の考えるタイ社会ですからこれを絶対的と思わないよう注意して下さいと批評が加えられている。著者が外国人なら当然日本人観とちがうだろうし、白人がタイ人の英語をヘタと感じていても日本人にとってわかり易ければそれでいいわけで、実に親切だなあと思う。ただこの親切さを何で日本人の書くタイ本にはしてくれないのかがわからない。「これは古い世代の日本人が書いた本ですので若い方が読むと少しの違和感があると思いますがどうか一つ古い世代と承知して下さい」とか「これは若い世代の書いた本ですから古い世代の方が読まれるとひきつけを起こすかもしれませんので持病のある方はお読みにならないで下さい」とNHKのテレビ体操の画面に出てくるような注意を促しておくのだ。白人とのギャップ同様に世代間ギャップが今では大変なところにまで来ているのだから。この白人本の注意書きにも日本人の誇りのカケラがみえ隠れしているのだと思う。

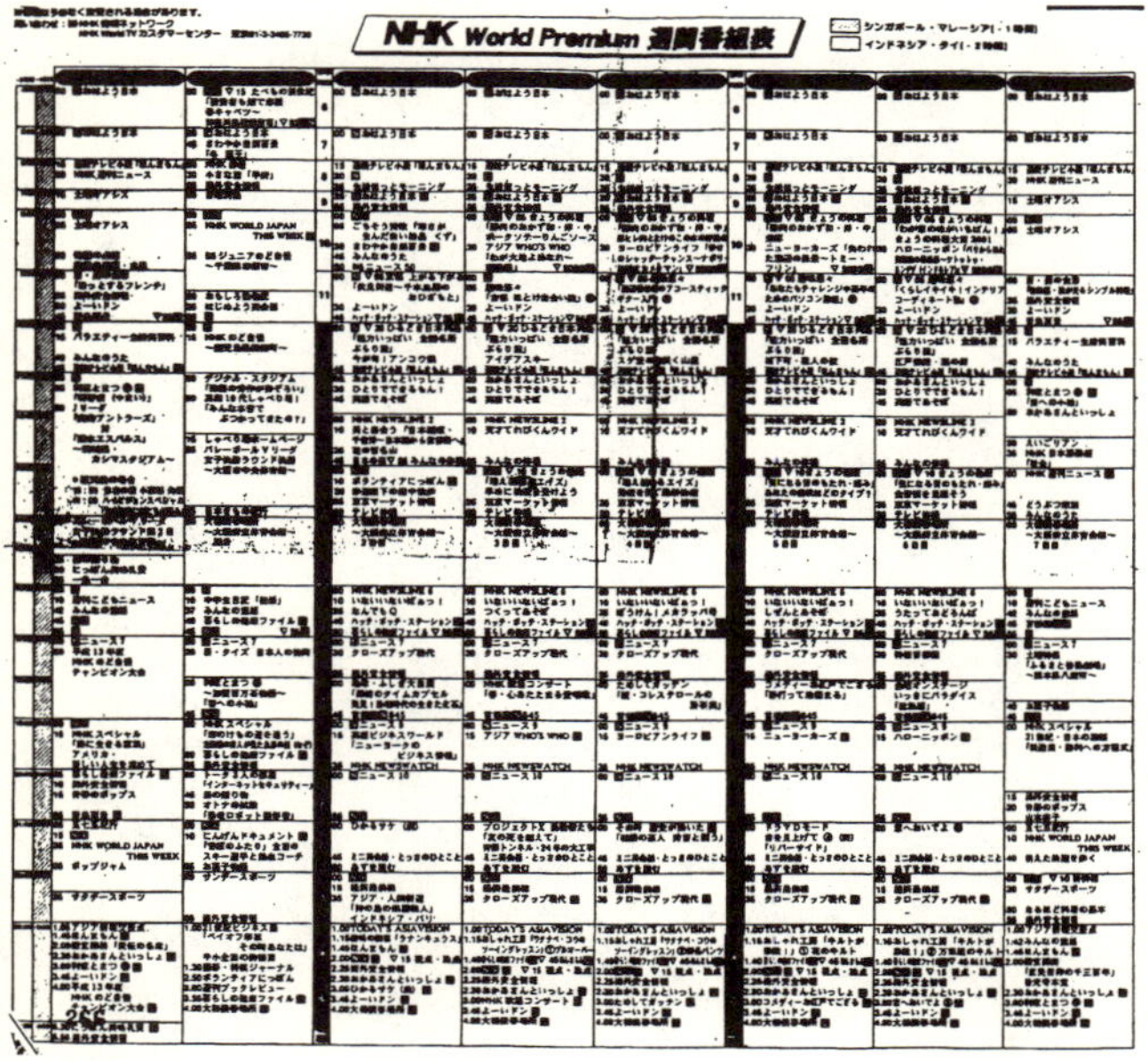

NHK World Premium 週間番組表

シンガポール・マレーシア（-1時間）
インドネシア・タイ（-2時間）

海外日本ドリームチャンネル（二〇〇二年）

バンコクでみるNHK衛星放送のプログラムである。最初に発見するのは再放送の多さだろう。朝九時台の「おはよう日本」からもうそれである。昼台にも夕方にも夜九時台にも夜中にも再放送がある。NHKの民営化でもしてほしいような多さなのだ。「連続テレビ小説」は、幅広い年齢層がみていることからも一応日本では人気があるからよしとしても、「きょうの料理」はいらないだろう。タイトルをみると「豚肉のおかず和・洋・中」とある。タイで暮らしていれば「和・洋・タイ」ぐらいの気のきかせ方をしてほしい。「ひるどき日本列島」はマニアのような人たちには隠れた人気もあるといい、生でやっている緊迫感が伝わり見方によってはまあまあよいとか。

一時台二時台と子ども番組がつづくのは一体何なんだろうか。「みんなの体操」「テレビ体操」「きょうの健康」という類はバンコクでは全くの無用の長物だ。何しろこちらには古式マッサージや足つぼマッサージ、ハーブマッサージ、フェイシャルマッサージ、トルコマッサージまで様々あるので気持ちよさには事欠かない。また、日本の健康法をみても仕方がないというのもある。こちらで蚊にかまれたら日本でかまれるより腫《は》れ方も大きいし、なかなか腫《は》れがひかなかったりとこちらの健康チェックに合わせないと意味もない。日本で「水や氷に要注意」などといったことをしないのと同じ理屈だ。

六時台にまた子ども番組がつづくのはうっとうしいがバンコクでは四時台になるからこれは我慢しなければ……。九時台の再放送のタイトルをみると「アジアWHO'S WHO」「ヨーロピアンライフ」「ニューヨーカーズ」「ハローニッポン」と万国博覧会のような番組づくりをしている。民放の「世界まる見え」のような番組を一本作ればそれで済むのに。こういうところに頭のわるさを感じてしまう。「ニュース10」に至っては日本で視聴率がいいわけでもないのに外国では大きな顔ができるといった外弁慶。変なところだけこうなのだ。アフガン空爆時に在日アフガン人の話を聞こうともしない姿勢やイラク人さえ見かけないことをみるとその昔、生放送中に「NHKは自民党だ」と叫んだ一般人のおじさんを思い出す。「ニュース10」よりは「クローズアップ現代」や「週刊こどもニュース」の方がよほど質が上だろう。こちらにはそれこそ在日外国人やNGOの日本人、ノーベル賞受賞者などが出演していてより詳細にやっている。

海外へ来ると確かに日本をもう少し深く知りたいと能や狂言、俳句や古寺巡りなどに見入ってしまうことはある。そういう意味では「プロジェクトX」「その時歴史が動いた」「NHKスペシャル」などは見たいと思ってみることもあるだろう。しかしこれでもまだ足らない。NHK教育でやっている「人間講座」やタレントもコメンテーターとして出演する「土曜フォーラム」など今の問題といった色合いがつよい番組はなぜだかやっていない。

鈴木宗男の追及の日もあったはずなのだが、この番組表には国会中継の文字もない。僕はこの週はタイにいなかったが、もしかして高視聴率をあげた田中真紀子元大臣の証人喚問もこちらではやっていなかったのだろうか？　これでは何とも可哀想だ。更に心配なのは選挙前の立候補者の政見放送。これも流さず海外投票をさせているのだろうか？　心配の種が絶えない。

バンコクのラーメン店で深夜にラーメンをするとTV画面にとび出る「おかあさんといっしょ」東京の人はよく我慢しているものだ。大阪なら店が放火される。僕でさえイライラして外に出るなり巨ゾウを上手投げしたい気分になるのだ。インドネシア在住日本人ならアナコンダの首をしめた人もいるのではないかと想像する。関西人にとるともう一つ頭にくるものに八時四十五分からの「首都圏ニュース」

というものがある。この時間帯はいつも「関西８４５」というのをみていたのだ。バンコクで「首都圏ニュース」をみると「君はローカルの人だ」と言われたような嫌な気分になる。柔らかくなったバラエティ以外は改善の余地が多い。

僕の友人のＴ君は違法ニュースステーションカフェをつくり放送法に触れ日本政府からの依頼を受けたタイ警察との間で銃撃戦を起こし、遂にベンチャシリ公園で自爆した。遺書には「ＮＨＫによる洗脳放送はもう終わった」の言葉を残し。

こんな夢をよく見る。僕の提案する日本ドリーム放送を最後に書いてみたい。

6	おはよう日本－１部
7	おはよう日本－２部 （早読みタイ三面記事）
8	連続テレビ小説・その他
9	海外カオサン危険情報
10	きょうの料理「屋台での飯のくらい方」
11	趣味悠々「道で寝てみて！　生き方コーディネート」
12	Ⓝ昼どきタイ列島
1	ジャリンコあつまれ！
2	テレビ古式マッサージ体操
3	生きもの万歳 「どうして部屋にアリが入るの」
4	ワールドスポーツ（サッカー）
5	タイ語講座、 出演：プーさん・ガイさん
6	ニュース＆アジアニュース（日本語）
7	ＮＨＫスペシャル 「気楽に生きるタイ国民」
8	にんげんドキュメント 「ラチャダで働くイサーン娘」
9	タイポップス2004 「泉谷乱入」
10	民放ニュース
11	（自由選択制）
12	タイのお姉さんといっしょ
1	朝まで生テレビ 「バンコクに未来はあるか？」

タイでの変化

バンコクに来たからといって性格自体はそうは変わらないと思うのだが日本にいたときに比べて生きるスピードは落ちたと思う。

まず歩くスピードが落ちた。歩きにくい町と暑さで日本にいたときのような右足、左足、右足、左足といった出し方ではなく、右足を出して左前方をちらっと見て、左足を出して右前方をちらっと見るような瞬間目線が入るようになった。従って同じ日本人にも町でよく追い抜かれてしまう。日本人の場合、歩くスピードは異様なほど速い。ワイシャツにネクタイとスーツのビジネスマンの歩くスピードは何かに取りつかれているようにもみえる。バンコクに着いたばかりのビジネスマンが二人でカバンをどっちが持つか口論している姿をみるとフシギな感覚がする。時差とはちがうスピード差を感じるからだろう。

ただスピードを落とせばバンコクの町や人の暮らしぶり働きぶりがよく見えてくるかといえばこれは反対だと思う。歩くスピードがおちると同時に感性も落ちてしまうのだ。これは列車に例えるとわかりやすい。快速に乗るとスピードが速いために緊張感が持続して同じ田園風景がつづいたとしても比較的みることに集中できる。そして丘陵地帯で牛がみえたとすると「あ、牛だ」とたった一頭しかいなかったとしても見逃さない。しかし各駅停車に乗ると緊張がつづかなくなり、牛のみえる時間帯には眠り込んでしまうはずだ。

このことからも歩くスピードをあまりに落としてしまうと町歩きとしてはかえって危険であり、感性は落としたくないものだ。もっとも走るのはよくない。これはジョギングをする人以外ありえない。たまに走ると「泥棒」と勘違いされてしまい、誰も仕事熱心な人とは思わない。感性は落とさず日本にいたときよりは弱冠おそいスピード。この変化ができてくると違和感が消えていく。

笑うスピードも落ちたと思う。厳密には笑いたいと思うスピードだ。コンビニでタイ人が白人とおかしな会話をしていたとしても日本にいたときのように「喋ってないで早くしてくれ」とは言わなくなる。これもこちらが些細なことで笑ってやろうという気持ちになっているからであって、笑芸として見ているわけではないからだ。子どもの頃に「ゲバゲバ90分」というコント集大成の番組があった。コントを十コやったとしたら大笑いが一つ、小笑いが二つ、あとの七つは全くおもしろくもない。しかしこのときの時代の気分がこれぐらいでよかったのだ。つまり笑いたいとの欲求スピードも怖ろしく速くなってしまっていて、タイに来ると十コのコントで五回笑えたらいいかといったもので町を歩くと何だか笑ってこっちを見ているバアさん物売りにも対処できる。笑芸ではない些細な笑い、これへの変化が次に出てくるのだ。

全く変化がないものとしては食事のスピードが挙げられる。辛いものを食べるときこそスピードは落ちるものの全体的には変化しない。白人がカフェに入ると小一時間居座るが日本人だと三人以上だと三〇分、二人なら約二〇分ほどで立ち上り外出する。例外はマンガを読んでいるときだ。このときのみ約一時間居座わる。コーヒーでさえこの日本同様のスピード感であるから食事のスピードもあまり変わらない。ただしバンコクで生活していると食べ方は変わる。つまり好きなものを徹底的に食べてそのあとでそれほどでもないものを食べるといったふうにだ。これはバンコクであるからいつ流れ弾に当たるかわからないし、狂犬病のイヌにおそわれるかもしれない。ゾウに鼻で叩かれ首の骨を折るかもしれないし、日本人だと命を狙おうとする連中がいるかもしれない。といった具合に料理でも順位づけをしてしまうのだ。そして一番人気を徹底する。

こういうことを考えていくとバンコクのあらゆるホテルでブッフェをやってくれていることは本当にありがたい。まさに好きな物を集めて食べるわけだからどの時点で死んでも一応の満足はある。もう腹一杯になっているのに店員が「バーベキューもどうぞ」と勝手にテーブルに運んできて、それを食べたときは一瞬意識を失いかけたことがある。食べすぎでも死ぬ油断できない国なのだ。

しかしこのブッフェというものはただ一点納得できないことがある。インターナショナルの国であるからフレンチやイタリアン以外でもカリビアン、メキシカン、グリーク、インディアンなど限りないがこれで分類される和食ブッフェなのである。出る物としては刺身、天ぷら、寿司、そうめん、煮魚、切り干し大根やひじきのような添え物、ごはん、みそ汁といったものでいわゆる我々の世代にとっては当たり前のコロッケ、ハンバーグ、メンチカツ、オムレツ、カレーライス、ケチャップ味スパゲティなどが全くない。これらを「和食」に対する「和風食」と僕は呼び「洋食」とは思っていない。洋食はTボーンステーキやドネルケバブやフォアグラ、七面鳥丸焼きといった類だろう。ヨーロッパを旅して「ヨーロピアンフード大丈夫ですか?」などときかれてしまうのもこれら和風食の存在がどうも希薄で、日本人は寿司、天ぷら、刺身を毎日繰り返したべているといった誤解から生まれているのだと思う。確かにパスタはイタリアが本場である。しかし子どもがスパゲティケチャップ味をくちゅくちゅとすすり、口元を真っ赤にしている光景がごく一般的なことを考えれば「パスタは母の味」と言うイタリア人には肉じゃが発祥地論争のようなものを起こしたくなる。日本の子が刺身を口にほおばり口元をしょうゆだらけにしている姿は一般的ではないのだしCMでもみたことがない。

おこのみ焼き、やきそばに至っては和風食ではなく和食そのものなのだ。しかし和食ブッフェには小さいおこのみ焼きさえ置かれていない。従ってインターナショナルブッフェだとベトナム料理一画を侵略しなければならなくなり日本人だけ主体のない皿の盛り方になるのではないかと思う。バンコクのホテルでの和食ブッフェはテーブルではなく茶ぶ台で食べるのがふさわしいし、アメリカンブッフェならソーセージをタコ型に細工し隣のベーコンを巻きつけ爪ようじで留めると和風ブッフエに様替りする。おにぎりブッフェというものもあっていい。外国人に寿司は人気だがおにぎりが人気がないのはベトナムの生ハルマキ同様、戦争の非常食や旅の携帯食としての思いが味わえないためである。おにぎりブッフェには和食ブッフェの魂があり、茶ぶ台どころではなくゴザ上地べた座り食いをしてもらいたい。バンコク和食ブッフェは今でも「高度成長期以前の和食ブッフェ」であり、台湾のドトールコーヒーで温かいホットドッグに冷たく冷えたマスタードが塗られていたときのようなげんなりさがある。和風食ブッフェに大変化を期待しているのだ。

行きたくない場所

バンコクでみる日本の若者のむさ苦しさはない。金髪でなおかつライオンの立て髪のように上を突き上げている。髪にこだわるならヒゲは剃ればいいのにこちらもアゴにチョビヒゲをはやしたままなのだ。このタイプのそばに必ずいるのが手ぬぐいのほっかぶりをしている男である。金髪とほっかぶりが三人組でやってくると僕は逃げたくなるのだ。都会でよく見かけるこのタイプは日本にいるときには家の近所では見かけなかったがこちらに来るとみかけてしまう。関空～バンコクで来るイメージでバンコクで過ごしているものだから成田～バンコクというルートがあったのかと改めて感じてしまう。

以前このタイプの若者はカオサンでしかみかけなく、シーロム、スリウォンは観光客の行く所といった彼らなりのこだわりでもあったのかほとんどみることはなかった。しかし最近ではこのあたりでさえよく目につくようになったのだ。パッポン入口横のマクドナルドに金髪ほっかぶり軍団がどかどかと入ってきて着席するとタイ人や欧米人でさえ「何だこの物体は」とちらちらそちらに目をやっている。周りがみえないものだから気がつかず「六百バーツいかれてしまった」と呑気な話をしている。タイ人の若い女性がちらちらみては「ヘン。ヘン」とくすくす笑っていても日本の感覚の延長でいる。決して悪い奴とは思わないが人間、中身と同様、外見も大事なのである。

バンコクに外国人が多数根付いていることが本当に僕はありがたいと思っている。もし小柄なタイ人だけの社会なら彼らはここでも引ったくりや路上強盗をやってしまうのではないかと考えるからだ。大柄な白人や黒人、アラブ人、インド人が存在していることこそが彼らの犯罪抑止となっている。もっとも日本人同士ではあるのかもしれないが。

そういうことを思うとフシギなのは日本の警察は何で体のでかい白人黒人ポリスをレンタルしてこないのかということだ。日本人同士ならなめてくるのはもうわかりきっている。それなら外国人特別部隊をつくればいいのにと思うのだ。日本人は外国人を助けることは大好きだ。人道支援でも自衛隊派遣でも「行く」方は好きなのだ。しかし逆に自分たちが外国人に助けられることになるとこれを極端に嫌う。「何で外国人に……」と。僕はここが直らないと一皮むけたことにはならないと思う。スリウォン通りのマクドナルド、もしくはケンタッキー前でさえ便座すわりしている日本スタイルをみかけるとこの場所へ来たことを後悔する。おやじのオカマの派手な化粧とは比較にならないほどの後悔を。

ツアーで行きたくない所といえばワットサイの水上市である。英語名でCANAL TOURと書かれているものだ。エメラルド寺院も評判はわるいが寺としてみるだけならみられないことはない。しかしこの水上市はタイ人自体のイメージをわるくするから困るのだ。水上生活者の風景があるのではなく、水上でキャッチセールスが一勢に旅行者の船をとり囲むのだ。その早さといったらない。睡眠不足のままツアー参加していても眠さが吹っとんでしまうくらいだ。これ買えあれ買えとしつこいし、仕方なく僕はランブータンの袋を買ったのだけど彼らの小舟が立ち去ると今のは一体何だったのかと虚無感におそわれる。行きの船内では子どもが白い花の首飾りを観光客にかけてくれる。少し気分がよくなるとしばらくして「二十バーツです」と代金回収作業が始まる。このへんから「アジアは手ごわい」と大抵の日本人は考え出すのだろう。このツアーには王室御座船置場見学やスネークショーも入っているのでそちらは見る価値もあるのだが……。太川陽介と城戸真亜子がキャプテンを務めるクイズ番組を見たときのような〝味気なさ〟を感じるツアーである。やはり水上の生活風景はダムヌンサドゥアクの方なのだ。

ホテルで行きたくない所というのもある。サーヤムのノボテルホテルである。いや、ホテルは立派なホテルなのだ。立地もサーヤム駅にすぐ出られるから便利だ。僕が気分がわるくなるのはここのトイレである。女子トイレは知らないが男性用トイレには小便器の上にその日の新聞の切り抜きが貼りつけてあるのだ。こういうアイデアは日本人の考え臭い。余計なことだけは気を回すのだ。地震が来ても目の前の人より会社を優先させ、辿りつく。これなら客と商談中でも友人をみかけたらそっちへすっとんでしまい客を少しの間放っておくタイ人の方が救いを感じてしまう。会社のモラルと社会のモラルが違っている。僕はアジアで小便をするときは小便を直視していたい。

ちなみにタイにおいて超一流ホテルというのはトイレでさえクーラーが効いているホテルである。ホテルが冷んやりしているのにトイレにかけこむと蒸し風呂というのは僕は一流とは思っていない。

蛇口の側にナプキンがきれいに折りたたんで置かれていても、器に花びらが浮かんでいてもトイレボーイが蛇口をそっとひねってくれても、冷んやりしたトイレにはかなわない。冷んやりしたトイレなら十五分ほどいてもいいし、団体旅行の日程表に「トイレ滞在十五分」と書かれていてもいいだろう。

トイレの便器を広めることがアメリカンスタンダードであるのに対してタイのトイレは蒸し風呂がスタンダードなのだろうか。ああ、行きたくない……。

タイの町でみかける風景から

①国歌が流れるときの風景

僕がもしタイに初めて来て、初めてあの人々の起立風景を目の当たりにしたらおそらくはタイ人というのは何と厳粛で整然とした国民性なのだろうと書いたかもしれない。しかしこれをずっと毎日みていると「何かが違う」と感じ始め、もやもやと二年も月日を送ってしまった。しかしのちにコーンケン空港での風景がヒントとなって頭の中でやっと整理がついたのだ。テレビから流れてきた朝八時の国歌にゲート前待合室の人々が立ち上がったのである。これをみてフシギに思ったのだ。もしテレビの電源が入っていなかったら、もしタイのチャンネルではなくCNNが流れていたら彼らはどうするのだろうかと。つまり彼らは朝八時に合わせて起立しているのではなく歌に合わせて立っているという明確なものがあったと思う。それは歌手が自分の歌のイントロが流れてくると席から離れマイクの元に行くのと同じ理屈だ。バンコクの風景をみていても日本人の好きな厳粛さからいくならスピーカーから八時一分前になると「国歌が流れますからご起立を」の一言があり皆が緊張感を高めていくといった、いわゆる前準備があるはずだ。しかしタイの起立風景にはこれがなく、いきなり立ち、歩いている人がいきなり止まるものだから我々外国人は何が起こったかわからず、かなり驚くのだ。国歌であるから国の歌にはちがいない。王の歌でもあるだろう。しかしれっきとした自分の歌の意思表示があの唐突な起立風景にはあると思う。

日本人の国歌をうたえない欠陥よりもうたっているにもかかわらず明確な自分の歌といった意思を持っていない欠陥をあのタイ人たちの奇妙な起立風景にみるのである。

「天皇に届け」ではなく「国王よ聴いてくれ」といった、まず自分に意思があり、「国歌」を献上している姿には到底思えないのである。

②日本レストランのネーミング

これがどうも気に入らない。ありきたりの名前ばかりなのだ。バンコクの店でも主人の名をそのままつけるかもしくは純日本にこだわって、「フジ」「ミヤビ」「竹」「ミヤコ」「サムライ」といった具合のネーミングとなる。料理の好きな人間はアート系ではないから仕方がないとはいえ、何か物足らなさを感じる。

「おいし」に至ってはローマ字でＯＩＳＨＩと書いていていてしかもこれをヨコ看板にするものだから僕はずっと韓国レストランだと思っていたのだ。

僕は純日本にこだわるよりも今の日本をネーミングしてほしいのだ。例えば日本人も昔の偏屈は日本人ではないと「がんこ」に対抗して、「ＴＨＥ　まじめ」というのがあってもいいし、無国籍レストランがあるのだから「無党派レストラン」をつくってもおもしろい。「市民のチカラ」などというのもやっと民主主義に目覚めてきた日本人にとって魅力的な名だ。『日刊ゲンダイ』風に長ったらしいのもいい。店にヨコ幕を貼り出してそこに書いておくのだ。

「さあ食べて下さい。世の中を変えるのは店の前のあなたなのです。動かなければ始まりません。皆さんの活力に我が店の料理をどうぞ。さあ入って下さい」

あの長ったらしい店と評判になるだろう。その他オープン日本レストランなどの工夫もあれば日本観をくつがえすことになるだろう。

僕が今までで最も感心したネーミングはカトマンズの「味のシルクロード」略して「味シル」と呼ばれていたものだ。シルクロードだけなら日本レストランと気づかないのだが、「味の」と付けたことで実にいいバランスと入ってみたくなる言葉の力をもっていた。これに対抗するなら「味のガンダーラ」というのもつくれそうなのだが、こちらは略すとマズい。「味ガン」これでは発ガン性物質を使っていそうなのだ。

③タイ人のパン屋とのキョリ
バンコクでガラスケース内の各種パンをみると日本でみるそれとさほど大きさが変わらないのにいざケースから取り出してテーブルに運ばれてくると日本のそれの一・五倍はある。これをみると僕はタイ人はパンを自分より下の食べ物ではなく、自分より上の食べ物、つまり外国からのお客さま扱いしているのだと思う。前に「デリフランス」は全くタイ人が入らない店と書いたが我々にとってパン屋でもタイ人にはフランスレストランとして捉えていたような気がする。

タイの屋台でも午前中タイ風サンドイッチは売られている。しかし見た目にショボくぺちゃんこのサンドイッチだ。青いジャムをぬったトーストを食べるときでも九等分にしてパンのかけらにつまようじを刺して食べるといった実にみみっちいことをする。

日本人の場合、あんパン、カレーパン、コロッケパンと日本流にしたためにパンとのキョリはタイ人のようにおどおどしくはない。しかしケーキになるとこれと似ている。ケーキは今でもホテルで食べるもの、催し会でいただくものとこれもおっかなびっくりの接し方をしていて、サラリーマンでコーヒーとケーキといった注文はしない。せいぜいファミレスで食べる程度。このように知らない間に外国を丁重に扱っているということがある。これを僕は一品に対して$\frac{1}{2}$品と呼んでいる。

ただし日本人の場合、更に厄介なものにラーメンの存在がある。和食と洋食の繰り返しに「そうだラーメンでも食べよう」というこの位置にラーメンは属していて、ラーメンマニアや会社の側に店があるから毎日いくといった連続性をのぞけば一品にまで浸透していない。浸透したのはインスタント麵とカップ麵の方だ。夕食に「はいラーメン」と妻が出せば生活状態の悪化を意味してしまう。つまりラーメンは日本では$\frac{3}{4}$品といったところであり、タイ人にとっての日本料理と似ている。ヘルシー料理としての$\frac{3}{4}$品の位置を占めているのだろう。

コーヒー飲みの楽しみ

タイでは日本式の喫茶店がないから何かしっくりこないなあという話をよくきく。タイのコーヒーだと暑い国によくある甘いコーヒーなのであり、ファーストフードでコーヒーだけを注文するわけにもいかずコーヒー屋とはいかない。スターバックスだとコーヒー屋ではあるが爺さん婆さんが入らないといった欠陥もある。老人がいてこそのコーヒー屋であり、その店の歴史がそこで暮らす人々の人生の歴史にもなるのだが観光客向けとなるとやはりコーヒー屋としては弱い。従って日本のコーヒー屋のような本を読みふけるとか社会を考えるとか頭を鍛えることよりも外の景色から楽しみをみつけることに熱中する。

サーヤムのスターバックスの外のテラスでコーヒーを飲んでいるとある出会いがある。眼の前のラーマ一世通りの中央分離帯に暮らしている上半身裸のまっくろけ物乞いがやってきてライターを貸してくれとねだられるのだ。タバコはいつもクルマの運転手からもらっていて、ライターだけのために走っているクルマをぬっておどけた表情でひょこひょこ走ってきては「ライターライター」と要求する。金を要求することはなく火をつけるとさっさと中央分離帯へもどっていくのである。僕は運がいいのか悪いのかこの物乞いに三回もライターを貸したのだ。子どもの物乞いもよく裸足で歩いていて隣のマクドナルドで買ったアイスクリームを手に持ちうろついている。タイ人で珍しく革靴をはいている人をみると大金持ちかと緊張もする。日本人で腕時計の二時間の時差を直さないままコーヒーを飲んでいる人をみれば、もう何回もタイにも来ている人なのだろうと推測する。何も人の腕時計をみることもないのだが探偵のように町や人をみてしまう。つまり店自体に心が溶け込まずその反動が僕を探偵にしてしまうのだ。

日本式コーヒー屋というのもあることはある。タニヤビル内の〝COLONEL〟やチャーンイサラビル内の〝SUZUKI COFFEE〟などがそれだ。＊〝COLONEL〟は日本人ビジネスマンが沢山入ってくるしタバコの煙が嫌なのか店員はころころと変わった。アイスコーヒーのグラスに〝泰造〟と漢字でかかれていて意味不明のフシギさもある。ブルーマウンテンやアメリカンもメニューにあるので日本のコーヒー屋には近いが日本人が多いということで安心できるだけで落ち着くにはほど遠い。僕が落ち着ける場所としてはシーロム通りの〝SOCIETY〟かスクンビットソイ24、アリストンホテル前の〝TW COFFEE〟といったところだ。〝SOCIETY〟は店の薄暗さ、南米の民俗曲が流れている怪しさ、オカマの多さ、隣の席との仕切りがあるなど日本人好みの店である。雨期になると店内が洪水になり店員が慌ててそうじをやりだすのだが手伝いたくなるような気分の店である。〝TW COFFEE〟は日本風アイスコーヒーを置いているといった、ただそれだけの店だがスクンビット自体に日本風アイスコーヒーの飲める店がないのでよくこんな所にあってくれたと感謝を込めて行っていた。店には一九二四年創業と書かれているが本当かどうか確かめたことはない。プロンポンのソイ33〝フジカフェ〟になると日本人のおばちゃんだらけになり日本のコーヒー屋というより日本そのものになってしまう。たまに白人が入ってきて「カプチーノはないの?」と言って出ていくのをみると申し訳なくなるぐらいだ。スリウォン通りの〝THE CAFE〟となるとアイスコーヒーに百二十バーツも取るし、いくらNHKがみられるとはいえ高すぎて馴染めない。ランドマークホテルのカフェでもよくコーヒーを飲んでみた。スクンビットを歩き回り汗だくになると冷房が効きすぎているこのホテルにとび込むようになったのだ。顔を覚えられてしまい、今では僕をみるなりまだ注文をしていないのにアイスコーヒーを持ってくるのだ。たまにはふつうのホットコーヒーも飲みたいのだがそれをさせないのがタイ人らしい。ここのアイスコーヒーは日本のそれに近いというのもあればホテルの前にいる川藤幸三似のポン引きがアイスコーヒーをより日本風にひきたててくれる。

タイまでやってきて日本のコーヒー屋を探してしまう自分にはまだ醜悪さが残っているのかもしれないが裏を返せば日本人自身がコーヒー体になっているわけでもある。タイに名曲喫茶があれば、とか、M・Lの代わりに並・大盛と言ってくれなどところくでもないことを考える。

タイに来た当初はコーヒーを注文するとコーラーが出てきたり、アイスコーヒーを注文してアイスコーラが出てきたり、今日は主人のスペシャルデーだからこれを飲めとブランデー入りコーヒーを昼間から勧められたり、桂ざこばさんなら怒り出しそうなスローペースで仕事をしていてもずっと我慢していた。その頃から考えれば〝カフェロン〟〝カフェイエン〟〝ティキャブリー〟〝ティーシュー〟などと言えるようになると謙虚さもなくなってしまった。日本の喫茶店でコーヒーとサンドイッチを注文してもポテトチップスやフライドポテトが山盛り付くわけではないし、〝ミニサンドが付きます〟といった謳い文句が世界基準からいけばミニミニサンドイッチであることも知っているのにコーヒーだけは日本のコーヒー屋を求めてしまうのである。イタリアンレストランの陽気な主人がピザにシナモントーストのおまけを付けてくれたとしてもやはりコーヒー屋を求めるのであって損得を超えた欲求といえるのだ。

もし仮に日本の〝珈琲館〟がバンコクに上陸してコーヒー一杯に対して従業員が全員で連呼していたらさぞかし奇妙な姿になるだろうと想像するし、客が帰ると全員で〝またお待ちしております〟と合唱するのも想像するとおかしいものがある。マンガ喫茶もタイでは浮いてしまう。賑やかな世界の無音の空間とでもいうのか。

スクンビットの韓国人街近くに家のガレージをそのままテーブルと椅子だけ並べて簡易カフェにしてしまった名もなき店がある。僕は勝手に**〝ガラクタカフェ〟と呼んでいた。がらんとした店内には両隅に英語の小説と水着といった何の組み合わせにもならないものを売っている。行商人の天秤棒をかついだ男が休憩がてらに入ってきて地べたに腰をおろしたり、女性店員がふざけて男性にとび蹴りをくらわせるのだが、客たちはアルミのテーブルとプラスチック椅子に腰掛けて道行く人をじっと眺めて時間を過ごしている。ここでコーヒーを注文してアジアの混沌色とでもいうべきオレンジがかったミルクを入れて飲む。この店こそアジアのカフェとしてはいけている。

＊今では禁煙となった。

＊＊今ではネットを置いている。

大和魂を越えて

バンコクでみかける大和魂Tシャツは白人に限って着ている。ミャンマーの丸文字がかわいくみえタイ文字に気品を感じるように漢字が楽しくみえているのかもしれない。しかし意味がわかるとタイ語が間寛平のアヘアへ語にきこえるように頭が混乱するだろう。

僕も大和魂はよくわからない。受験勉強で大和魂を出せと言わないのをみると敵が日本人であるときは出さないのだ。とはいえ外国人に大和魂を出してごらんといわれても出せないものだ。これは外国人に「お問い合わせの際は流暢な日本語でお願いします」と言われるのと同じ理屈である。しかしおせっかいな日本人はドイツ人に「さあゲルマン魂だ」とか相手に対しては魂を押し付ける。しかも同じゲルマンであってもオーストリアやスイスには言わない。やはり戦前の同盟国でないとだめらしいのだ。スイス人なら「自然を大切にする心」がスイス魂であったり、オーストリア人なら音楽を愛する心が魂であったりするのだが、大和魂には「闘魂」ということばにあるような闘っていなければならない＊理不尽さがあるような気がしてならない。

僕が最も大和魂を感じるのが大学の応援団というものである。その勇ましさではなく手を広げて指揮する者も応援旗を持っている者も皆選手に背を向けている姿なのだ。選手をみないで我慢して応援しているということだろうがこの背信行為にこそ大和魂を感じるのだ。

昔新聞の投書にこういうものがあった。日本で外国人に選挙権をみとめるかどうかが話題だった頃だ。趣旨をつまむとこうなる。

「私たち夫婦は日本人同士で結婚してパリに住んでいます。従って選挙権はありませんが日本人としての自覚を持って生きていく方が素晴らしいと思います」

これが最悪の大和魂だと思う。本人が日本人としての自覚を持つことは何らかまわないが強制的に連れてこられた人に選挙権を与えるかどうかは次元のちがう話だろう。これも外国人に背信することで自らの従順さを出す応援団式なのである。本来ならこういうのが筋だと思う。

「私たちはパリに住み何かと差別されることも多いのです。タクシーは白人優先で拾います。日本が外国人の投票権を広げるのなら日本人として生まれてきてなおさら誇りに思います」

とか。背信と融合のちがいである。背信をやるくらいなら日系移民の孫が日の丸をみて日本に憧れて暮らしている姿の方がまだましだ。

大和魂を全く感じさせないものとしてバックパッカー向けの本というものがある。どのゲストハウスが安いとかどこで両替すれば得かとか屋台紹介など「外国は楽しい」がまとめて書かれているものだ。これを硬派に斬るのなら「彼らには大和魂が微塵もない」ということになるのだろうし、皮肉れば、遅れてやってきた文明開化といったところか。しかし、僕はこれはやりたくない。何しろ日本にはゲストハウスも両替屋もないのだ。日本で両替をするのなら銀行の二階の外貨取扱という重苦しい場所へ行き、たかだか一万円札を外貨に替えるだけで封筒に入った新札が和紙で束ねられた状態で出てくるのだ。悪いことをして手に入れた金のように。こういう社会から外国へ行き、ホットドック屋と見間違う両替カーに出くわすものだからあの手のバックパッカー向けの本はいつでも新鮮さを出してしまっている。日本が「外国同様」であればこそ、よその国の文化や歴史を学ぶために来ていることを実感するのだ。岩倉具視欧州使節団や天正遣欧少年使節団、支倉常長らと全く同じ素直な驚きや感動にうちふるえている若者に大義を語るより全く変わっていかないまたはひどくなっている日本社会に憂いたらどうなのだろう。それともサムライブームで元の黙阿弥か？

背信ではなく融合。これでいくならマスコミも避けて通れない。日本アジアTV局をなぜつくらないのだろうか。アジアの本質に根ざした番組を作り、形式は日本と同じでいい。朝七時に起床してTVをつけるときこえてくる。

「バンコクは今日も日中35℃を越えそうです。暑い毎日ですね。パホンヨーティン通りで事故がありました。そちらへ出勤の方は早目にお出かけ下さい。それではチェンマイの森さんにズームイン！」

チェマイの森さんはアユタヤの長谷川さんへ、長谷川さんはシーラチャーの湯川さんへ、そして湯川さんはプーケットの林さんへズームインをくり返す。プーケットの砂浜にはボードが立てられていて朝刊の早読みをやり出す。ここで重要なのがアジア視点である。こと教育問題では、

「日本の学生を皆タイにでもつれてきて一年体験留学を国家プロジェクトとしてやってもらいたいものです。こちらにやってきてない学生を私は日本人とは呼びません」

といった完全なるアジア放送としておきたい。前から不思議だったのはニューズウイークにアジア版があり、どうして週刊誌にアジア版がないのかだ。国際情報誌といった偉そうなものでなくてもアジア

発刊の週刊誌があればいいと思うのだ。〝アジア版週刊朝日〟などがあったらいいと思う。杉本彩のヌード同様、日本で賞味期限切れしていてもこちらでは生き返るというものもあるだろうし、アジア在住作家の対談の方が日本でよくある対立意見の者同士の対談よりは核心を突くだろう。アジア版週刊誌があればもう日本のものを数誌も置いておく必要もない。関西のキオスクでは売れない週刊誌は取り寄せなくなったし、企業や飲食店も経費削減を考えてほしい。我々はタイで裏日本社会をやることで脱大和魂を成就していくことが責務なのかもしれない。

新聞に至ってはアジア版があるにもかかわらず多少のアジアニュースがあるだけでこれも日本とかわらない。アジア版『朝日』に「極右の石原氏は……」といった表現さえ出てこない。都知事誕生で『読売』が自衛隊を軍隊とみとめる態度の翻し方をみればこういうものこそ十分にあっていい話だろう。冠をつけるのは大事なことで、バンコク週報「イサーンから」の「『帝国貨幣経済主義の』日本」とかその昔、上岡龍太郎が使っていた「『あの憎っくき』ジャイアンツ」とか物事を曖昧にしない指摘ができる。日本に提言をし、世相や風俗はナデ斬りするのに話がこと戦争となると「日本は本質を見誤まったのではなかろうか」といった表現を使ってしまう「なかろうか評論家」よりはずっとマシなのだ。

バンコクでみかける大和魂Tシャツにはぜひその上に「クロネコ」と書き足してやりたいものである。

*日本刀のコレクションをする外国在住の老人に大和魂をみつけ、タレントたちに「今の日本人にはこういうものがない」と言わせる。偏見の強かった時代と今は違うし、これに飽きると僕はバンコクへやってきていた。

シーロムからスリウォン途中夢想

ＢＴＳで夕方のサラデーン駅に降り立ち散策して回るのが好きだ。人間の縮図を見て行く。シーロムを歩き出すと先ず「ビデオＣＤ攻撃」に追われる。ＶＣＤの路上販売。腕をつかまれ引っ張りこむ。デジタルをアナログ販売するアジアパワー。その昔レーザーディスクもこうしてバナナの叩き売りをしていたのかと想像してしまう。露店が出始め歩きにくくなる。Ｔシャツ、ミニシャツ、下着からビンラディンシャツ。スクンビットで四つで百バーツの靴下がこちらは三つで百バーツ。木彫りの仏のヨコにはきっちり木彫りの大人のおもちゃもある。いや、リンガとしておく方がタイらしい。アルミ絵、シルク絵、携帯電話ケース、燈籠、時計、小物、石けん細工に土でできたアンコールワット、虫入りガラス細工には蝶やトンボと同様ゴキブリが。移動式フルーツ売りを一度よけ、体の大きな白人もよけては店員と目を合わさず品を見抜いてしまうコツを身に付ける。昔ここで道をはう物乞いがいた。今はスクンビットをはっている。はったまま行ったのだろうか？　「気持ちわるいなあ」と言っていった日本人の言葉が今も耳に残る。楽器弾きや歌うたい、体を上下移動させて金をせびる男。彼らのやることから考えれば物乞いもひょっとしてパフォーマンス？　パフォーマンスといえば週末のこの通りは歩行者天国となって久しい。物売りや屋台がつづき、ふと見ると路上足つぼマッサージが。空港にも待合室

には マッサージ店が開店した。昔、関空で「インターネットできますか?」と尋ねたら、「端末ならありますができるかどうか」と曖昧な答え。雲泥の差を思い出しつつ、本当に疲れて揉みほぐされたいのは日本人の方だろうとオバさんに笑い返す。コンサートの隣では白人ジャグラーの演技中。のどかに眺めるタイ人の側で真剣にみつめる初老の白人。何を考えているのだろう。平日でも混み合うシーロム通り。ふと見上げるとフィットネスクラブ。ベルトの上でハムスターのように走りつづける若い女たち。外から丸見えの開放感。少し足を止めてしまうと、それを壊すいつものセリフ。「TAXi!」。引き返しては「NOODDi」で地元の若者に紛れて食事をとる。バミーナームはメニューでは香港ヌードル。クイッテオ派のタイ人には所詮なれないとタニヤへ向かう。ただ僕にとっては通りすぎるだけの通り。入ったこともなく説明すら仕様がない。それでもバンコクでみる「日本人専用」の虚しさ。どこかの国でアメリカ人専用バー、中国人専用レストランがあるのだろうか。「まとい寿司」のゴジラが盗まれないことを願いつつも「イラッシャイマセ。オニカイドーゾ」と異口同音の大合唱。目を合わせず無視すれば一転「コッチミロヨ」浴衣にうちわでもタイ人であることを自覚する。

タニヤ通りを抜けスリウォン通りへ。右手に折れると「THE CAFE」「ジムトンプソンシルク」アイと。キャメロンハイランドで遺骨発見のニュースはいつとび込むのだろう。「THE CAFE」アイスコーヒー百二十バーツでも「明日、日本へ帰る」の言葉に悲しんでくれるお姉さん。タニヤを左折すれば屋台が出てくる。路上の雑誌販売。「エッチな本を買うのなら人にみられて恥ずかしい思いをしなさい」との趣旨なのか。ゲイの雑誌も多い。三度の発音で通じるアーチャヤーガム。オバさんに手渡した途端に中身を開いてみせつける。「ギャア!」と目をふせる。今では実家に三年もの月日を開かずの雑誌として眠っている。その先の「BAVANA」昔オカマの兄ちゃんがいたっけ。日本の男性が皆オカマなら少年犯罪はへるのではと考えつつ窓の外の風景を見れば、ゲイバーへ行くのかスリウォンホテルへ連れ込むのかタイ人男性と仲よく手をつなぐ大柄白人。遠くで路上に置かれている赤いコーンでトゥクトゥクを叩いているおじさん。それでもけんかにならないタイ社会。見事に一列の数珠つなぎの歩き方をする団体。軍国主義の名残りのような歩き方。これが平和ボケなのか。真っ暗なウォールストリートタワーの階段でポツンポツンと人が座る。空き缶も吸い殻もなく行儀がいい。「SIP」の店員、どこかみた顔。反対側のラーメン屋にいた男だったか。日本レストランではどこか横柄に映っていたのに欧米人相手だとかしこまっている。紳士的になったなあと声をかけていいものかどうか。「99」の妖艶なホステスの隣には「サリカカフェ」がある。ハンバーグが二コ付いて出てくるボリュームのあるセットメニュー。どれだけ白人やアラブ人が入ってこようと喫茶店と呼びたい。レジを担当していた女性、フィリピン人とのハーフかと思うほどの美人だったことを思い出す。ハーフは両方の優性遺伝。ドリンクで疲れをいやさなければならないほど、表のポン引き、いつも熱心だ。「I KNOW YOU」と顔を覚えられ、この男に言ってもムダと悟ったのか今では素通りできる身分となった。足の爪切り作業を忘れて店へ入り、「汚ないわねえこの人」と手で足をひっぱたかれた「有馬温泉」あのグリグリ作業でも気持ちよく眠れる隣の女性は何者なんだろう。いよいよパッポン。吹き矢ショウなど語る気もない。よく道の真ん中に露店を許すものだ。僕が風俗店の店長なら人の流れが止まるじゃないかと言いそうだ。白人女性の買物客とは対照的に日本人女性の怒った顔。「けがらわしい」と訴えている。性のモラル低下とうらはらにこと風俗産業への嫌悪率№1は先進国では群を抜く。パッポン3へ行かないかと客引き。

パッポンは1と2だけだろう。「タワンクラブ」へでも連れていく気か。少しうす暗い通りだ。しかし「マンゴツリー」「KOCA」「葵」と観光客の行きたい通り。

「そこはマフィアが出るからよそへ行こう」

とまた別の客引き。マフィアには一度も出会ったことがない。入口近くに「とん清」。まだ『猿岩石日記』が飾られている。日本の居酒屋造りの典型。テレサテンと千昌夫が繰り返し流れている。別に日本を恋しくなりはしないが、『北国の春』の「お袋から届いた小さな包み」の正体だけが日に日に知りたくなっていく……。

シーアユタヤからマッカサン一帯

パヤタイ駅というのは何ともさびれた風情を感じる駅だ。一《ひと》つ手前のラチャティウィ駅なら駅前にアジアホテルがあり、オカマショーをみるための観光バスが次々に入ってきては夜は活気がある。パヤタイ先の戦勝記念塔駅なら市バスの乗り換え駅でもあるし、塔の周りに円形に屋台が並んでいて夜も賑やかだ。しかしこのパヤタイ駅からみおろす景色は国鉄の線路がもの悲しいし、降りてみても静まりかえっている。

駅前にはフロリダホテルが建っている。マイアミホテルもそうだがアメリカの都市をホテル名にするとアジアではうさん臭さがにおい出すのだ。〇〇大飯店や〇〇大酒店とはまた違ったアジア臭さというものがある。ロイヤルホテルを皇室ホテル、パンパシフィックホテルを環太平洋ホテルと言い換えるようなマイナスイメージではなく、アジアに何でフロリダがあるの？　といった幾分のプラス的うさん臭さというものがある。答えをきくと、「何となく」と言われそうなところが可愛げもある。案の定フロリダホテルは「何となく」捨て難い。八百バーツほどのホテルなのだが、部屋は意外といい感じであり、驚くのは電気スタンドだ。手をかざすだけでライトがついたのだ。しかしフロントには手持ちぶさたなタクシー運転手がたむろしていて目が合うと乗れ乗れと誘いにかかる。白人がＮＯと無視すると「ウェーン！」ともがいて荒れ狂い出す。最新型電気スタンドとは反対の世界がここにはある。カフェもどこか野暮ったい。テーブルがいくつもあるのにもっとも端のテーブルにだけ人が座っていて静かに食事をしているのをみると一家心中の前日の最期の晩さんかと思えてくるのだ。

フロリダホテルの前のパヤタイ通り、そして出てくるシーアユタヤ通り。シーアユタヤやピサヌロークが通りの名前になっていると初心者はここがそうかと思ってしまう。地理感がないというより、団体旅行のくせがついているために地図をみるくせがついていないのだろう。アユタヤこそ間違わないだろうがピサヌロークだとやってしまいそうなのだ。

シーアユタヤ通りは変な通りだと思う。スアンパッカード宮殿とソープランドが共存しているのだから。ヴィマンメーク宮殿のような偉そうな見張りはいないものの、こちらも昔の宮殿なのだから、いくら小さくて昔の農耕具やコーン劇のサルの面などを展示しているだけとはいえ、宮殿の建っている通りにJ—ONEやチャオプラヤ2をつくってしまう根性はなかなかのものである。しかもソープランドもラチャダピセークのギンギラしたものではなく、パッポンのうるささもない、一種独得のいやらしさを醸し出している。ビル前のネオンでは花火が上がっているがここももの悲しい。まるで千代田区に間違えてソープをつくったらこうなりましたというような一帯にみえるのだ。ラチャプラロップ通りに近づくと急に屋台がつづきだす。ソープの前の屋台。以前神戸福原のソープ店が「頑張ろう神戸」のタレ幕を掲げていたがあれとはまたちがった違和感がある。ユーロッパインというホテル。ここも名前のわりにはもの悲しい。カフェラウンジで一人でビールを何杯もお代わりしている初老の白人がこの一帯をよく表わしている。タクシーの運転手でJ—ONE、クリスピー、ハーレムがソープの三本の指に入ると言っているのがいたが実に怪しい。このあたりの活性化も兼ねているのだろか。

ラチャプラロップ通りに出て南下すればクルクルとチキンが焼かれ回っている店がある。チャイナタウンでこれをみれば元気な町と感じるはずだがここでみるとどうしてか暗い気分になる。自分も死んだら焼かれて灰になるのだろうといったものをあのこんがりキツネ色のチキンたちが語りかけてくるようでもある。

暗い気分にさせるのはもう一つ、手前を走る線路の一角である。バンコクの中のスラム街といった漂いだ。パヤタイ駅からバイヨークビルを目指して今は使われていないこの駅のホームを夕暮れに歩いたことがある。子どもたちがダンボールで通せんぼをしていたり、線路のすぐ脇で洗濯しているオバさんがいたり、ホームの両脇の小屋のような住居からはかすかに明かりと音がもれている。ほぼ真っ暗な中でも天秤棒をかついで歩く行商人が通る。ホームの端から端まで歩くとかなりの距離だし、住人のじゃまになってはいけないと何度か線路をヨコ切って歩いたことを思い出す。かなり長い貨物列車が走っていく。子どもがひかれたりしていないか心配なのだ。

あのクルクルチキンとこの一帯が暗い気分で合致してしまう。チキンの店の前を真っすぐに歩いていくとインドラリージェントホテルへ向かい、その一帯がプラトゥーナム市場だ。このあたりで一度、行商のバアさんが警官とけんかをしているのをみたことがある。バアさんは何度も警官を振り返り罵声を浴びせているのだ。警官は呆れて「仕方がない」といった顔をしていた。昔の日本にはこういう町なかでの口論があったと思う。しかも暴力は振るわない大人としての口論が。土曜など家の近所でも警官が商店街を歩いていてすれちがうときは多少の緊張感もあったのだ。いつからか町で警官もみかけなくなり祈る坊さんもみかけず、駅のホームから駅員が消えた。代りに交番襲撃やホームでの暴力事件がふえていく。法律の強化より、当たり前のことが消えた罪が大きい。行商バアさん役の叱り手もいなくなっているのだ。

「日本大好き」

市場で売られていたTシャツにプリントされた文字である。僕にはやはりこの一帯は気を重くする連続なのである。

タイでみる変なTシャツ

バンコクを歩いているとおかしな日本語Tシャツをよくみかける。決してバカにされているのではなく、日本の漢字が可愛いらしくみえるのだろう。「福」「虎」「ウルトラマン7」（これは漢字ではないが）「花」「愛」などというのをよくみかける。洗剤の広告が書かれたTシャツやうどんのお品書きTシャツ、意味不明のフランチェスカと書かれたものもよくみるし、『般若心経』が書かれたものなどは仏教国らしいというより何でもありという感じがする。

しかしどれをみてもメッセージ性がない。たまに英語でNO SMOKINGと書かれているTシャツには多少のメッセージも感じ取れるが日本語Tシャツにはそれがない。「大橋巨泉と高倉健の愛が溶け合い……」などと意味をなさない日本語が小さな文字で書かれているとそれを着ている白人をみて思わず吹き出してしまう。パンダの絵が描かれてもいないのに〝たれパンダ〟と書かれているのをみたら一言「ええかげんにせえ」と突っこみたくもなるのだ。せめて「児童買春禁止」とか「今日も外国人捕まった」とかこれくらいならかなりのPRになるのだが今のところそういうものはない。ビンラディンとブッシュが向き合うTシャツなどタイ南部のイスラム教徒は嬉しいかもしれないがあまり趣味がいいとは思えないし、日本人でいい歳をしたおじさんの背中にビンラディンが描かれているのをみたときは殴られないかと心配になってしまった。

このようにタイのTシャツにはおかしなものが多いのであるが、しかしこのおかしさを逆利用したいときがある。学生の旅行シーズンの三月や八月のカオサンへ行くときなどがそれだ。茶髪で無精ヒゲでくわえタバコかビールのラッパ飲みでガニ股で歩くような日本人がふえる季節である。英語を喋ることが欧米人の奴隷になることとでも思っているのかネットカフェのとなりの席でほんの少し英語を使ったことが腹立たしいのか、おもむろにタバコの煙を吐き出すのだ。

「オレの陣地に入ってきやがった」とでも言いたげなその態度をみると海外こもりといったことばを思い出す。日本のテレビではまだ紹介されたことはないが、外国でひきこもりをやるということだ。外国でひきこもるわけだから家から一歩も外に出れないといったことではないのだが、攻撃的に自分の身を守っていないと気が済まず、カオサンを渋谷や原宿として日本と同じことをするといったところがひきこもり的といっても間違いではないだろう。ソイカセムサンに集まる日本人の若者は英語を使おうといった姿がみえるのだが、ことカオサンにやってくる若者にはこれもみえないし、欧米人が家族連れやカップルでも来られる場所なのに日本人の場合、とてもカップルで来られない場所になってしまっている。これはもったいない気がする。

ここで力を発揮するのがへんてこ日本語Tシャツである。あの意味不明の漢字Tシャツを着てカオサンの町を歩けばついタメ口をききそうなときも〝あれ、こいつ日本人じゃないの?〟と敬遠される。こちらはひきこもりではないがうっとうしいものを避けるための一手段としては十分に価値を持つのである。ただしこの手段は学生の多いシーズンに限られる。他の時期には比較的マトモな学生が多いし、道を尋ねられたら教えてあげないと自分の方がダメな日本人になってしまう。更にタイ人そっくりの顔をした日本人なら初めからこの手段は使う必要がない。頭から足までタイ人そっくりで体のしぐさまでそっくりな人をみると出家にも似た絶えまぬ苦労をされたのだと思う。そんな方がタイ人になりすますようなTシャツを着たら死ぬまで出家生活がつづいてしまう。こういう方はふつうにしていればいい。

日本語へんてこTシャツを着て町を歩く場合には多少の演技力もいる。おどおどしてはいけないし、反対側からやってくる日本人と目を合わせるというのもよくない。人と目を合わせず歩くというのが外国の常識であり、〝あ、外国人！〟などとやってしまうのは日本人くらいのものだから目を合わせてしまうとこのTシャツの効果はなくなってしまう。あくまで虫を寄せつけないための効果であって目立つといった効果ではない。日本人から身を隠す目立たない効果なのだ。

それにしてもこういうことをしなければならないほど日本の若者行動には手を焼くことが多い。最近タイでも大学生になると日本文化ならぬ日本人研究が盛んになってきたという。タクシーの運転手たちが〝アナタ、ヤクサ？〟と確かめてから話をするのをみると日本人そのものに興味を持っていることがわかる。そのタクシーのラジオから流れてくるお悩み相談のような番組ではやたらと〝イープン〟といったことばが出てくる。町でみかけた変な日本人といったコーナーさえありそうな感じである。彼ら若者もネタになっているのだろう。

タイの社会には〝してはいけない〟のMUST NOTは根付いているが、〝しなければならない〟のMUSTは実にいいかげんなものがある。〝頑張る〟ということばもなく、両替屋は暇になるとギターの練習をしていたり、デパートのゲーム販売店員は自らすすんでサッカーゲームに熱中する。洋服店員にズボンのサイズを計ってくれというとメジャーを放り投げられこちらが「七十八」センチですと言うはめにもなる。気楽そのものだが逆に日本の子どもたちはMUSTで縛られすぎではないかと考えてしまうのだ。従ってMUST　NOTの社会では何とも奇妙にみえるのだ。

果たして日本語へんてこTシャツを着なくてもいい時代はやってくるのだろうか。

ないものの有り難み

日本にあってバンコクにないといった不便さより、バンコクにはないから有り難いというものがある。町の景観をぶち壊す自販機やデパートのエンドレステープによる商品案内、駅の地下街からきこえてくる騒々しい音楽、新聞に入っている膨大な折り込みチラシなどである。どれも精神に異常をきたす代物だ。

バンコクの町にはセブンイレブンをはじめコンビニの数に驚く日本人が多い。コンビニがふえたということは自販機の時代はおわっているはずなのだ。それでも日本でなくならない現実と照らし合わせてこれがない社会をつくづくうらやましく感じることができる。泥棒対策用自販機など本末転倒している。青森県の小さな市がこれの撤拠条例をつくったニュースにはホッとしたが田舎のニュースでしかないのはもったいない。タイの寺の入口隅にジュースの自販機がない有り難みを僕は日本に帰ってから知ることになったのだ。タイで寺巡りを楽しみにできても日本では億劫になってしまうのは気持ちわるいものはみたくないといった心理がどこかに働いているのかもしれない。

やかましい音楽も町歩きをしていてほとんどきかない。例外としてはバーの店先とサーヤムのバス停前からきこえるヒット曲くらいだ。英語がわからないのに地下街にアメリカのロックを流して人が歩いている風景をみると「だれか止めてくれ」と叫びたくなるが、こちらに来て、音のない大通りを歩き、宣伝のないデパートを楽しみ、路線案内のないバスに乗り、音楽のかかっていないレストランで食事をし、音楽のかかっていないコンビニで買物して帰宅すると「オレは日本と同じ行動をした」という想いよりは「日本でしたかった行動をやっと外国でできた」といった想いに駆られるのだ。パチンコ店がないのも有り難いことだ。賭け事が嫌なのではなく、あの騒音に耐えられないのである。大学時に友人に連れられパチンコ店に入ったことがあり、僕が耳を妨ぐしぐさをすると「お前は外国人か」と言われたことを思い出す。小学校時代に給食でカレーがつづいたので「何でうちのクラスにはインド人がいないんだ」と言って担任にバカにされたことからも僕には外国人マインドが備わっていたような気もする。僕はこの頃、日本人五割、アジア人三割、欧米人二割で日本は構成されていると信じていたのだ。

こういった性格であるからバンコクの居心地のよさはたまらなく、ワットポーのリクライニングブッダの大きさに感激するのと同様に「おお、パチンコ屋がないぞ」と感涙するのである。今ではバンコクへ「行く」日本へ「帰る」からバンコクへ「帰る」日本へ「行く」へと変わってしまった。こちらで往復券を買うことでそれが確かになってしまう。ツアー会社でオープンチケットを購入するとまるで国内旅行のような手軽さでサッサと発券してくれる。満席なら立ち見席でも手配してくれそうな素早さである。日本でオープンチケットの手配はいつも代理店Hでやっていたがその仰々しさはなかった。代理店Jがぶ厚い運賃表で航空運賃を調べだすことに比べれば個人旅行には慣れているのだが何せ席を離れる回数が多すぎる。関空発バンコク行きのタイ航空は朝、夕方、夜、深夜の四種類しか飛んでいないのに一つ一つ席があるかどうか調べ、キャンセル待ちやら満席やらと答えてくれる。やっと決まると日程表をつくってきますとまた席を立ちプリントしだす。何度利用してもその都度アンケート用紙に住所氏名、連絡先、パスポート有効期限、ビザ申請の有無、傷害保険加入の有無、利用回数、当店を知った理由を記入させられる。これでおわりかと安心すると領収証をつくってきますとまた席を立つ。最終的に十回ほど席を立った末にチケット引き換え証をくれるのだ。これを団体カウンターでみせろとのこと。僕は海外旅行をしたいのではなく、海外へ行くチケットが欲しいだけなのだ。新幹線チケットの手配のような素早さはないのだろうか。代理店Mでは大手信販会社との契約を勧められ、チケット手配に年収を記入しなければならない不気味さで断ったこともある。「行ってらっしゃいませ、おケガのない旅を」の旅は卒業した。以来バンコクでのオープンチケット手配へと変わったのである。仰々しさのないやり方へ。

しかしそのバンコクでさえ日本が関与すると仰々しさが湧き出てくる。最近では『バンコク週報』にも『G―DIARY』にも折り込みチラシが入り、日本で本を買ったときの結婚診断や資格講座案内と同じになった。日本レストランにはいつものヘアヌード写真入り雑誌が置かれている。飲食店に死体写真集が置かれていないことを考えればみっともないと考えないのだろうか。日本人は鯨の肉を食べるとか魚の活造りを食べるといったものとはちがい、同じ日本人からも子どもによくないと批判があるにもかかわらずだ。僕は気付いてしまった。常に次元の低い方へ見栄を張るのが日本人の悪いところだと。「虐殺はどこにでもある」といった発言がインテリから出るのもこれと似ている。

ヘアヌード写真雑誌を平気で置いていても店の主人は相変わらず親切きわまりなく、トイレに立つときに「おカバンお持ちしましょう」「お味の方はいかがでしょう?」。店を出るときに外に出てお見送りと、日本人はバカかカシコかどっちだと気分が揺れまくる。外でも内弁慶ということなのか？

僕はいつも日本にあるものでタイにないものを意識しているつもりだ。スターバックスでらあめん亭から出前してもらったもやしラーメンを静かに食べたい気分をつくり出したいのだろう。今のところ、タイでも日本でも平等に気分がわるいものは紛れもなく携帯電話だけとなっている。

いずれタイでも変身しそこなったウルトラマンのポーズで写真を撮り出すのだろうか？

外国からみえる日本の弱点

アジアを旅してわざわざ日本の欠陥を探して回るわけではないのだがみえてしまうことはやはり多い。

僕が最も感じるのは矛盾を受け入れる外国社会と受け入れない日本社会のちがいであると思う。タイを旅して回る人なら真っ先に気になるのは国境を越える際に危険かどうかという点だろう。しかしここでも矛盾を感じる。例えばミャンマーへ入る際に北側のメーサイ、タチレク間でテロや銃撃戦があっても南のラノーン、ビクトリアポイント間は小船が行き交うといった現実だ。北と南に二つ国境があることも日本人の思考では初め驚くのだ。まして銃撃戦をやるような国に行くのはまずいだろうと。しかしタイに来ると日本人の思考は矛盾を享受し、北が危ないからこそ南へ行かないと損だといったものに変わっていく。そしてボラれる。外国がおもしろいというのは矛盾のおもしろさでもあると思う。ベトナムでも同様のことがある。ベトナム人はみなアメリカは好きではないと言う。しかし欧米化は好きだと答えるのだ。僕に「ヒロシマ、ナガサキ」と小言で話しかけるおじさんも「お前はアメリカが好きか?」と内心ききたいのだろう。そして僕の答えに対して「オレもあまり好きではないんだ」と同調したいのだ。しかしそんなおじさんも欧米化は豊かになれるからいいと割り切ってしまう。フランスの植民地経験があるとはいいえ、白人にしつこくライターを売りつける子をみているとそれも合点がいくし、態度が大きくなっていくというのも何となくわかる。

彼らに備わっているのは、「それはそれ、これはこれ」の考え方である。矛盾に弱い日本人をみているとここの克服はできていないのではないか。あえていうなら大阪人のよく使う「親は尊敬しないといけない。でもうちの親はアホや」という、この部分が外国で通用する由縁ではないだろうかと思う。日本人が矛盾を受け入れるのがヘタな理由として「推定善」という考え方があると思う。両者が悪の場合に片方をオセロのように善としてひっくり返してしまう。片方が悪だから対立軸にあるもう片方は善に違いないとしてしまう考え方だ。ここ数年で目についたものなら三国人発言と発足時の小泉人気である。「外国人犯罪」「抵抗勢力」をそれぞれ完全悪と仮定した上で同じ穴のムジナを持ち上げる。いっそうのこと四国人発言なら四国の人が怒ってくる分マシだった。メディア規制もひょっとしてこの推定善を使って持ち上げるのかと思ったがさすがに先進国ではこんなことはやっていないと木を見て森をみずの世論にはならなかったが。

善と悪を天秤にかけるほど楽なものはない。ちゃらちゃらした若者を軍隊に入れたらシャキッとするという話もそうだろう。若者を軍隊に入れたら政治に関心は高まるが徴兵制のあるタイにオカマが多いのだ。善と善ならより次元の高い方を、悪と悪なら両方叩くと、これが鉄則だと思う。＊推定善は海外在住日本人の最も嫌がる善でもあり、月光仮面の出没しない矛盾を受け入れる社会を望む。「ひきこもりサポート番組」の司会なら野茂とイチローで決まりなのだ。

次に感じる弱点は歴史が言わせる力を持っていないといった点である。これもベトナム旅行のときだが、ちょうどコソボ空爆時と重なっていた。ベトナム人ガイドにベトナム人は賛成しているんですかと尋ねたところ、「うちの国にあんなの賛成する人いませんよ」と簡単に言われてしまった。彼らには歴史が言わせる力が身に付いていた。日本に帰ると賛否こそやっていたが、ガンジーとNATO軍司令官のやりあいをみているようで「歴史」が入っている感じがない。それどころか中国大使館誤爆に関しては彼らの怒りをいぶかしがるような論調さえあった。あれが日本大使館ならどうなのかが問題であってスリ替えは必要ない。難民問題でも「歴史」は入らない。日本も難民受け入れをというと反対意見の多くはヨーロッパの行き詰まった現実を持ってくる。一度でも受け入れた歴史のある国のセリフを都合よく使うのだ。

三つ目として考えるのはルペン氏台頭の頃に思いついたのだが、日本に極右の定義がないという点だ。もちろん向こうにもきっちりした定義はないだろうがそれでもルペン氏に極右ということばを簡単に使っているわりには日本ではどんなに偏った考え方の政治家が出てきてもこれを使わない。しかしルペン氏をはじめ欧州のこの手の政治家は日本は外国人にあんなに冷たいと手本にしているくらいなのだ。極右の定義をしようともしないことは戦前と戦後の垣根がないことをそのまま表していると思う。

「歴史を一面的にみてはいけない」

「戦前教育にもいい点はあった」

「国が国民を守るのがなぜいけない」

「タイ人は仏教を尊敬しているのだから日本人も寺や神社を大切にしなさい」

「アメリカ人は国旗を愛している。イタリアンレストランにはイタリアの国旗だらけではないか」

といった考え方は極右を定義しようと努力したり、またそれを否定している社会なら健全だろう。しかし日本の場合、こういうことがないために「危険人物大歓迎」になってしまう恐ろしさを十分含んでいる。ドイツ、イタリアとは明らかに質がちがっている。我々は今年を平成十六年として生きていても危ない政治家たちは昭和七十九年として生きていても不思議ではない国なのだ。

こういう点を考えていかないと危機管理にも影響してくると思う。北朝鮮からミサイルの飛んでくる最も可能性のあった日は靖国参拝したその日だったろう。何しろアジアを怒らせているのだから。しかしこの日は政治家にとって開き直りの日でもあるから最も危機意識の薄い日でもあったはずだ。この神経で不審船を怯えるのならいっそ土日に限り不審船入港ＯＫにでもして徹底的な情報収集をした方がアジアらしいしたたかさを感じてしまう。中国瀋陽の領事館での亡命者連れ去り事件でもそうだった。国家意識の低下で起こったというよりは相手の危機に合わせられないから助けるわけにはいかないといった結末での恥のさらし方であったと思う。嫌いな者同士のけんかをみてポカンとしている姿にもみえていた。

相変わらず国は右へ傾き、その位置からみた『朝日』叩きも盛ん。国民は国とは反対方向へすすみ、外国人と一線引く旧愛国心主義者は新愛国心主義者に崖っぷちまで追いつめられているのに気付いていなかったり……。丸い球の上半分が右にズレている状態である。

今、僕の隣の席ではタイ初心者のアメリカ人がタイ在住アラブ人たちに観光名所を教えてもらって笑い転げている。僕の見ているネットのニュースの見出しでは〝朝鮮籍のストーカー男捕まる〟のニュースが。野球の審判がストライクを「いい球」とコールしたような違和感がある。日本はどこへ行こうとしているのだろうか？

＊これの悪用形が「うちだけがなぜ……」といったものだ。

田舎の都会くささ、都会の田舎くささ

タイの田舎でボランティアに励む日本の若者がふえているそうだ。それはいいことだろう。日本人の場合、田舎に住むというのは世の中の出来事につよくなることかもしれない。日本でも沖縄に移住する人がふえている。そして基地問題などを目の当たりにする。他の田舎へ行くと原発問題に当たったりするし、都会から少し離れた田舎だと暴走族に悩まされる。外国でも田舎へ行くと森林破壊で日本企業が直接壊しているケース、外国企業が壊しているのをお金で支援しているケースなどを見るだろう。何かと田舎へ行くと日本の現実がみえるという皮肉がある。

僕が田舎が好きではないのはこういった現実をみたくないからではなく、先に書いたように田舎へ行くとインド人もアラブ人もみかけなくなるという寂しさがまず一つ目だ。二つ目は母親の実家が田舎であり、子どもの頃に夏休みにさんざん田舎で暮らし肌に合わないことを感じてしまったからである。

ネズミやヘビがとび出してきた高床式住居、地べたにニワトリ小屋があり、隣にクワやジャガイモが無造作に山積みされていて、厨房には古いカマドが備わっている。天井からべっこう色の粘着テープが吊り下げられていて蚊やハエ、時にトンボなどが生きながら貼りついている。たき火で焚く風呂は底に板一枚のみ敷かれぐらぐらと揺れる。トイレをかわやと呼び下のみえる汲み取り式。部屋の仏壇がやけ

に大きくみえ、遺影の眼がこちらをわかっているかのように視線を外さない。夜中に家のすぐ裏を汽車が走り、貨物列車が通りすぎるだけの一定した連続音の不気味さ。近所を歩くと牛の鳴き声で小さな自分は心臓が止まりそうになったこともある。鉄鋼所の鉄くずが足の裏に食いこんで自分でひっこ抜いてぞうきんに足を乗せるとそれを真っ赤に染めていた。幼少時に大ヤケドをした経験から囲炉裏や火鉢を好きになれないというのも影響している。子どもの自分にとって田舎は怖いものといった印象ができてしまっているのだ。

また母のやることで田舎育ちを気付かせることもあった。例えば縫いものをしてトイレに立つ際いつも針をカーペットの床に突きさして席を立ったこと。これで子どもの頃またも足をけがしそうになったのだ。生野菜を床に置いたままで平気というのも田舎ぐせを表していたと思う。近所の人が畑でとれた野菜を「置いとくよ」と分けてくれて階段や通路に置いておくことから由来しているのだろう。針もこれも「無造作」という点が田舎の特徴だ。テレビの上に細々とした人形や少しでも空きスペースをみつけるとカレンダーをかけてしまうのも田舎人の特徴であり、シンプルさを求める都会人とは逆のことをやりだすのだ。僕はこれで集中力の出ない人間になってしまったと思う。しかしこんなことを考えもしないのも田舎人の特徴の一つなのだ。

こういったことから僕は田舎そのものは好きではない。ただし、地方都市である田舎の都会くささ、または都会の田舎くささというものはとても好きなのだ。

この都会の田舎くささ、田舎の都会くささをよく表すものが三つあると思う。一つは空港である。もちろんバンコクやチェンマイ、ハジャイのように商業都市としての完全なる都会やプーケット、サムイ、クラビ、スラタニーなどのリゾートおよびリゾート中継地は省いてのことだが田舎にある空港は町の近代化として造られているはずなのに利用者より出迎え者の方が圧倒している。留学や出稼ぎする息子を母が涙ぐんで送り出している姿などにはより田舎くささを演出している感がある。空港があるから都会だという考えと空港があるから田舎くさいという考えの両方があてはまってしまうのだ。

二つ目は一流ホテルの閑散さである。一流ホテルがなければ田舎であり、賑わっていたら都会である。超一流ホテルが団体客やビジネスマンでそれなりに人がいると判断できるのに対して、かなりがっちりした大きなホテルのロビーに人が一人ないし二人しか行き来していないホテルをみると僕は田舎の都会くささの演出をみたような気がしてくるのだ。あまりに人がおらずフロントが観光客たった一人に話しかけ郊外各所ツアーを手配したクルマを一日五千バーツでどう？　などと尋ねてくるとバンコクでさえそんなに高くはないどんぶり勘定に「うわァ都会人ぶっている」と楽しくなるのである。また、一流ホテルであるにもかかわらず、お昼一時すぎにレストランのメイドがテーブルの上に椅子を積み上げ掃除機をかけつつ外にいる僕に向って「どうぞ、やってますよ」と手招きする姿にも都会の田舎くささをみることになるのだ。賑やかさと質素さのコントラストも田舎くささの大事なポイントだろう。白人相手のシャレた店がつづくほんの少し先に長距離バスの停留所があり、乗り込んだと同時に眠りこんでいるタイ人をみるとこのコントラストが田舎くささをよく出していると思うのだ。

三つ目はネットカフェの存在である。タイ人で賑わうネットカフェではなく外国人で賑わうそれである。ネットカフェの特長として世論調査の役割があると思うのだ。そこに白人が五人、韓国人が三人、日本人が二人いたとしたらその田舎町に潜む外国人の割合がその割合通りであると予想でき、都会のネットカフェやホテルではわからない全体像を摑めるという利点がある。世論調査でやる、千人にきけば百万人にきいたのと大体同じ結果になるというものだ。全体が摑めるということが自分が田舎にいるという証明にもなり、ネットカフェという存在が田舎の都会くささも同時に表しているのである。

これら三つの要素からいくと僕が好きな田舎くささ都会くささを持ち合せているのはチェンライあたりだ。

浦島太郎になる温度差

外国から日本へ帰ってきて日本列島に足をつけた瞬間に足元から腐っていくような震えを感じるのはなぜなのだろう。閉塞感などというと世界をとび回っている商社マンのようでおこがましいが、支配感というものは確かにある。関空へもどり、日本語が通じる喜びやおこのみ焼き、ソース焼きそばが食べられる幸せよりも憂うつな気分が先にくる。

少なくともテレビをつけた途端に旅の余韻が消えてしまうのは間違いもないことだろう。日本のテレビ番組は外国と比べるとずっとおもしろい。しかしこれは世の中がつまらない裏返しでもあるわけであり、今でもバブルの中にあるテレビをつけると日本に帰ってきたというより、得体の知れない国に帰ってきたという気分になる。料理番組で一万円もするステーキや八千円もするアワビやフカヒレ、つばめの巣と高級食材が出てくるとほんの数時間前に日本では考えられない安さで食べたことから落差が激しい。タイより高くても仕方のないことだがここまで高いものを使わなくてもいいのにと思ってしまう。しかも出演者が「うまそう」「食いてえ」と下品なことばを連発すると可哀想な人たちの食事会をみているようでうまいかどうかの問題を超えている。チャンネルを替えると今度は人生相談のような番組で同性愛者の男性がカミングアウトするかどうかとゲスト陣に問い詰められている。勇気をたたえる者もいれば、種の保存に反するかとかで同性愛を批判する者もいる。結婚しない女性が何より種の保存違反だと思うのだが同性愛者が代わりに批判されているような気分になるのだ。オカマ批判されるとタイ批判をされているような気分にもなるから帰ってこなければよかったとまで思ってしまう。日本のバラエティ番組に出るオカマというのは陽気すぎてオカマを演じているようなフシギさがある。タイのオカマは無口な者もいるのだが日本ではそういったタイプは払拭され、美輪明宏がオカマであることを忘れてしまうほどである。タイではオカマは社会にいるものであって、テレビの中では見かけない。このへんの違いも誰も語らない。アメリカに一年住んだら日本へ戻ってからドラマが見られなくなったという話をきいたことがある。あまりに社会性がないからだと。歌手であってもごく一部の人しか社会性のある発言はしない。政治的な発言をしてはいけないというよりも政治を知らないということなのだろう。テレビは我々をいつもPR効果や経済効果で語ってしまうが我々は電通に試算されない生き方もできるはずだ。常にテレビに支配されているような日常にこそ外国へ行くという意義があるかもしれない。

グルメ番組で幻のタイ料理、クントンパオを追え、などと言っていたがクンはエビでトムが混ぜる、パオが焼くだからエビ料理には違いないとチャンネルを替えてこそ〝自分もタイ通に近づいたか〟ということになるのだろう。イサーン料理をイーサンの料理などと言っているのをみると〝北京〟を〝ベイジング〟というよりも腹立ち度もアップする。

新聞にも同じことがいえる。バンコクで戦犯賛美の記事などを読んで顔から火も出るが『朝日』がシンガポールで印刷していることからバンコクで読むには半日おくれるという理由でアノ新聞を読むことになる。しだいに好きな記事しか読まなくなるのもムリのないことだろう。日本へ帰ると早朝から大手新聞の読み比べをどのテレビ局もやっている。市民運動がこれほど盛んになったのだから地方新聞の読み比べをやってくれた方が今の社会に近いと思うのに相変わらずそういうこともない。若い世代に言わせるなら『朝日』のライバルは『毎日』や『日経』あるいは『スポニチ』と答えるだろう。マラソンでもそうだが同じ方向へ走ってこそライバルというのだし反対方向に走ったら同じ距離であってもライバルとは言わない。古い世代がいつも大手新聞の読み比べをしているのをみると僕がバンコクで赤面したあの恥ずかしさは一体何なのかと考えてしまうのだ。日本に帰るということは恥ずかしさを忘れるということだったのか？　これならタイへ来て浦島太郎でいた方がましな気がしたのだ。

スポーツでも同様である。メジャーリーグをオリンピックと勘ちがいしての日の丸振っての応援。アメリカ人がイチローも松井もすでにチームの選手として応援しているのに日本人の方が「内人」としての二人の活躍を「日本野球をみたか」とでも言いたいような手柄根性が見えると拍子抜けしてしまう。日本へ帰ってくると僕は一軍の選手が二軍で試合をしている気分になり愚痴の一つも言いたくなるのはこの埋められない温度差によるものだ。

イチロー×オノヨーコ対談を見たいと思う在外邦人とイチロー×北野武対談をやる国内テレビの差というか。もっともタイにいても日本人メジャーリーガーの使う「いろんな国の人がいておもしろい」は著作権侵害のような気がしていたが。

最近ではもはや評論家が評論できない日本人も生まれている。そのうち「僕は中国が好きなので台湾は嫌いです」と言う者も出てくるのではないだろうか。中国に言論の自由がないことを言えば日本は自由すぎておかしくなったと反論する。自由の反対は戦争であるからここでこそメディアの力がいるはずなのに日本に不利なニュースは流さない規制まで出てきているわけだし、平和ボケはいかんと戦争ボケしていくような危惧もある。

海外へ行く飛行機の中で難かしい本を優先して読むクセがついてしまった。アフガンやパキスタン、イラクやイランにこんなに日本人がいたのかと驚かないでいいように精神が欲しているのだと思う。

帰国してから（二〇〇二年十一月の思い出）

久しぶりに日本へもどり重苦しい気分の中に入っていった。関西空港へ着くなり故障したエスカレーターの上で誰も歩き出さない右へならへを経験し、外へ出るなりＴＶ画面からは「拉致事件の張本人、辛光珠」なるワイドショウの響きが。もうどっぷりここから僕も重い空気に突入していくことになった。すがすがしいリムジンバスの応対で帰宅したがそれも束の間。夕方からニュースにかじりつき日本の形を追うことになったのだ。

キムヘギョン会見で叩かれたフジのニュースを見るとピョンヤン市内の独占ルポが映し出される。市電の中で歌をうたう珍しい様子や人々の暮らしを紹介してはいたが政府に対する怒りをそのまま一般市民に向けているような個所からはその裏返しが在日朝鮮人への脅迫だと気付かないような行きすぎを感じる。番組最後にキャスターの木村太郎が発言する。

「こういった隔離された社会をみていますと文化大革命当時の中国のようです」

と。昔の日本のようと言えばいいのに、木村太郎が今思い出したようなポーズでコメントするときはあらかじめできていたコメントだろう。

フジのニュースをみるときはフジ人間にならなければいけないために苦しむのだ。バンコクの町角で徘回するゾウをみたならばこう考える。

「愛子さまに贈られてきたゾウと同じ種類のゾウが町をねり歩き、下世話な観光客と接している。タイ人というのは案外知的レベルが低いにちがいない」

ただこんな考え方をするためにはシャングリラホテルのプールサイドで滑ってころび頭を強打しないとムリなのでフジ人間にはとてもなれないのだ。

夜のニューステーションをみるとこちらは拉致家族が出演し、「同じ日本人としての問題なのだからもっと怒りで世論を盛り上げてほしい」と苦言を呈していた。

この二つの番組をみるともうマスコミや政治に対する結論は出てしまう。

「過去を無視して暴走するもの」と「過去にこだわり委縮するもの」である。そしてこの「同じ日本人の問題」こそがまやかしを生む。阪神大震災の被災者もオウム被害者も同じ日本人が酷い目に遭っているのだがナショナリズムは国内問題にはひどく不感症なのだ。話が「対中国」「対韓国」「対北朝鮮」「対在日外国人」になったとき初めてナショナリズムが発揮され、「タカ派」が「人情派」にスリ替わる。当然これが危険視され慎重派との綱引きが始まる。この結果が家族が置き去りになる悲惨を生む。国内問題に人間味を出せない政府が外国の絡む問題で迅速に対応できるはずはなかったと思う。テレビでは社民叩きやコメ支援の政治家叩きをやっているが真犯人は日本人の歪んだナショナリズムだろう。

今では硬派の識者までもが「一枚岩」ということばを使っている。世論の支持が大切だということの理解はできる。しかしこのことばが民主主義の反意語であることへの気の使い方は全く感じず世論にも圧力がかかっていたような気がする。そして僕が出た杭に心配し始めた頃、案の定、ある雑誌が北に残る家族の取材を記事にして叩かれた。日本にもどった家族の家に上がりこむ無神経さは批判されて当然としても、「北に利用されるから取材してはいけない」をきいたときには日本は明治時代なのかと驚いてしまった。これは言い換えれば「日本の民主主義は未熟なので刺激を与えないで下さい」と言っているのと変わりない。平沢勝栄は検閲官だったのか。フジはこの件については同情的に伝え、日テレは自分の不祥事を棚に上げて批判し、朝日の識者が最も国家主義者らしく激怒していた。よほど今までの積年の思いがつよかったのだろう。

こんな逆転現象がどうして起こるのかといえばとりも直さず数年来の偽ナショナリズムの嵐の中にこの問題がすっぽりとはまり込んでいることからだろう。およそ難民を助けるとは思えない政治家が正義の味方をやっている。北に残る家族を取り返すのが何より先決としても後に本質的な論議をする際にはこういう点も忘れないでもらいたいと思う。

今テレビをつけると「過去」と「今」という縦ねじれ、「良い日本」「わるい北朝鮮」という横ねじれ、縦横様々にねじれた現象がみえてくる。

このねじれの最たるものが在日朝鮮人への脅迫だった。ニュース番組で北朝鮮の恐怖をあおるたびにこれがふえる。しかしニュースでは「毎度お馴染の朝鮮人差別でございます」といった調子で伝え、小学生を諭すように「差別はいけません」を繰り返す。これは拉致事件の付録ではなく、むしろ事件が長引いたメインではなかったのか。韓国人も拉致されていることを考えたならば在日と日本人がタッグを組んで世論を盛り上げることもできたのではないかと思うくらいだ。脅迫や嫌がらせをやる人間の顔が金正日の顔にみえないような社会に辟易する。

拉致の解決には周りの中国、韓国、ロシアあたりの協力も必要だが、頑張っている方がこれらが嫌いな者であるわけだし、長期間かかってしまう嫌な予感がする。

時を同じくして教育基本法の改正も出てきた。また言葉にこだわる賛否と冷笑のやり取りである。自民嫌いならそれだけで十分に愛国主義者なのにさらに「山を愛せ、川を愛せ」と追加してくる。「ナショナリズム矯正法案・並びに在日支援法案」がこの国には似合っていると感じつつ、またバンコク行きチケットの手配をしてしまった。

道の横断

バンコクで道を横断するときに自分のひ弱さを感じてしまう。そもそも交通量の多い場所で道幅の広い所にしか信号機というものがない。信号がないということはクルマ優先の社会ということだ。そのクルマに対して〝今から道を渡りますよ〟と歩き出すことで合図する。クルマのスピードが落ち、バスとクルマのわずかなスペースを縫って歩き、反対側のクルマも気にしつつ道路へ行きつくのだ。日本社会が信号でクルマと歩行者を別々に誘導するのに対してこちらはドライバーと歩行者の良心のかけひきをやらなければならないのだ。性悪説で成り立つ外国社会においてこのかけひきは性善説をとっている点がおもしろい。

初めてバンコクに来たときはサーヤムのラーマ一世通りのド真ん中をクルマにひかれないよう沿って歩いてマーブンクロンへ向かったこともある。今でいえばＢＴＳの高架の下をずっと歩いていたことになる。日本に帰って信号さえ確認すればまずクルマにひかれることはない社会に安堵したものだ。

しかしバンコクに慣れてくると今度は逆に道幅七メートルの歩道を片道通行であるにもかかわらず信号が赤だという理由だけで横断できない不可解さに苛立ってくる。たまに若い女性が周りを無視して道を横断しクルマの兄さんに怒鳴られているのをみると、この人は間違いなく海外から帰ってきて間のない人なのだと推測できる。最近声高にいわれるモラル低下ではない、グローバル横断ではないかと考えるのだ。もし信号が故障していたら死ぬのは信号を信じている人たちなのである。不信号機の町バンコクでは良心のみで道を渡り切る勇気がついていく。

もちろんそういう社会であるから交通事故は日本よりずっと多い。しかし僕の注目したいのは人間ではなくイヌの死亡犬数なのである。ザコ寝のイヌは多いものの、クルマがイヌをはねて平気ということはない。クルマから降りていかないまでもおそらくはクラクションで追っ払ってから走ると思うのだ。日本で投書によくあるような「日本人はいつから良心を失ったのでしょうか?」といったバスの運転手が知らんふりしてイヌをひき殺したりはしていないと思う。イヌと良心をかけひきしている事実などを知ると交通事故件数の方も次第に忘れてしまうこととなる。

僕が好きなのはスリウォン通りを反対側へ渡るときなのだ。タニヤ通りから花のれんへ、サリカカフェから旧ねぎラーメンへ、パッポンからスターバックスへ、各々が死ぬ思いなのだ。道を渡ろうと立ち止まっていると客と勘ちがいしてタクシーやトゥクトゥクが自分に突っ込んでくる。道をふさいでしまうので首を横に振ってムシ。やっと追っ払うと今度は客引きにつかまり、またふさがれる。そしてやっとクルマとバスの隙間を抜け、反対側のクルマの動きをみつつ渡り切るのである。渡り切ったと同時にある哲学的感情が湧き上がってくる。

「帰りは無事に渡り切れるだろうか。ひょっとして自分はあと数時間後にはこの世にいるだろうか」

と、今を生きていることの意味を考え始める。道を渡るための三重苦を経験すると野球選手がノーエラー記録を毎試合更新していくように自分もクルマにひかれないノーエラー記録を日々つくっていることに気付くのだ。日本にいるときはこんなことは考えなくてもよかったわけで、死ぬときは死ぬと楽観もしていたがこちらでは今日死ぬかも、と死がかなり身近になるのだ。そして良心だけが頼りとなる。

しかしこれでも他国よりはましなのだと思う。マニラへ行くと道を渡ろうとすると反対側にいる客引がこっちこっちと手を振っておいでをする。逆もどりをするほど危ないものはないから、飛んで火に入る夏の虫となってしまう。バンコクではこの手合いはいないので助かるのだ。中国だともっと怖い。良心が道を渡りかけているのに目の前を一〇〇キロのスピードのままクルマが走り抜けていくのだ。僕かけひきなら人が歩いて入るのをみて少しスピードを下げそうなものだが、この国には良心はあっても、かけひきがないのである。ローマのバチカン市国手前の大通りで添乗員が、

「道を歩き出さないとクルマは止まってくれませんからまず歩き出して下さい」

と言っていたことばはアジアでは一つの国ごとに違った意味を持ってくる。比較的日本に近いのがブルネイだった。ジュルドンパークの手前に横断歩道があるのだが全くクルマの気配もないものだからつい歩道以外の道を気楽に渡りかけると警官にピピピッと笛を吹かれ注意されてしまった。バンコクからブルネイへ入ったのにバンコク式横断はブルネイでは使えなかったのだ。しかし日本式横断だとどこも使えないから一応の基本はバンコク式にして多少の変化をつけて他国で応用ということに僕はしている。

トンローからニューペップリー通りへ出て、この通りを汗だくで昼間に歩くのは何とも苦しいが、また、楽しい。ステーキラオへ到着するまでにバスを待っている日本人ビジネスマンに何度変な目でみられることか。

「昼間こんなとこ歩いても何もないのに」

といった顔だ。何もないからいいのだ。サハラ砂漠であってもお得意様との面会時間さえ頭に入れていれば縦断できてしまう日本人の精神力をあえて出さずに、目的を持たずとりあえず歩いているこの道が捨てがたいのだ。同様にマレーシアホテルあたりからひたすらサートーン通りをミャンマー大使館めがけて歩くのもいい。どちらも目的はない。ただこの通りを征覇したという想いだけなのだ。おせっかいなゲストハウスの主人が「今外は暑い。あと一時間部屋で待て」と言っても暑さも征覇しておきたいのだ。それにしても排気ガスはすごい。日本で一度だけみた防毒マスクの兄ちゃんをバンコクでは何度もみかけている。コンクリートの色はきれいだ。日本はムダな税金が入ってるせいか黒っぽくて汚ない色をしている。観光国らしく道路のそうじをしているオバさんがいつもいる。嵐山の渡月橋でそうじしていた外国人と反対の姿にもみえてくる。集団歩きは大の苦手だ。気が抜けてしまう。パリをツアー一行で歩き、ジプシーのバアさんが丸めた新聞をくるくる回し、つい目を止めてしまい、トンボ採りの要領でカバンを摑まれて開けられそうになったことがある。一人なら用心もするのだがどうも集団だと気が緩む。トンローからやっとナーナーの突き当たりにつく。万歩計で一万歩くらいか。

動物とのキョリ

バンコクの町歩きをすると本当に多くのイヌが道端にへたりこんでいる。ネコの方は店のガラス棚の上で丸くなって眠っていたりするのだがイヌの方はだらしない姿でいる。死んでいるのかと勘ちがいしてしまうほどだ。たまに間違って足を踏み付けてしまうと少しびっくりして起き上がるがすぐにまた眠ってしまうだらしなさ。年中暑いとこうなるのかと思うがそのくせパインの細切れをやっても全く食べようとしない。暑い国のイヌだからといってもフルーツは口にしない発見もする。チェンマイへ行くとイヌは元気で人にまとわりつくのでやはり涼しいと動き回るらしい。クラビのネコも人になついていて人の側をうろうろしている。しかし、バンコクのイヌは我が道を行くといった感じである。子イヌだけは敵意なしのポーズでネコと戯れているが。

これだけ町に動物が居座っているといわゆるペットとしての動物というものはまだ始まったばかりかもしれない。ゾウが町を歩いていたのを通りがかったタイ人が背中をポンと叩いて通りすぎる。〝よお久しぶり〟といった感じだ。我々の考える〝うわ、ゾウがいる〟といったものではなく、そこには友人としての間柄というものがあるのだ。この距離の近さはうらやましい。バンコクがイヌの町、ロッブリーがサルの町、ピーピー島がネコの島、スリンがゾウの村といったように町と動物が密接な関係にあることにゆとりのような大らかさも感じる。都会にサルが出没して大捕物をやるニュースをみたりするとユーモラスではあるが人間がペットとしてしか動物とかかわっていない社会をみてしまう。老人施設にイヌを放し飼しにして老人たちが生き生きしたという話はわるくないが会社にイヌを放し飼いにしてコミュニケーションがふえたという話をきくと社長のイヌと社員のイヌでは待遇がちがうのではないかとよけいな心配もする。ハトの屋敷が近所迷惑といったニュースにも狭苦しい動物愛護を感じてしまう。バンコクのオープンレストランにネコがいてテーブルの隅で丸くなっていてもカメの水を飲んでいてもネコレストランとは言わない。ネコがその店の家族になっているからだろう。タイの新聞ではワニと暮らす家族とかゾウに関する話題はいつも一面に紹介される。地雷によって傷ついたゾウの救出作業がカラー写真で載っていたこともある。日本でクジラやシャチが救出されるとこれもニュース価値は大きいが一面で取り上げたりはしない。これは仕方がないことだがどこか動物が利用されるために存在しているような気がしてならないのだ。

何年かに一度必ず出てくるニュースに小学生に学校で飼っているニワトリを食べることで教育にしようというものがある。そして賛否両論あるのだがその焦点が常に〝残酷さ〟の理解になっている。これが変に思うのだ。子どもが動物を育て大人が食べるために殺すといった役割分担があると思うからだ。育てている子どもに殺して解体する作業をさせるというのは「育てる」「殺す」「食べる」という大人の論理を押し付けているような気がする。そもそも子どもは残酷にできているから仮に〝ニワトリの首をしめたい〟と言っても〝いや、大人になるまではだめだ〟というのが本来の姿ではないのだろうか。酪農家でさえ牛の解体はやらないのだし僕が子どものときには卵からヒヨコをふ化させるという実験があった。三週間たっても生まれてこず、卵を割るとドロドロのヒヨコが死んだまま出てきた。それをみて〝早く目玉焼きにしておけばよかった〟と思ったくらいなのだ。日本の子どもをモンゴルへ連れていって大自然の中で羊を育てている子どもや食べるために親が解体をして、子どもに残酷なところもみせて手伝わせてやるといった一連の作業なら教育だと思うがこちらには平和教育のかたわら義肢づくりの訓練をさせるような教育の切り売りを感じてしまうのだ。ここにも動物利用の精神があるのではないか。

動物愛護もやりすぎが多い。豚の心臓を人に移植してその人が助かったにしても、なぜ豚を殺したんだと脅迫があるという。重点がどこにかかっているのかがわからない社会になっている。

人権擁護派の評論家が最近つとにこの動物愛護における一部狂信者にみえることがある。攻撃する相手のいきさつや考え方には全く興味を示さずにたった一つの事柄だけを取り上げて批判するのだ。これをやるものだからマスコミ側も用心してしまって批判につながりそうなものを初めから伏せてしまい逆差別のようなことをしてしまうのだ。

最近やっと動物虐待にも刑事罰が適用されることとなり「命」という点ではマトモな社会となったかもしれない。

しかしここで気になるのはスペインの闘牛やネパールの秋の神事でやる牛・山羊の首切りである。スペインの闘牛はポルトガルとはちがって完全に殺してしまうわけだし、ネパールの場合、牛、水牛、山羊の血をクルマやバスに塗りたくっているといったもので初めてみたときには少し気分がわるくなったくらいだ。イスラムの巡礼でも動物の犠牲がある。

神と人間の間に動物が存在している外国社会とちがって日本は動物と人間とのキョリが近すぎたり遠

すぎたり、虐待として出たり、甘やかしとして出たり、うまくとれていないのではないかと思うのだ。

ワンダーランド日本

バンコクの町を歩いていて、たまに見かける風景としてタイ人が人と肩がぶつかってお互いニラミ合うというシーンがある。カオサン通りを歩いて入ると小柄なタイ人がペットボトルを振り回しながらヨタヨタと歩いてくるので「これはぶつかる」と僕が体を横に移動させると案の定ペットボトルが体にぶつかり吹っとんでしまった。それでもこの男は僕を振り返ったあとニラんでくるのだ。カオサンでけんかなどしたくもないので先に「悪い」と右手を挙げて難を逃れた。似たようなことにスクンビット通りでもタイ人の草履のうしろを踏んでしまいそれが脱げ、またもニラまれた。これはこっちが悪いから「ソーリー」で済んだのだが、シーロムでもタイ人男性と白人がぶつかって少しニラミ合いというのがあった。彼らは避けることを知らないのだろう。

しかし日本ではこれがニラミ合いでは済まなくなっている。追っかけていってまでバットやゴルフクラブで殴って死なせる事件がふえているからだ。タイの三面記事どころではなく今では日本がアジア№1のワンダーランドなのだ。教師によるわいせつ行為から始まり、政治家・役人の贈収賄、企業の隠す体質による事件、国家レベルの事件も多い。不審船のウソ通報、護衛艦内での放火、北方領土不要発言やら報道規制。寸借サギ、ネットサギ、交番で警官を殴ったり、ラーメン屋がポルノビデオの販売をやっていたり、イヌの足を切断してカンパを求めた老人や、パトカー乗り逃げ、車上荒らし、医者や教師が覚醒剤で逮捕され、他人の家に住んでしまい捕まる奴までいる。当の警察も不祥事や初動捜査おくれと事欠かない。今や何でもありの政治もワンダーランド。田中真紀子のあの発言。「自由にやれ自由にやれというからやりだそうとすると誰かがスカートの裾を踏んづけてるんですねえ、誰かとうしろを振り返ったら言ってる本人じゃないですか」

というもの。「犯人はこいつです」と指さすタイの新聞に載る取調室の写真そのもので、日本の民主主義の進化に驚いてしまうのだ。後は投票率アップのみ。選挙に行かない人に「どうして行かないんですか」と聞くのをやめ、行った人に「どうして行ったんですか」と聞いて「テレビ東京を見るの虚しいから」と言わせてほしい。これが上がらないと国民投票もできないのだ。

外国人犯罪は変な話だが律儀にみえてしまう。これだけ何でもありのような社会になっているのにきっちり縄張りを持っているからだ。イラン人が麻薬、トルコ人がチェンジ盗、イスラエル人が偽ブランド販売、アフガン人が高級車窃盗、中国人がピッキングや強盗、、韓国人が窃盗や偽造券、台湾人が偽札、タイ人が売春でフィリピン人が不法滞在、コロンビア人、ブラジル人が集団暴行やら、米兵の器物破損や盗み、ロシア人はトラクターやクルマ盗といった具合である。インド・パキスタン合同窃盗団やアメリカ・イラク合同自転車窃盗団というものはない。タイ人なら身分がちがうと日本でも付き合わないというのだから。

今でもアジアの人が日本で家を借りるときは日本人の保証人がいないと断わられるようだし、犯罪のときだけ外国人が丸ごと悪いと言われるのだから僕はつくづく外国人でなくて良かったと不健康な日本人をやってしまう。おとなしくしているイヌを蹴りとばし、かみついてくると「ほらやっぱり狂犬病だった」と言われる論理と似ていて何か虚しい。

外国で風俗雑誌をみていても日本に外国人が根付いていないことを知る。「白人野郎が俺が目をつけてた女に話しかけ」といった文章の「白人野郎」という部分だ。ふつう「野郎」は「あの野郎」「冒険野郎」と、国籍や身分を問わないことで付けていたものなのに今では「白人野郎」「黒人野郎」といった具合で、謙譲語ならぬ敬遠語のように使っているのだ。数はふえても社会に根付いていない今の日本がこんなことでもみえてしまうのである。

——白人が俺の女に話しかけている——

「あの野郎」

と言ってくれると僕は嬉しい。文章の先生ではないからこんなことはどうでもいいのだが。

ワンダーランド日本をスーパーワンダーランドにするにはぜひ外国での不法就労日本人にスポットを当てればいいと思う。それもタイ人のためにせっせと偽パスポートを作っている日本人のようなマフィアがらみではなく、マトモな方の日本人をだ。安い賃金でも外国に居つづけたい心理を暴けば日本の歪みがまたワンダーとなるはずである。

日本社会の外見をみると、トンローを走る赤バス似の最新型の百円バスが大阪の町に走り出したり、トウクトウクをタクシーとして営業している人がいたり、歩行者天国に路上ミシン（これも最新型）がお目見えしたりとタイの真似でもしてアジア化してきたのかと思うのだが実態がよくわからないのだ。

教育に関してはウルトラスーパーワンダーランドにみえる。学校五日制になり、自由がふえるという話と学力低下阻止で喜ぶ塾とで対立している。タイでは大学も年間授業料ではなくフレキシブルだし、タイ語やマッサージの習得なら初級で三日で終了というものまである。生徒が選べるという手段はなかったのだろうか。

僕が中学生の頃いつも抑圧的に感じたのは時間割りだった。一時間目が書道、二時間目が英会話という日があり、僕は硯をすると和の心にどっぷりつかってしまい、二時間目に入っても洋の心にはとても付いていけず、「もし私が鳥だったらあなたの所へ飛んでいけるのに」などといったロマンチックな文章には心が入らず、どうせなら「もし私が小指を詰めたらこの組から抜けられるのに」としてくれた方が和の心のまま洋の授業に入れたのにと後悔している。僕は書道をしなくても字はきれいな方だったし、不要だったかもしれないと思う。しかし選べないのだ。

倉本聰の話が週刊誌に載っていた。5—3＝2という算数でもこれを五つのゴミ袋の内三つがゴミ回収車が持っていって、あといくつのゴミ袋が残っているかと考えれば環境用算数となると。僕のヤクザ用英会話も的外れではなかったようだ。また、大自然の中で生徒に目隠しをして鳥の声を当てさせたり、友人の誘導で歩かせたりすることも自然と触れ合うには大事なことだと。

卒業式でフロア式を壇上式にもどすような形へのこだわりよりもこういったことの方が重要に決まっている。何年か前にタイでも大自然教育をやり、目隠しをした生徒がそのまま川へ転落して数名亡くなる事故があったが、日本の文部科学省はまたこれなどを例として引き合いに出し、ワンダーランド教育にしてしまうのだろうか。

見ていないので申し訳ないのだが大宅映子の講演がバンコクであったらしい。『バンコク週報』に載った話からいくと「悪平等主義の撤廃」がメインとして語られていた。「悪平等主義」というのは胸のつかえがとれることばだ。いつも「平等主義がいけない」と言っている人が多かったのだ。平等が悪いことばであるはずはないし、バンコクならシーロム通りでいつも子どもたちを学校へいかせて下さいと若者が募金箱を持って訴えている。皆が学校へ行ける平等社会がいいに決まっている。悪平等主義は機会の平等ではなく、結果を平等にしようとすることであり、全国的に予算をもらうために道路工事をしている姿と同じであると。

その通りだと思うのだがタイにやってきた者ならもうそんなところは卒業している。僕なら日本を覆う悪成金主義に興味があるのだ。この悪成金主義は寄生虫のような社会行動である。例えば日本で高級住宅地といわれる場所や観光名所の近くでコーヒーを一杯飲んだとする。すると何の変哲もない喫茶店であっても七、八百円は取るのだ。アイスコーヒーだと夏であれば一杯千円になったりする。一流企業のビルが建つ界隈なら、うどんに金箔が入ったり、ラーメンにステーキがのっかったりして一流の値段を取ろうとする。イヌのフルコースも同様。

いくら財政難といっても空港のサンドイッチが一つ五百円もして赤字の穴埋めをされてはたまらない。外国人をよく観察すると一つのサンドイッチを二人で半分にして食べている姿をみる。着陸料が高すぎて外国の航空会社から逃げられ、外国から日本へやってくる人は年々へっている。飛行機に乗る人間だから金は持っているだろうといった浅ましい考え方から紙コップのコーラ一杯が三百五十円もするのだ。

「免税店でコーラ飲めますか？」

ときいた外国人がいたが僕は感心した。

庶民的なものをわざわざ高級にしてしまい一流に寄生させてしまうのだ。悪平等主義は教育の話だが悪成金主義は経済にかかわる話なので一段と厄介だ。

僕は悪成金主義においての町が発している威圧感というものが嫌いだ。その点バンコクの町には威圧感というものがまるでない。中華街ヤワラートの屋台も高級住宅地トンロー地区の屋台もさほど値段は変わらない（タイ人は十バーツ違っても高いというが）。庶民街サパンクワーイで買うフルーツも隣接する高級住宅地アーリーで買うそれも値段に差はなく決して傷のないフルーツのみを網がけしたりもしない。ソイを奥に入れば急におしゃれな店が現れ高級車や高級マンションを見かけることになるがその地区に入ったとたんに屋台やコーヒー店やフルーツ店や物売りの人々から威圧感が出たりはしない。トンローにこそボロボロの赤バスが似合っているような気がするのだ。この悪成金主義の打破には「有名人お断りの店」でもつくり一線引いた方がいいと思う。悪平等主義と悪成金主義が見事に合致した姿が若い女性のブランド品熱である。ブランド品を持つという結果の平等と、町がブランド品を持たせる威圧感を発している。従ってドンムアン空港のチェックインカウンターでラオス行きのチケット手配の列に並ぶブランド品を持った日本人女性の奇妙な姿はない。そのうしろのラオス人の身なりと比べれば異常なくらいである。空港のスピーカーからピーコの辛口チェックを流したい。「ブルガリの時計なんかしてたら山賊に腕ごと持ってかれちゃうわよ、この堪ちがい女ったら」と。悪成金主義を改めた上で悪平等主義撤廃でなければそれこそ身分社会になってしまい、「お金を持っていなければこの町に来てはいけない」といったことになるだろうと心配している。

バンコクだと表裏主義というのもあるだろう。よく見かけるものとして一階がバーで二階がゲストハウスやロングステイ者用アパートというものだ。実際にこういうゲストハウスに泊まると夜中までうるさいし、下から音がもれてきては単調なドラム音が歯の痛みにきしむし、とてもこんなところで勉強やらものを書くことに集中したりはできない。あくまで所詮外国人だから夜中まで遊んで部屋は女を連れこむだけといった感じである。しかしこれも僕には驚きだった。日本でアパート兼バーを経営しようと考える人はいないだろうし日本人なら設備の方に力を入れても外国人を取り込む融合的なものを考え出さないのだ。「エスコートガール」もそうだろう。東南アジアではまずこれに驚き、僕など旅行会社に「つかぬことをお伺いしますが、何で日本人が皆女性を連れているんですか」と尋ねて苦笑されたほどだ。後に初めてバンコクへ来た日本人に同じ質問をされて僕が苦笑したがこれも「外国人」のキーワードが我々側にないからだろう。裏である外国人を意識する表裏主義。これは日本では今始まったくらいである。

逆にぐらついてきたものがある。これが遺族絶対主義ではないかと思う。死刑制度はもとより、靖国参拝問題でも出てくるが日本の村意識がこれをずっと支えていて崩れなかったはずだ。しかし、以前の日朝会談後の世論調査をみて個別評価主義に変化していることを知ったのだ。会談の評価は圧倒的、拉致の謝罪には納得できないが圧倒したものの、国交正常化には評価が過半数という結果だった。子どもの国に対して大人の対応をしたという個別評価を与えたのだろう。

いつだったか『週刊ポスト』の「逆説の日本史」でこういう一文が載っていた。

「日本に護民思想が根付いていないのが情けない。中国の皇帝も英国の貴族も国民を守るために敵が攻めてきたら果敢に戦った」

という趣旨の。護民思想はいいことばだがアフガン難民を助けるべきだといったものが時期的に書かれていないのがフシギだった。軍事家の目線で書かれているようで「日本人限定」護民思想という印象を持ったのだ。

あの世論調査の結果は「日本人限定」を超えたものではなかったろうか。

腹の立つアジア

何も腹が立つといっても差別をうけるといった類ではない。とにかく彼らの頭の中身がどうなっているのかと思うときがある。サギ師に関しては自分の危機管理とも関わるのでこの際省くが最近最も頭にきたのはカンボジアのホテルのツアーデスクだ。バンコクからロイヤルカンボジア航空の小型機で冷風が機内に入ってくるのに耐えつつ着いたのだが、帰りのフライトを朝便から夜便にしてくれと頼んだときのことである。

「今から食事をしにいくんで五ドルかかりますけどやっときますのでチケット預からせて下さい」

と言う。その場でやってくれないので少しやばいと思ったのだが二時間たってからもう一度来て下さいと言われれば仕方なくもう一度行くことにした。するとツアーデスクが言うことには、

「夜の便は満席だったんで朝のにしました」

と。

それならしょうがないとチケットをうけとり帰ろうとすると、

「あの、五ドル」

一体どういうことかと思ってチケットをみると朝の便のＡＭ九時台の便が別便の十時台のフライトに

変わっていた。僕はバンコクで往復便を取ってやってきているのだ。夜便が取れなかったら「結構です」の一言で元のままでいいだろうに。朝の九時台を十時台に変更するこの一時間にどんな意味があるのだろう。ひょっとして五ドル分の働きを何としてもせねばならんと朝便の取り直しをしてくれたわけか？

これはもうタイ人のよくやるネットの接続がわるく全く動かなかったのに「座ったから十バーツ」というのと似ている。こういう店には二度と行かなくなるから結果的に損をするのだが押すばかりで引くところがないのだからカンボジアにしろタイにしろワールドカップに出場したらオフェンスばかりでディフォンスのないチームができ上がるのだと思う。

僕は感情を抑えて怒るという大変難しい怒り方をして三ドルにまけさせたがこれは僕が負けたことになったのだ。

チケットの手配に関してはいろいろとある。

「夜便がありました」

と言うからそれにしてもらうとあとで昼便も空いていたことがわかり、何でそっちを言ってくれないのかという経験もした。素早くやってくれるのは日本の代理店とちがって嬉しいのだが客の立場というものが全く入っていない。

「満席でありません」

のタイ人の一言のあととっさに日本人が、

「いや、あの合商といいまして、じかに空港へ行かれたら数席はあると思うんで交渉されて下さい。飛行機の座席は大体そうなっていますから」

このディフェンス兼オフェンスなのだ。「あります」でもなく「ありません」でもない。日本人があくせく働いてきた数十年以上をせっせと偽ロレックスを売り、「女、女」と言いつづけてきたタイ人にこの巧みなパス回しはできないのではないかということをあの人をおちょくった寝仏の姿がよく表していると思いつつ納得するのである。

エアチケットだけではない。バスチケットにも腹の立つことがある。隣町の名所などへ行くミニバンツアーだ。旅行代理店のガラスにはベタベタと行き先と時刻が貼り出されていて、一時間ごとに出発とあるのでつい油断して五分遅れて集合場所へ行くともうバンが出たあとで、仕方なく「じゃあ次の便にして下さい」と言うと、あれはさっきの運転手に支払いましたので次のに乗るにはもう一回お金を払って下さいと言うのだ。一日に一便ならわかるが毎時間出ていて変更が効かないのだ。ゴール前のボールをヘディングでよけようとしてそのままオウンゴールしてしまったようなこの感覚。とことんがめつくできている。押すところと引くところのないタイ社会をみていると殺人事件が日本の約六倍というのもわかるし、引けないからこそ初めから大人しくしている感じさえしてくる。

笑顔でさえ僕はタイ人のものはオフェンス的にみえる。例えば物売りでも物が売れれば笑顔をつくるが売れるまではひたすら攻撃をしてくる。

「ヤスイヤスイ」
「コッチハドウ」
「フタツデヤスクスル」
「コッチハモットイイデス」

「ニホンノハンブン」

などとこちらに考える余裕を与えさせない。僕はこの点だけはカンボジア人とは決定的にちがっているような気がしている。カンボジア人の場合日本人に近い「引き」の笑顔をつくるのだ。物売りのバアさんが近づいてきてニコニコと笑っていたとする。僕がこれ以上買えないと頭をかくしぐさをするとその僕の困った顔に対して笑うのだ。「こっちも商売なもんで」といった笑顔なのだ。なんと、カンボジア人は右へパスすると見せかけて左へボールを出したのだ。これがタイ人にはできない。一日も早くカンボジアがワールドカップに出場してもらいたいものだと思う。ひょっとしてあのホテルのツアーデスクは「朝の便を取って僕を驚かせる」といったディフェンダーが割れたところを一気の三十メートルドリブル直進をやったのだろうか。

理髪店から考える

タイの理髪店はおもしろい。シャンプーをしたあとカットする順番のちがい。濡れた髪の毛の方が固まって切れるという合理的な論理がおもしろい。首からスッポリとカバーをかけてくれるが腕が少しはみ出てしまい、そこに濡れた髪の毛がバサバサと落ちてくると、

「オレは今よその国で散髪している」

と改めて感動する。二、三百バーツで散髪できるのであるから日本で髪を伸ばせるだけ伸ばしてタイでカットするといったこともできる。昔なら身なりを整えて外国へ行きたいと思ったものだがもう東京から大阪へ出張する感覚で外国へ行く時代だからこういった現象も起こるのだ。おかげで空港にはむさ苦しい恰好で行くことになる。職員にすればアジアに行く人は汚いのが多いと思っているかもしれないがこちらにすればバンコクに着いたらすぐカットしに行くのだから放っておいてほしい。千円弱で散髪して、いい気味だと思っていても、航空代も入ってのことだから得とまではいかない。そこからずっと安いものばかりを食べ、安いものばかりを買い、より散髪を引き立ててしまう。本当はこんなことをしなくてもタイに一年住んで毎月理髪店へ行けば〝安い〟とも感じなくなる。

一応英語は使ってみるが簡単なものでいい。「バックショート」「サイドショート」「セイムスタイル」

などと。日本語ＯＫの店もあるのだが「中ぐらいにしてくれ」などと言うと気分を害するから言わない方がいいし、「できものがある」といっても気付かないことが多く余計なことは言わない方がいい。

タイの理髪店で感心するのはおじいさんの代わりに若い女性がいるという点である。美容院なら若い女性がいてもフシギではないがごくふつうの理髪店でも若い女性が働いていることが多い。これをみると男性を楽しませているのではなく、老後に重点がかかっていないことに新鮮さを感じる。日本の理髪店は個人でやっているおじいさんが多く、ＮＨＫの大相撲中継などをラジオで聞きながら、食べていけさえすればいいと地道にやっている。当然こういう店へ行く人はオシャレを求めるのではなく、髪が伸びる前の、ちょうど一ヵ月前の髪に戻してくれとの要求をする。ここに〝後退〟としての散髪の意義があり、これとおじいさんが実に合う。タイの場合、僕は後退としての意味の理髪店へ行くのだがそこに女性がいるのだから面食らうと同時に力強さも感じる。バンコクで理髪店に入ると日本と決定的にちがうことがある。両脇を白人に挟まれることだ。僕は日本でこういう経験はまだ一度もしていない。「どのようにカットしましょうか」と客にみせるメニューにタイ人のスターやディカプリオの写真があるのがおもしろい。選びようがないというものがある。とりあえず無難なのを選びカットしおわったときにはタイ人そのものになっているのもいい。誰も自分を知らないから恥ずかしくもないのだ。

外国で写真の現像と散髪ができるようになると旅なれてきたといっていいと思う。日本人の場合、旅行日数が短いから写真を撮ると日本でき上りを待つのが楽しみになるのだが外国で現像すれば値段も安いし、ちゃんとファイルも入れてくれる。帰りの飛行機内での暇つぶしにもなると思う。日本へ帰ると日本モードに入ってしまうのでどこの寺だか遺跡だかさっぱりわからなくなるのだが向こうで現像すれば比較的思い出しやすい。同様に散髪も値段が安いし、美容院なら千バーツと少し高いものの、三時間もかけてフェイスマッサージをやってくれ、毛穴そうじもしてくれる。このように旅なれてくると今度はまた変わったものを探し出すことになる。バンコクにぜひアラブ人理髪店（あることはあるが）やインド人理髪店をふやしてほしいのだ。待っている間に水タバコ経験もおもしろいし、インド人理髪店で例の♪ミムラミムラミムラ（本当はミモラ）……の曲に合わせて「髪結いの亭主」のように踊りながらカットする主人というのもみてみたいものだ。町をのし歩く子ゾウを使ってシャンプーのときの水をかける役もやってほしい。〝SHAMPOO BY ELEPHANT〟といった店ならおもしろい。夜中まで営業しているバイタリティならいけそうである。大人と中高生の値段を分けることはやめてほしい。

理髪店は後退としての役割を、美容院は美しさやかっこよさを、エステは気持ち良さをといった具合に目的が一つというところに必要なものしか生み出さないタイのエネルギーがあると思う。日本の町歩きをしていて〝ダイエットミニ茶碗〟というのをみたことがあった。ミニ茶碗だからダイエットする方にどうぞということなのだが、コメを炊く量をへらすか、食べなければいいだけであって日本人の器用さがこういうことをやる。バンコクの古式マッサージ店が医療として存在し、ダイエットを売りものにしないことに僕は敬意を表するわけである。ダイエットならシーロムのフィットネスクラブ〝カリフォルニア〟にでも行ってベルトコンベアの上でハムスターのように走り回ればいいのだ。ダイエット用古式マッサージは店内に電動マッサージ椅子を置いているようなものでダイエットミニ茶碗に通じてしまう。マッサージとダイエットは関係がなくていいと思うのだ。日本だとブームとしての役割で店が持ち上げられてしまう。カリマス美容師というのもそうだろう。タイでは王様こそ別としてもカリスマやその道のプロといったものがないことに個の強さを感じるのだが日本式ブームとして社会をみると見間違うことも多いのだと思う。バンコクであっても茶髪、金髪の若者をちょくちょくとみかけるようになった。しかしもしこれが流行していくのなら外国で育ったタイ人であったり、英語を話すことができるタイ人ということになるのではないだろうか。日本の若者で英語を話すものが目印として髪を染めているのなら道案内にも使えるし、これならふえてくれたらいいのであって、それを批判する大人は喋れないやっかみのようなもので情けないことになる。日本の若者の場合、髪より目が死んでいるからここでも〝後退〟を感じるのだ。壁にスプレーで落書きをする感覚で自分の髪にスプレーをかけるような気楽さなのだから茶髪が犯罪を起こすと、あんな頭をしているからダメなんだという言われ方をしてしまう。理髪店はおじいさんとしての後退をやり、美容院は社会を後退させる流行を結果的にせよ生み出したことになる。

スタイル抜群の若い女性にごくふつうのカットとシャンプーをしてもらい、かゆい所もかゆくない所もかいてもらい、もみ上げの上まで刈り上げられ〝はい、タイ人できあがり〟と店を後にすると同じ赤白青の散髪マークがくるくる回っていても僕はファッション感覚が衰えたとは思えないのである。

タイで考える日本人感覚

タイ人の性格でよく言われるのは何でもマイペンライで済ましてしまうということである。銀行員が大事な住宅借用証を捨ててしまってマイペンライという話には驚いたが、僕が最も厄介だと思っているのはサワディカーなどのいわゆるあいさつの仕方なのだ。日本人はもちろん頭を下げるというあいさつのやり方をする。舞台が日本ならこれでいいのだが、外国になるとアジアであれ欧米であれその姿が変にみえてしまうのだ。タイであっても日本人同士なら頭をペコッと下げ合ってそれでいいと思うのだが、日本通のインド人に世話になったあとで「ドモドモ」と頭を下げられると周りのタイ人のポカンとした顔をみるにつけどう対処していいのか迷ってしまうのだ。初対面のタイ人にこちらからワイをしたような変な空気なのである。

店員が客を見ない社会だから店に入る際にこちらから気付いてもらおうと「サワディカー」と言う。しかし店員は〝この人あいさつしてる〟とニヤニヤしているのだ。確かにカフェやレストランであいさつして入るのはおかしいかもしれないが、言わないと客の存在に気付かないのだから困ったことになるのだ。

インターネットカフェはこれ以上にあいさつがフシギがられる。欧米人客の行動をみていると皆無言で入ってきて勝手に座ってメールをやり始める。店員が客の入ってきたことに気付いていたらそれでいいのだが気付いていなかったらいつやり始めたのかわからず計算するのも困るだろうと思ってしまうのだが、アイサツした自分がタイ人にキョトンとされるのだからネットカフェは無言で入ってやりだすのが決まり事かもしれない。僕のやる「サワディカー」は取引先の人が来たといった感覚にうけ取っているのかと思うのだ。

タイ人が人の死体をみても怖がらないとか、横断歩道の真ん中で信号停止するだとか、そういう類のちがいなら殺されないようにしようとか、クルマをよけて歩けばいいなど対応策はあるのだが、この手のしみついた感覚の修正ほど難かしいものはない。

フランスまで行って運ばれてきた食事を後の人へ後の人へと回していきレディファーストを忘れている日本人のオバさん団体や、勝手に席に着いてはいけないからと店に入るなり注文して「席に着かないで注文しやがる」と嫌がられる自分など、少しの感覚のズレは修正不可能となる。仮にデパートが九割引きセールをやっていても〝ここはバンコクだ、走ってはいけない〟と考える日本人のオバさんはあまりいない。店内に急冷のクーラーがかかっていて日本と同じ状況下にあると、絶対に九割引きという文字が走らせてしまうのだ。そのくせいい大人がデパートに駆け込んでいる姿はみっともないとわかっているのだからこれも厄介だ。

また外国で身についた感覚を日本へもどって生かすことができないといったこともある。バンコクだとワールドトレードセンターなどでエスカレーターが壊れていることがある。エスカレーターが壊れて止まればまさに階段であるのに、日本で壊れたエスカレーターを昇り始めると必ず警備員に呼び止められ遠回りの階段を使えと言われる。止まったエスカレーターは階段そのものではないかと哲学論義でもしたくなるが大人気もないから我慢する。日本社会のこの精神的童貞とでもいうべき融通のなさは一体何なのだろうか。日本には融通の効く法律が必要だ。「外国人に関する基本融通法」「生活保護手当基本融通法（支給に該当しないケースに該当）」といった。

もう一つ日本へ戻って目につくのがタバコの問題である。禁煙ブームという世界の潮流に反抗するかのように吸い歩きがふえている感じがする。くわえタバコでの店の出入りなどは外国へ行けば真っ先に直せる部分だが。またこれ以上にフシギに感じるのがバイクや自転車に乗りながらタバコを吸うおじさん連中だ。両手がふさがっているのに煙を吸ったりはいたりするのだから外国慣れした人にはあれは上海雑技団にみえると思う。あの器用さからいけばタバコの上に小皿を何枚も載せていく技も磨けそうなのだ。実際上海へ行くと、近代化はもとより南京西路、東路、淮海路など串焼きの串を危なっかしく持って歩いている人こそいても歩きタバコをみかけない。人口が多くてもこれがないと圧迫感をうけないから、タバコの害を病気としてPRするよりも精神的にどう感じるかの統計でもとった方がいいのだと思う。いくら喫煙者でも富士山の頂上にタバコ自販機があったら煙害より気分のわるさが先である。早く日本が外国として生まれ変わらないと日本を出ていく人はふえてももどってきて生かすことができなくなると思う。

逆に日本人感覚として素晴らしいと思うのは何といってもその真面目さである。足りなかったお金を翌日支払いに行くと〝本当に持ってきてくれた〟とタイ人は大喜びする。他の外国人であればそのまま逃げてしまうところでもここは日本人はひと味ちがっている。やはり日本人は真面目さを売りにしなければ話にならないことを改めて知るのだ。

真面目さというとオリエンタルスマイルもこのタイでは必要だ。合理的なYESかNOかではなく、相手の気分を害さないという真面目さである。利用する気もないところにタクシーの運転手が陽気に乗らないかと声をかけてくる。「二十バーツで行ってやる」などと嘘丸出しでも平気な者が多いし、世界共通の柄の悪さもあるから「NO」と無視すると態度を一返させて怒鳴り出す。汚ない英語だけは知っているから頭にくる。MKの無料タクシーでこの男を修業させてやりたい気分にもなるがそこは抑えてこういう声をかけられたケースなら少し笑って断わるのがベストだろう。オリエンタルスマイルというよりスマートスマイル、略してスマスマと行きたいところだ。

ホテルのボーイが女性を紹介してきたときでもオリエンタルスマイル（スマスマ）は生きてくる。無下に断わると「うちの国の女性はこんなに美しいのに何という失礼な男だ」と鼻で笑われたりするのだが苦笑すると事なきを得る。外国人男性が日本人女性に声をかけているのをみて〝不良外国人〟としてしかみられない悲しさでは打ち破れない温度差が存在する。新装改店したケーキ屋が丸一日かけて作ったチーズケーキを客に食べさせたくて仕方ないような勧め方をされたら、素直にうけ入れるかもしくはスマスマで気分を害さず賢く断わるのがいいと思う。またマレー鉄道で南下する場合はマレーシアでオリエンタルスマイルの調節をはかりつつシンガポールではYES・NO型になっていなければならないだろう。

バンコク夢想・精神不安定になる一歩手前

①プラスチックコップ

多民族とは？　と言われれば間違いなく僕は肩がよくぶつかることと答える。日本人同士の間というものがなく、振り向き方もよけ方も体の幅、大きさ、すべてがちがう。

ではバンコクの音は？　と言われたらどう答えればいいかということを考える。クルマの音以上に耳に残るのがタイヤの破裂音や、防犯ブザーの音やコップの割れる音なのである。この町の音にはテロと勘ちがいするような、けたたましい音が耳につくのだ。

とくにコップや瓶類は本当によく割れる。日本でコップや瓶を床に落として割るためには口論でもしないことにはないだろうがバンコクでは本当によく割れる。

いつか日本レストランで従業員がトレーを棚に引っかけてしまい、上に乗っていたコップが次々に落ちてきて約三〇秒も割れる音がつづいたことがあった。従業員の場合、仕事のトロさからこうなるわけだが、客の方もよく割っている。僕は二回コップを割っているし、観光客の日本人団体でもつづけて二回割ったのをみている。割らないまでもコップをひっくり返して水をこぼした人も何度もみた。

決して暑さで動作が鈍くなっているのではない。店員のコップを置く位置がわるいのだ。どうしてだか客の体に近い部分に置くのである。机にノートを置きメモを取っているとそのメモに被さるようなギリギリの所に置く。日本人ならテーブルの中央に置くところを端の方に置くことが多い。そういえば電車でも日本人のように一つごと座席を空けて座ったりはしないし「詰める」というのが慣習なのかもしれない。しかし僕のように体のわりに腕が長い者にとってあまりに体の近くに置かれると腕やら本の背表紙やらが当たってコップをひっくり返すことが多くなるのだ。団体になるとこれまた灰皿に手を伸ばそうとして他人のコップや瓶をひっくり返している。

このことからいくと屋台にある淡青、淡ピンク色のプラスチックコップはこの町では精神不安定要素を少し取り除いてくれる。何しろ落としても割れない。どうみても日本の一般家庭にある洗面所のコップなのだが、あれに細かく砕いた氷をぎっしり詰めて水を流し込み、ストローを差して飲む優雅さはない。隣で母親が赤ん坊に小さなバケツの水を飲ませている姿にも大胆な優雅さがあり、南国のプラスチックは日本人が忘れてしまったプラスチック感を呼びさましてくれるのだ。

日本でもしプラスチックコップにお茶を流しこみストローで飲んでいる人がいればその人こそ本当のタイ通だと思う。しかしこの姿は日本では通称、「みすぼらしい」と呼ばれている。

②店に入ってくる蚊

タイで生活していていつも困るのが蚊である。日本にいるときもそうだったのだが僕は本当に蚊によくかまれる。しかもかまれる場所が決まって変なのだ。鼻の上、耳たぶ、まゆ毛の部分、足の小指と薬指の間など、かゆくてもかきにくい所ばかりを刺されてしまう。

A型は蚊が最も好きな血液型だといい、少し納得したが、それでもおかしな所をかまなくてもいいのにと思うのだ。そしてここでタイ人たちの頼りなさがクローズアップされる。何しろレストランの冷房の効いた室内にとび込んできた、たった一匹の蚊を従業員誰一人手でハタいて殺してくれないのだ。外の南国植物群の周りを飛び回っている蚊を殺してくれとはいわないが、せめて店内にとび込んできた一匹の蚊ぐらい殺してくれても殺生にはならないだろうにと僕は思う。この一匹のために食事中ずっと蚊を気にすることになるのだ。

日本人であれば当然のように従業員がまず蚊をみつけ素早く叩き殺すのだが、タイ人の場合、蚊に気付いていない様子なのだ。今、間違いなく入口のドアを開けたときに、従業員とともに蚊が一匹来店したのだが友人とでも思っているのか気付く素振りがない。仮に一人でも宙をパチンと両手で叩いてくれたらそれにつられた客も同じように叩くしぐさを始め、蚊叩きウエーブを起こすにちがいない。

しかしそれがないのだ。日本人はよく駅でゴルフの素振りのポーズをしたり、昔なら野球の投球モーションをしたりしたが、タイ人の場合こういった習慣がない。

蚊を叩く身ぶり手ぶりを子どもの頃から教えていれば大人になってからもやるかもしれないが今では期待できない。

それでも昔は蚊が出るとタバコを一服して煙で蚊を撃退したりもできたのだが、室内禁煙以来これができなくなった。初めから分煙ができていた店まで完全禁煙にしなくてもよかっただろう。抜け道はつくらない方がいいがこれはやりすぎだった。タイのシンガポール化ではなく、非喫煙者の多いタイの外国人取締強化策のようだ。

従って余計に一匹の蚊を叩いてほしいのだがやってくれない。

「あなたはレギュラーカスタマーで嬉しい」

などと誉めてくれるより、そこの蚊を叩いてほしいのだ。今入ってきたやつを。

③機械的な性欲

バンコクに着いてすぐさま風俗店に直行する人たちがいる。あれがよくわからないでいる。つまり色魔的要素というのだろうか、それについていけない自分には理解できないということなのだ。風俗店に行くことを「挑戦」とか「女を開拓する」とか言うあの心情のことだ。

僕は機械的性欲しか持ち合わせていないタイプだ。学生のときに毎週日曜が性欲の操縦不能日であり、風営店に通い出したのである。二年ばかりつづけると日曜日は百回を超えている。

「日曜がこんなにあったのか」

というのは同時に「風俗通」ということにもなり、友人からは「マッサー」とか「パーラー」などと言われてしまった。こちらにしてみたら風俗通いというよりは週末だけは豪華な食事をしたいといった程度なのだが世間はそうはみない。

僕は、植えつけるだけの代理父か、AV男優なら向いていたかもしれない。AVの世界に入ってくる人は初め「やれるから」という安易なことで来るそうだが、その多くは罪悪感により辞めていくそうだ。色魔的要素より機械的要素の方が大きいにちがいない。AV男優の愛人発覚といったスクープにおもしろみを感じないのもこの理屈であり、AV男優はエッチかもしれないと言っているようなものでもある。

この機械的性欲からいくと玉本さんの事件というものが最近やっとわかってきたと思う。日本ではこれをハーレムと捉えて批判していたのだが、一夫多妻というのはハーレムではないだろうと。三人の妻がいたとしたらどの妻にも均等に愛情を注がなければならないのである。こなしていくということではこれほどの機械的性欲はないだろうと。「娼婦をなぜ連れてるんですか」と聞かれたら「恋愛しなくていいから」と答えたい。ここは出会い系と違っている。

僕であれ、松たか子、井川遥、吉岡美穂、叶姉妹の妹の方の四人が妻であれば、機械的性欲はじゅんぐりに均等化されていく。これなら浮気もしないかもしれない。

「浮気が存在しなかったら古典文学は存在しなかったであろう」

と歯の浮く擁護をするタイプこそが色魔的、もしくはハーレム的である。

『G—DIARY』にあまりにも風俗一辺倒の特集が載ると僕はすかさず、『まるごとタイランド』を買ってしまう。「風俗ネタの持ち込みは固く禁じます」の一言に機械的性欲の機械の部分が反応してしまうのだ。

ドンムアン空港から風俗店直行組には女が英会話やパソコンと同種の強迫観念として僕には映ってしまう。

④宝くじ

タイの宝くじは一等三百万バーツだからタイ人にとっては大金であっても日本円で一千万円もいかない。しかしそれ以上に先進国の日本で宝くじが年末ジャンボで三億円というのはいかにも貧弱という気が以前からしていた。貧弱というより、おもしろみに欠けるといった方がいいか。まず三億円といっても一等は二億円で前後賞を入れての三億円である。バラ買いをしていたら二億円しか手に入らない。もちろん二億円では五億円の夢のような都心のマンションは買えない。ドリームジャンボくじでありながら買えないものが存在している不愉快さはない。

ふとニュースをみると韓国のＴＯＴＯで八十億が出たと紹介されている。気がつけばこういう差なのだ。映画もハリウッド並みのものを作るが宝くじも欧米並みとなっている。日本が早くこうなってほしいのだが、宝くじでさえ役人が決めているのだろうか、バカ高い額にはならないのだ。

また二等になると一千万と額は急落し、ここでも楽しみがない。一等が三億、二等が二億、三等が一億であればたとえ三等であっても楽しめるのだがこのへんにも頭の堅さが出ている。いっそ二等以下をなくした方がいいくらいだ。

さらに外国との大きなちがいで当たり番号に後日談がないことがあげられる。アメリカでテロ直後の宝くじの当たり番号が９１１であったらしいし、有名スポーツ選手の背番号を並べたら当たったという話もきくのだがこういったことも日本ではきいたためしがない。キリストにあやかった数字というのもむろんない。トピックスのニュースにもならないのである。

日本を司る神はおもしろみがない。そのくせバランス感覚だけは絶妙だ。中国でＮＧＯが拘束され革手錠が問題視となり、何てひどい国だと思っていたら翌日には名古屋拘置所で同様の事件を発覚させてしまう、この絶妙さを宝くじの当たり番号でもみせてほしいのだが、こちらはイチローと松井の５１５５でさえナンバーズでは当たらない。

当たらない理由はいわゆる宝くじ中継がジャンボくじにしかなく念を込められない点にあると思う。タイの場合、土曜の昼に抽選会がＴＶで放送されている。カオサン近くのラチャダムヌン・クラン通りにロトセンターがあり、建物の上には当たり番号が出ているのだ。初め僕はこの建物を警察署と思っていて、上の数字は交通事故死者数だと信じていた。しかしそれが宝くじだとわかったのはこのロトセンター前に土曜は街頭テレビが出ることでだった。テレビではおごそかに丸い透明ケースに赤玉が次々に入れられていき、ぐるぐる回しては女性が一つだけ玉を取り出す。その数字を組み合わせて当たり番号をつくっていくのだ。そしてタイ人のおじさんたちはその数字をメモに取りながら真剣にみつめている。日本の競馬中継と見間違うほどだ。日本でもこれをやってほしいし、国技復興のため、相撲ＴＯＴＯもあっていいだろう。

⑤怒り小中大

「我々はタイに住まさせてもらっている」。この言葉をよく活字でみる。腰の低さはいいのだが気になるのはこれの反意語が「住まさせてやっている」ということなのだ。「住まさせてもらっている」は人間のできている人に限って使ってしまう。しかし本当はやはり「住んでいる」といった明確なものが欲しいのだ。眼鏡をかけている人に「あなたは目が不自由な人です」と言っているような逆差別のこの使い方が気になる。日本には「住まさせてやらない」もあるのだから少し気になる怒りである。

これに比べて少し怒りが大きいと思うことに電車内の出来事が挙げられる。吊り革に子どもをぶら下げて、ゆりかご代わりに遊んでしまうタイ人の親たちである。見ていて気分がわるくなるのだ。しかしここでこの怒りが急転回して自分に向かう。

例えば日本の場合、電車内に地べた座りする若者がいる。それをみれば誰でもけしからんということになるのだが、仮にお座敷列車であれば電車内で座り込み、飲み食いしてもかまわない。つまり質の違うモラルがそこにあるだけであって、電車そのものにあるわけではない。タイ人にとって電車はまだ動く箱でしかないように思えてしまい、日本にこそドアなしバスや屋根上に乗れる汽車というものがあった方がいいのではと思うくらいなのだ。タイ人が気にもしていないのに日本人が吊り革をハンカチでふいてから握っているような変な怒りともいえるだろうか。

これは本当の怒りだろう。ペーパーのタイトルは忘れたが、またおかしな記事をみてしまった。「国際人のための歴史講座」と付けられている。日本人が「国際人」ということばを使うときは、「官僚」と置き換えてもいいのだが趣旨を摑むとこうだった。

日本とタイは同じ立憲君主国であり、欧米列強と戦った姿もそっくりである。近代化に成功したのは国王と国民が一体化した力であり、特筆すべきだという趣旨の上に明治時代から近代の日泰関係へと、日本人の素晴らしさを浮き出して解説しているものだった。

麻薬から手を引いた若者がひたすら更生しているときに昔の悪友が「もう一回やらないか」と誘ってきたような姿である。

*タイの国王の人間味ある言動と押し付けられていた日本とは全く異質だし、国内で欧米列強と戦ったタイ人とよその国へやってきて戦った日本ともちがっている。タイ人が英語コンプレックスを持っていないのはこのためだろう。

やたらと近代化ということばを使っているが軍国化といわないのがミソだろう。明治時代にタイで活躍した民間人を取り上げ、その時代の人すべてを偉かったようにしてしまう。民間人はいつの時代でも偉い人がいる。また外国人を差別しない点が明治のいいところだったろう。

「ラーマ六世はタイの明治天皇と言われています」

とあったが、これは引き合いの出し方が逆である。東条英機が列強に奪われた領土を取り返したとも書かれていたが、それなら銅像の一つもあっていいが、タイは靖国参拝にはいつも反対の声明を出しているくらいだ。

前編しか読んでいないので後編は反日運動後のまともな方を取り上げてくれたかもしれない。日本ではこういうのを歴史修正主義というらしい。しかし修正だと、良い方に修正もあるのだし、歴史暴走族という方が合うかもしれない。脱皮しないまま地面を歩く蝶々の様で。

文部科学省が欧米人インターナショナルスクール生のみを国立大へ進学させ、アジアの学生はまた置き去りとなっていた。（大学教授は猛反対して少し門が開かれたが）

タイ人にとって日本は「そっくり」ではなく、「びっくり」なのだ。

＊ラーマ何世であれ、当時のタイ人はその顔を知っていただろうが、日本の場合、顔を知らず尊敬させられていた違いは大きいと思う。

⑥夢より

「最近夢の中に金正日が出てくるんです」と言って驚かせている人がいた。だが甘い。友人の一人にこういうのがいた。

「いやあ僕は蓮池さんのお兄さんが出てくるんです。しかも何故か笑顔です」

上には上がいる。

タイのビーチでバンガローやコテージに泊まったら夢はみない方がいいかもしれない。ビーチ慣れていないと波の音が脳におかしな刺激を与えてしまう。僕はプーケットでコテージ風ホテルに泊まり波の音をききながら寝たのだが、それが叙々に人の会話にきこえてしまい、事もあろうにデーブ・スペクターと猪瀬直樹が議論している内容の夢として出てきてしまったのだ。ビーチから最も離れた二人が出てくるのだから朝起きたら当然気分が悪い。やはりビーチに泊まるときは完全に日本を忘れるのが得策だ。インターネット持参もしない方がいいと思う。

僕は夢はよくみる方だ。阪神大震災のあとは地震の夢ばかりをみたが、それ以後でも穴掘りの夢ばかりをみる。例えは郵便ポストの中をのぞくと地下道がつづいていて、夜中にポスト内へ入り込み探険していくと奥の部屋からドラキュラの恰好をした田中康夫が出てきたり、部屋の中にはどうしてか尾崎豊がいて、まだ生きていたり。穴掘りの夢は女を求めていると夢判断されてしまいそうなのだ。

また、タイに来ると必ずみる夢がある。まず僕は今、バンコクのエアポートの滑走路内にいるのだ。そこから北に向かって一本道がつづいている。そこを真っすぐに歩いていくと三〇分ほどでイートンという町に着く。このイートンという町にはスイスやベルギーにあるような山小屋風の小ぎれいな木組みの家が並んでいる。「これはすごい」と写真を撮りながら歩いていると窓から顔を出した白人たちが笑い出し、「日本人がいるぞ」と馬鹿にしはじめる。紛れもなくバンコクの隣町なのだがタイ人が全くいない。そして僕は来た道を引き返すといった内容だ。イートンはイサーンが変形したものかもしれないし、僕のタイでの白人へのこだわりが生み出した夢なのかもしれない。笑われているということはまだ甘いのだろう。

タイ人が出てくる夢もある。

「日本人は王さまは嫌なんですか?」

と尋ねてくるのだ。僕はすかさず反論する。

「何を言うんですか。日本で王さまが好きな人はちゃんと自治区に住んでいて共同生活しています。日本人は考え方がちがっていても相手の権利はみとめます」

僕の激しい怒りでタイ人はひるんでいたのだ。しかしつくづくろくな夢はみていない。

⑦アジア的

物事をひねくれて考えるのはよくないが、子どもの頃から身に付いていると治らない。家の近くに婆さんの家があり、暇なときには遊びに行っていた。玄関の側に鉄格子のついた窓があり、畳の部屋も広く、屏風も置かれている。奥には蔵があり、二階へ上がる幅の狭い階段は傾斜七〇度はあったと思う。典型的な日本家屋であり京の町屋でもあった。

僕はこの婆さんの家でいつも仰けに寝転がって天井をみていた。天井の高さだけをみていると、外国の家はみなこんなに天井が高いかもしれないと僕は洋的満足感を日本家屋で感じ取り、そのまま眠りこんでしまうといった具合だった。そして寝返りをうつと襖や障子が視界に入り現実に戻るのだ。

こんな性分であるからバンコクに来てカオサン周辺の屋台のテーブルに着いてもすぐにアジア的な気分にはなれないのだ。

自分は今までひょっとして何かと区別化や差別化することで「アジア的」とはこうだと考えていなかったかと恥入るのだ。それは白人の箸の使い方のへたさであったり、屋台のおばさんのがさつさであったり、汚ないテーブルやむき出しの調味料であったりと。しかし白人の箸の使い方も昔と違って上手だし、黒人のサカナの身のほぐし方も上手い。観光客慣れしているおばさんはがさつではなく、テーブルもそう汚なくはない。今もしテレビ中継のマイクが来て、「おいしいですか」とでもきかれたら、僕は「いえ、別に」と答えてしまうだろう。今、紛れもなくバンコクにいてタイ料理を食べているにもかかわらず僕の精神は「アジア的」ではなく、「江戸的」な域を超えていないからだ。それは時代劇のかけうどんをかきこむシーンであり、落語の時そばのシーンでもある。この江戸的をバンコク版として再現してしまった哀れさが「アロイマーク」を阻んでしまうのだ。

では江戸人たちが自分をアジア的と考えるのはどういう場面かと想像してみる。それはやはり異種人との関わりだと思う。江戸人が日本にやってきたポルトガル人にカステラをもらい、一口食べては「うまい」と驚き、「お前も食え、お前も食え」と喜びいさんでいる風景は、異種人によって起こされた化学反応として「アジア的」に映る。かけうどんをかきこむときにアジア的などと思うこともなかっただろう。

この化学反応がカオサン周辺屋台の日本人の群れでは起こっていない。かといって僕から「カステラどう?」と話しかけるわけにもいかず、僕はタイ人だけで食事している大衆食堂の方へ入っていく。むろん地元の客たちは「何だこいつは」といった顔をして、屋台の主であるおばさんはこう言いたげだ。「観光客がこんな所に来て。他に上等な店があるのに、うちなんかに来てからさァ」と。しかしこの冷たさこそ僕との化学反応で起きているのだ。従ってこの店に通いつめ毎日同じ物を注文して向こうを完全に諦めさせてこそ「アジア的」に近づくのかもしれない。

外国人が着物を着ると日本的にはなるがアジア的とは言いづらく、アジアの他国の人がタイの屋台の席に就くとアジア的ではあってもタイ的とはまた違う。皆、乗り超えなければならないものがあるような気がする。

僕は今日もまた江戸的なまま屋台で楽な食事をしてしまった。

⑧脱蔑視

最近テレビをみていて、あることに気付いていきた。それは評論家と一般的に呼ばれている人たちの質が昔と随分変わってきたということなのだ。

一つめにそう思うのは市民運動やデモ、選挙の応援といった具合に町に出ているという点である。

二つめは若い人たちに訴えかけようとしている姿勢のあること。

三つめは「アジア共同体」ということばをよく耳にするようになったように「アジア」というものを意識している点だ。

この反対で考えるなら、高見の見物で戦争や紛争を捉える評論、今でもアメリカやヨーロッパをアジアより上と位置づける傲慢さ、若い人をハナから相手にしていない態度などは二十一世紀に消えていく者たちということになるのだろう。

とくに怪しいのが欧州在住邦人の存在である。今どきアメリカ礼賛をする者は減っていると思うが、欧州礼賛型にはアジアが見えていないか、みえていても昔のままかと力点の置き方が平等になっていない。

しかしこの傲慢さを打ち破っていくのもやはり若い方の日本人だったと思うのだ。欧州を歩く日本人は個人旅行の場合、一度アジアに立ち寄って、またはそこで格安旅行券を買っては欧州まで入ってくる。このストップオーバー感でいくとアジアと欧州はまさに均等となり、片方で戦争の傷跡をみて、もう片方ではそれを克服しつつEU共同体までつくり上げた世界をみることとなる。日本↓バンコク↓パリであっても、日本↓ソウル↓フランクフルトであっても、日本↓香港↓ロンドンであってもだ。

さて果たして欧州在住邦人たちはこのストップオーバー感で世界地図をみているのだろうかという疑問である。まだ日本↓パリ、日本↓ロンドン、日本↓フランクフルトといった直行便感覚を持ったままではないのだろうか。

僕はかつての作家たちのやった香港からトルコまでといったアジア大陸の横断旅行より、タレントのやったような、ロンドンまで行ったということに「アジア」と「欧州」を両天秤にかけた意味を感じ、ドイツアジア新聞を読んだような脱蔑視を感じてしまうのだ。

アジアへ行ったことのない欧州礼讃、欧州へ行ったことのないアジア好き、ともに遅れていくような気がしている。

⑨珍セリフ

バンコクに長く滞在していると一度築き上げた常識をつぶしてみたくなる。僕の常識を超えていた日本の若者たちの会話を町に立てた集音マイクから拾っていく。

「市場くせえ!」(パーククローン市場　アジア大好き白人・日本人ともにぶっ飛していた)

「日本にいるインド人は偽物くさいけどタイでみると本物にみえるよね」(ナナ地区　両方本物だろうに)

「日本には礼金てのがあるの。ありがとうのお金。日本行くんだったら覚えなさいよ!」(カオサン　力関係が逆じゃないのか)

「タイ人って何時に寝るんだろ?」

「さあ……」(ナナ地区　そんな感じ)

「スターバクスはアメリカ生れってこの間知ったんだ。人魚姫みたいなマークだからデンマークかと思ってた」

「タイ人はソンクラーだと思ってるよ」(サーヤム　言われてみればそうかも)

「明日からネパールへ行くんです」

「伝染病はやってたよ」

「大丈夫です、いつもですから」(カオサン　よくある会話)

「マハティールってのは昔のがんこ親爺みたいで嫌なんだよな、いまどきはやらねえだろうあんなの」

「早く大人になればいいのにね」（トンローの屋台）

「アメリカはフレンチフライをフリーダムフライに変えたんだって。しかも国会で法律まで作って」

「多国籍軍でアメリカに爆撃した方が平和に近づくだろうにな」（シーロム　怖いが言えてるかも）

「有料トイレを改装しやがって二バーツから三バーツになってるよ。小便の量同なじなのに」（ナナ地区）

「生なのによく食べれますねえ」

「君、刺身きらいなの？」

「日本料理の影響あんまりうけてないんで」（プーケットの日本レストランで）

「日本は何でジャパンていうんだろ？　タイはタイランドだろ」

「ニッポンだとパッポンみたいだし、企業名にニッポンて入ってるとそれだけで怪しいんだ。Jから始まるのはヨルダンと日本だけなんだから結構かっこいいよ」（スリウォン地区）

「タイ人はメールみんな英語で送ってるよ」

「日本人だけだろ、日本語は」（アソーク地区　九割方英語だ）

「近所のおじさん毎年五十歳だと言うんだ。生まれた年知らないのかねえ」

「ううん、スコールの日だったとか」（ディンデーンのアパート周辺　曜日は知っているはずだ）

「タイのマスコミがこんな激辛とは知らんかったわ」

「日本人に手厳しいやろ。数字は相変わらずでたらめやけど」（プロンポン地区　これカルチャーショ

ックあり）

「日本のお父さんは日曜は寝ていると聞きました。じゃあ庭のそうじはだれがするの？」（カオサン　白人と日本人の会話）

まだまだあるが、どんどん常識を超えていってもらいたい。

⑩不気味な日本大使館領事部

旅の最後にお金を落としてしまい、慌ててツーリストポリスへ駆け込み、要旨を言うと日本語を喋るタイ人女性が丁寧に質問しては二枚の書類を作ってくれた。これを持ってアソークのサーミットタワーの日本大使館へ行った。側に「赤門」という名の日本のレストランがあり、既に異様なエリートの雰囲気が漂ってる。エレベーターがわかりづらく、ちょうど場所を移転していたこともあり、四回もミスをしてやっと着いた。入口に金属探知機があり、そこを通ると防弾ガラス付き面接室での取調べである。この時点で邦人保護でないことがわかる。まっ先に「お金を建て替えることはできません」と言われた。パスポート同様、お金の再発行ができてこそ真の邦人保護だろう。カードを持ち合わせておらず、家に電話をかけるとオレオレ詐欺との勘違い。今日一日の生活費と交通費、出国税、合わせて千バーツもあれば日本に帰れるのにそれをプールして機密費にすることもない。代りに日本からの送金方法を喋り出すのだ。有名銀行の海外支店、無名銀行の海外精通組の説明。これは大使館の職員がやることではない。笑ってしまうのはパスポート送金というものなのだ。外務省をとおして送金する手段なのだが、たとえ送金されてきても職員がいつ銀行へ取りにいくか不規則なものですぐに渡せるかどうかと言い出し、外務大臣の承認がいるので数週間はかかるだと。初めにお金の建て替えはできないといっておいてそれまでの生活費をどうしろと言うのだろうか。ガイドブックに載っていないはずだ。

一連の説明がおわると次にこう言う。「不法就労をやると日本のタイ人がそうなるように捕まります。いや、いっそ捕まった方が強制送還されて帰国することはできます。これはパスポート、お金がなくても可能なんですが、ただ一つだけリスクもあって、二度とタイに来れないことになるんです」こんな人にも子どもはいるのだ。千バーツ立て替えてくれたら一連の話は不要である。

最後に僕の落とした額をみて職員はフシギそうな顔をする。

「クレジットを持っていないし、こんな少額しか持っていないんだったら、もし病気になったらずっと退院できないじゃないですか」

まるで大金を落とせと言わんばかりである。呆れて「海外傷害保険に入ってます」という一言を言い忘れてしまった。ふつう、「被害が少なくてよかったですね」の一言があってもいいくらいなのだ。

この人も学生の頃なら「オレ今日、電車の中に財布忘れちゃって大変な目に遭ったんだ」といった会話もしていたと思うが、いつから魔法をかけられてしまったのだろうか。

そして今日も前例のある店へ出掛け、粛々《しゅくしゅく》と女遊びをしているのだろうか。

⑪自然にかえる

日本でやらなかったことをバンコクへ来て何かとやりだした。日本にいたときならタバコの箱が空になると丸めて握りつぶして捨てていたが、こちらに来ると空箱に一本一本ためていきたくなってくるのだ。物乞いの真似といえば大げさだが親近感のあるお国柄と風土がこんなことでもさせてしまう。周りの白人達に「一本ちょうだい」とねだり、集めて一箱つくっていく。白人の場合、嫌な顔はしないが日本人の場合これをやると皆渋い顔をする。日本の風土になじまないのだろうか。

しかしこの渋い顔をする日本人をみていると僕は彼らの島国根性が崩壊していく瞬間をみているようで気持ちがいい。男性は嫌そうに「はい」と一本差し出し、女性は「メンソールですけどいいですか?」とささやかな抵抗をする。それでも、たかがタバコ一本もやれないけちくさい人間と思われたくもないのか皆一本を差し出すのだ。同じ日本人に言われたため、彼らの渋い顔は倍化するのだが、こちらにしてみれば自分の考え方や行動が自然に戻っていくような愉快さがある。

ファーストフード店で半分も残っているフレンチポテトの後始末をしたこともある。もともとポテトチップス同様つまんで食べるこの類のものは先に誰が食べていても気にならない。屋台では銀の容器に残っていた氷のみを頂いて自分のペットボトルに入れ、ぬるくなった水を冷やして飲んだりもした。食べ物飲み物のリサイクルをしているようなこの気分は一度今までの常識から離れないと出来ないのではないかと思う。

自然にかえるとタイ人をみるときでさえ、彼らがヨーロッパ的に見えてくる。日本人観光客がふえ、がさつな行動が目につくのと正反対にタイ人たちのレディファーストが息づいている姿や後の人を気にしつつドアを開ける優しさ、音をたてず食事をする気遣い、喫煙に神経質でサッカーが人気スポーツといったヨーロッパ調思考でみてしまうのだ。

タイは欧州の支配を受けたことはないといった野暮な話はしたくない。ラテン系の大阪人がいつラテン国の支配下にあったのかと。人間は怖らくアジア的部分と欧米的部分の二つを皆持っているのではないかと考えるようになった。

一度タイから離れてブローニュの森やウイーンのホイリゲへ向かってみたくなる。

「どこかルンピニー公園やランブトリー通りに似ているなあ」

といったセリフが出てきそうなのだ。

タイ人にはヨーロッパ的、アメリカ的、アジア的、と各々な共通項がある強みに対して日本人には日本的といった一概念で他の風土を排斥する。しかもそれが本当に日本的かどうかも怪しいのだ。

今はやりの内部告発であっても、欧米的な考え方なら不正をやる上層部をゆすって金をせびることだってあるだろう。怪文書で告発し、事態が明らかになっても告発者は現れず、解決を見守り、人知れず去っていくヒーロー像はまさに日本的なのだ。しかし内部告発は日本的ではないと日本的らしい人が言う。

怖らく日本的なものを含んだ欧米的なものであってもそれを日本的ではないと拒絶してきたのであろう。

タイ人のレディファーストぶりから僕はそんなことを考えつつ、どんどん自然な思考へかえっていく。

⑫チップ

チップを払うことをタイにいると忘れてしまう。他の国ほど要求されないからだろう。

しかし、高級レストランやホテルでは置いて帰る客が多いし、マッサージ師に渡すのは一般化しているので、チップのいる国と考えている。

ただ、ここでいつも変に感じるのが風俗嬢に手渡すチップである。その手の本には丁寧にチップのいる店・いらない店と分けて紹介してある。確かにその通りなのだろうが、

「あの店チップいらなかったからラッキーだった」

という言葉をきくと本当にそういうものなのかと考えてしまう。例えば女性の値を少し下げてくれというと店員は自分のポケットを指さして「二百バーツ突っ込め」と答える。店とは別に個人取引が存在しているこの社会を考えるとたとえチップ不要の店であっても女性に対して全くチップを支払わないで帰れば日本人はケチくさいと言われてしまうのではないだろうか。金とまでいかなくても何かのプレゼントくらいはあっていいかもしれないと反省してしまうのだ。

日本の若者にタイのエロ本をみせるといとも簡単に「こんなものネット上にいっぱいあふれてますから」と言うのだが、これをタイ人の何でも買い取り屋にみせるとその驚き方は尋常ではない。

「アナタはヤクザですか。念のためにパスポートをみせて下さい。しかしこれを家に持って帰ったら嫁さんに叱られるから……」

とあたふたする。

この温度差を知っておかないとチップ不要の店はいつまでもチップ不要の店でしかないだろう。「個人」という意識を持とうとしない日本人の特徴があの、

「この店はチップいりませんから」

によく表れていると思うのだ。

⑬広告の風景

サーヤムのマクドナルドで食事をしていたときのことである。何分経っても持ってこないフィレオフィッシュセットを自分の方から取りに行き、ああできてますよと当たり前のように言われ、サービス業の何たるかがわかっていない店員から渡された食事を外のテラス席で食べていたときのことだ。突然僕の席の隣にタイ人の若い男性が腰掛けたのだ。ふつうタイ人でも欧米人でもアラブ人でも一声かけて「空いてますか」とか、「椅子もらっていい?」とか尋ねるのに何にもなしで僕のすぐ隣に座るのだ。

「嫌な奴だ」

と思い、よくみてみると、この男のうしろに女性がいて男の髪をセットし始めている。右前方をみると銀色のアクリル板が立っていてカメラマンもいる。つまり僕のすぐ側でCMの撮影が始まろうとしているのだ。サーヤムでよく胸に名札を付けて放送機材を持って走り回っている人たちはみかけるし、サーヤムディスカバリーの隣の広場では週末コンサートもやっているからうるさいことには馴れていたが、いきなり目の前で撮影が始まると驚いてしまう。

あれはタイのドッキリカメラだったのか、それとも本物?「少し席を外してもらえませんか」の一言もなく、こちらではいきなり始まるのだろうか。僕は耐えられず途中で自分から席を立ってしまったから真相はわからない。これとは逆に日本語学校のCMに出ていたモデルに話しかけられたこともある。

タイの広告も日本人からみると意外なものが多い。サーヤム駅に出ているMKの広告が奇妙なのだ。タイ好きの中には「MKが値下げした」ときいて「えっタイスキが」と言う人がいるが、そう、これはタイスキの方である。

家族六人、じいさん、ばあさん、お父さん、お母さん、子どもたちがタイスキを食べながら、おいしいといった顔をしているものだ。しかしフシギなのはヨコ一列に並んでいて全員がカメラ目線で写っていることである。

「これは日本ならもっともヘタクソな写真の撮り方ではなかったのか……」

日本のスキヤキの広告なら卓を人が囲むようにしてヨコから撮るというものが一般的だ。これはひょっとしてタイ人ならではの微笑を特徴づけるためにわざとこうしているのだろうか。

ハミガキの広告も日本と感性が逆なのだ。日本なら「芸能人は歯が命」といったように美男美女は歯も白くて美しいといった顔と歯をセットとして見せるだろう。しかしこちらは歯と口の部分だけを出して他がない。バックは真っ黒にした上でそれを引きたてているのだ。これにもしコピーを付けるなら、

「歯が美しければブスでもいい」

といったところか。BTSの車内のガラスに貼り付けられた、写真の人が座席の人に語りかけるような遊び心の広告やお互いの顔を見つめ合う広告などはストレートでおもしろかった。トイレの中でネットで買物をする広告はタイ感覚というよりアメリカ的でおもしろ味を感じない。写っているのも白人女性だ。モデルと言い難いタイ人の方が日本人にはおもしろい。女性の吸っているタバコの煙を男性が嫌がる広告も日本と力関係が反対で味があったと思う。

蛇足になるがタイスキはスキヤキをヒントに作られ、初めは人気がなかったのだが、店にクーラーを入れてから爆発的にヒットしたのだという。うちが先輩だったのだ。だがこの手のタイ人感覚だけは日本と違い、独特のものがある。

タイでの愚痴

①置屋

「置屋へ行ってきたぞ」と楽し気に話す奴の馬鹿でかい声でトーストを床にひっくり返してしまった。こんな古めかしい言葉を若い奴が喜んで使ってる社会をアジア的と呼んでいいのかどうか。

これ大阪でいえば「売春喫茶」あたりでいいと思うがヤワラートの冷気茶室がエイズに壊滅したことからいくとその他のエリアに行ったということか？　その道を知らないものだから事情はわからない。

風俗のカタカナ化は後ろめたさが消えてかえって醜い。キャバレーがキャバクラにピンサロがヘルス・イメクラに分解していき、より綺麗なカタカナになった。トルコ風呂は漢字の入ってる分、大人になってやましい経験が初めてできるといった忍耐のことばでもあったのだ。しかし彼らは「置屋」を「イメクラ」として使っている。置屋ときけば人身御供として売り買いされている少女が暇があれば神を呪っているといった世界を考えてしまうが彼らが使う「置屋でだべっていた」から連想すると「女のいる自習室」といった感じであり、雀荘へいく感じで売春喫茶へいき、マンガを読む感覚でＳＥＸもするということか。ネパールの少女がインドに売られてきて岩を掘り抜いたような売春窟で働いていても彼らは「冷んやりしてマニアック」と言ってしまいそうである。

「ねんごろっちゃって」といった表現で置屋へいってくれれば漢字のいやらしさやカタカナの無臭性ともちがった彼らなりのアジアらしさが出るのかもしれない。

②建前と本音

友人が言う。「日本も欧米の植民地になっていれば今ごろ英語がペラペラ喋れていただろうし、英語習得にかかった費用を国に賠償請求しようか」と。これこそ自虐史観だろう。本来スリ替えに使うものではないと思う

外国に来ると本音と建前、あるいは客観性に敏感になってしまう。世界の惨状がバンコクでみるとより近くで起こっているといった感じ方になり日本人としては「お可哀そうに」ということばが出る。しかし漸くするとこのことばは打ち消され、「戦争したいのはこっちの方だ」と喉まで出そうになる。いつまでたっても人間的社会と統制的社会をつくりたいものが言い争っているわけだし、高度成長がなかったら新関ヶ原の戦いとでもいうべき内戦が起こっていてもフシギではない。自爆テロも少年少女兵洗脳も日本が元祖というと叱られるだろうか。

有事法制が整いつつあった裏でテレビがデヴィ夫人と野村夫人のバトルをやっていたように、テレビが国会と世論の分断作業として機能しているのかと思ったほどだ。歌をみてもそうで、アメリカの歌手がイラク空爆反対の団結をしているときに、日本でヒットしていた曲が「くず」の「生きていることって素晴らしい」というように時代ともリンクしていない。「世界に一つだけの花」は癒しソングといったものであるし。

後にお婆さんになったミニモニは語るのではないか。

「あの頃の私たちは馬鹿でした。やけに陽気な歌ばかりをうたわされたのです。世間では自殺者があふれ危険思想もあふれていたのにです。後に国家騒乱罪で処刑されたプロデューサーのつんくさんや井上陽水さん、桑田佳佑さん。国家反逆罪に問われた忌野清志郎さん、非戦を訴え日本国籍をハク奪されたままの坂本龍一さん。みな国民総徴兵制づくりの邪魔ものとして国家に裏切られたのです。恐らく指揮したのは当時の関東軍参謀、石原……ああ慎太郎、あれにちがいありません。ヒトラー然り、芸術を愛する政治家は怪しかったのです。コイズミもそうですが我々はやはりあのとき反戦のメッセージを歌として伝えなければいけなかったのでしょう」

などと。

③気分の悪い穴場ホテル

「こういう旅をしなさい」と言われなくなった分良い時代になったと思い、上質ホテルから徐々にランクをおとし帰国時には金がなくなり、そうせざるをえない状況に追い込んでいく。同時にホテルの掘り出し物を楽しみにする。

スクンビットで安ホテルを探すとおもしろい。ナナプラザのソイ4を奥へ進むと穴場的ホテルが出てくる。「HAPPY INN」「ホワイトイン」「ワラブリーゲストハウス」と。スワンインというのがなかでも小綺麗だ。五百バーツでベッド・机・シャワー・TV・クーラーが付いていて全てが新品だった。ただ、部屋の感じはいいのだが下のバーからの音楽は真夜中まで響いている。白人がタイ男性を連れ込み、アラブ人がギャアギャア騒ぎ、シャワーがスコールで止まり、泡立った頭をミネラルウォーターとコーラで洗いおとすはめになる。「にライクリーニング」の看板の間抜けさがこんな形で出てくるのだ。

「にライクリーニング」はもう一つある。スクンビットのソイ3の①とソイ5に挟まれたエリア近くだったと思う。ここのサハラバンコクインも前のミドルイーストバンコク同様に僕の気に入ってるホテルだ。レセプションにもエレベーターにも仏語表示。黒人でも仏語系の利用が多く、白人三割に対して黒人七割くらい。黒人街では当たり前のパスポート預りは貴重品入りのカバンがもはや体の一部になっている自分にはつらい。泊まる前日に六百バーツと確かめてから当日チェックインしに行くと五百五十バーツとちがう担当者が言う。夜中にはブロンクス界のような黒人オバさん同士のけんかの声がけたたましくしてくる異国情緒がある。

ソイ3のホリディパレスも捨て難い。六百バーツ支払って部屋へ入ると異様な光景がそこにはあった。部屋の中央のダブルベッドの両端に入口側には子ども用の布団が敷かれ窓側にはプールサイドによくある白いプラスチック椅子とガラステーブル。このアンバランスな取り合せを独り占めできる楽しさはない。引き出しの中にまで落書きがしてあり〝オレは昔アカだった〟〝パキスタンに三ヵ月住んだがビンラディン見かけず〟などと。夜中に外の電盤が破裂し、けたたましい音がつづき、外出すると黒人にメールアドレスを教えてくれと付きまとわれる。夜中にチェックアウトするとフロントが「すいませんが、お金、返せません」と要求もしてないのに詫びてくれる。

シーロム、ナイアガラホテルもマイアミホテル以上の気分のわるさを満喫できる。部屋はわるくはないしバスタブ付きで六百バーツだが、前の宿泊客が残していった髭剃り跡の毛が洗面所一面におちている。遺体の切断でもあったのだろうかと出たためしもない幽霊を気にして眠ることとなる。

チットロム、ＶＩＰゲストハウスでシック症候群にかかりそうなペンキの臭いに悩み、サマーセットホテルでデジタルスイッチ式ホテルに泊り、停電だと気付かず不馴れな自分を恨み、それでもまた穴場ホテルを探す楽しみを求めてしまう。

英語への努力

バンコクでタイ語と英語の両方いっぺんに学びたいといった考え方はしない方がいい。物理的に不可能だし、僕のように楽な方へ流れる人間では絶対ムリである。初めて外国へ行けば「トイレはどこですか」と英語できくがトイレの場所がわかってしまうと二回目からはそのままトイレへ直行しその会話は使わなくなる。つまり英語を使わない努力をしてしまう。また使わない努力とまでいかなくとも日本人の場合短くする努力はする。ゲストハウスのネットカフェでガチャガチャとタイピストをやっていると日本人三人組が入ってきて〝使わせてくれないか〟と覚えたての英語で話してくる。すると主人は原稿用紙五行分もの言葉を返していた。シンガポール人であり母国語なのだが「使わせてくれ」に対して何で五行分の言葉がいるのか僕にはわからない。日本人がせっかく英語を覚えて喋っているのに向こうは短く答える努力をしない。従って貸してくれないと考え三人は出ていった。外国人は長文好きなのかと思ってしまうのだ。このへんの摑みどころのなさから「うなぎ会話」と呼んでいるのだが。

シンガポール人というと数字の3が日本式では通じない。上唇に舌をつけるというマジシャンの種づくりのようなことをするらしいのだ。アメリカ人が「イチロー」を「チチロー」と発音していたら我々は「アメリカではイチローはチチローである」と学ぶのだが彼らはそういうことをしないので「3」は全く通じない。シンガポールへ行く際はあらかじめ日本からホテル予約をして絶対通じる八十五号室を頼んでおくのがいい。ただし声が大きく息継ぎをせずまくしたてて喋る彼らには行ってから対策を立てたい。

このように英語の問題には器用な日本人とそうでない外国人といった壁が一つあると思う。これが顕著に出るのは意外にもコーヒーの注文の仕方である。日本でコーヒーを注文するときにはミルクが付いてくるし、テーブルにはサトウも備え付けられている。店員に「ミルクは入れますか」ときかれ日本人の頭が一瞬パニックを起こすのはこのためで、詳しく説明するならこうだろう。①ブラックコーヒー②ブラック＋ミルク　③ブラック＋ミルク＋サトウ　④ブラック＋サトウの全4パターンを瞬時に思い浮かべ即座に三つを消却する組織型思考にあると思うのだ。個人主義型思考の外国で日本人はたかがコーヒー一杯たのむときでさえ、個人対組織をやっているわけであり、ミルクが雪印であればさらにこれが明確となる。日本人の多くが言葉につまり間があいてしまうのはこのためではないかと考えている。この間のあく一瞬が好きになれず結局日本レストランへ通いつめることになるのだが、こちらはこちらでエアコンの効きがわるく重いテーブルや椅子に悪戦苦闘してやれやれとメニューを見開くと上にぎり盛り合せの値段に白いシールが貼られていての隠ぺい工作。ここでまた個人対組織をやることになるのである。

また英語に関して問題なのは、英語を喋ると途端にその人が賢くみえてしまう難点である。英語を喋るというただ一点により人間の品性を保っている長野智子のような人物に日本人というのは本来弱いのだ。まして日本女性が英語の上達とともにキツネ顔になると男性はなお弱い。アホの坂田が日本語を喋っているからといって「彼はアホではない」と弁証する者がいたらそれこそ本当のアホになってしまうし。

この英語を喋ることで賢くみえることとの正反対に存在するものがバンコクにおいての学のない職業の人たちの英語というものだろう。タクシー運転手が交渉のときに使う、

「HOW　MUCH　YOU　PAY?」

トゥクトゥク運転手のよく使う

「WHERE　YOU　GO?」

などである。ともに助動詞DOが抜けていて文法にはなっていないのだが意味は通じてしまうのだ。しかも自信を持って話しかけてくる。ここで賢こくみえない英語というジャンルを専門家に切り開いてもらいたいのである。

次に日本人にとって英語の厄介さはたとえ通じたとしても気持ちの満足度とは一致していないといった点である。たとえば週刊誌を買いたいとする。もちろんこれは「ウイークリーマガジン」である。しかしウイークリーマガジンではバイク雑誌か園芸雑誌のようでもあり日本のどろどろした人間模様の週刊誌という感じではない。「サンデー毎日」をエブリデーサンデーと発音して間違って通じてしまったような違和感は「ニューズウイーク」と発音して「NEWS　WEEK」を手にしたときとは明らかな満足度のちがいというものがある。まして「ヘアーヌード袋とじお楽しみ号」などという英語がわからないために週刊誌を手にしてもこの世に存在していてはいけないものを手にした気分になるのだ。言葉の一致は気持ちの一致ではない。これは通訳でもよく起きる。

「今日残業があるかもしれません」と伝えた場合、日本人なら全員が残りタイ人なら全員帰るといった具合に。英語に気持ちを込めるのは本当にむずかしい。

最後に挙げたいのは英語の練習本である。特に海外旅行ポケット本のようなものだ。これがターゲットの絞り込みがよくできていないのだ。高級ホテルでの英語なら「お湯が出ない」でいいが中級ホテルでなら、「お湯の蛇口から水が出て水の蛇口からお湯が出ます」だろうし、安ホテルなら「お湯と水がいっしょに出ます」ゲストハウスなら「湯沸し器が付いているのに蛇口が見あたりません」となるが「お湯が出ない」しか載せようとしない。「部屋に爆発物が仕掛けられています」といったフレーズもなく、へたに「I　AM　BOMB」とか「I　HAVE　BOMB」とか言ってしまうとタイポリスは逮捕してしまう。とっさの一言には予期しない事例をとり上げるのだが、〝オカマに玉を握られた〟とか〝ゾウのハナで叩かれた〟とか〝上からブロックがおちてきた〟とか〝管理人が部屋の貴重品を荒している〟とか〝早朝のチェックイン時にフロントが説明しながら眠ってしまった〟といったごく一般的バンコクでの予期せぬ出来事は想定されていない。

①外国人の不器用さの克服
②個人VS組織の克服
③賢く見えない英語への克服
④気持ちの一致に近づける克服
⑤階級別英語本の克服

僕はこれらにたどりついたのだ。もっともこんなことを考える者は外国語自体が向いていないのだろうし、パリ空港で〝トイレ〟を〝WC！〟と叫ぶオバさんレベルなのだろうけど。

白人

バンコクで白人にこだわるというのを自分の姿勢にしている。何しろその生態が本国ではやらないことをやっているようでおもしろい。

ネットカフェでもいつも側にいるタイ女性にちょっかいを出していたり、その集中力の欠如というと中学生並みであるし、「DVDを買うかVCDを買うか」といった程度の話を一〇分もつづけていたりしてBVDの下着に憧れた世代としては呆れてしまうのだ。しかしどこかおもしろい。ゲストハウスの入口のカフェでコーヒーをすすっていても僕の目の前でいきなりストレッチを始める者、持参したコーヒーミルで宿に設置されている紅茶入れから勝手に汲んで持っていく者やら、水のペットボトルを三本も買っていく者やらと日本人の行動の外にある行動を見たといった気分になるのだ。日本人で一度だけ「アジアの防衛戦略」といった本を読んでいる若者を見たがそれ以外はどれも画一的に感じてしまう。ランニング一つしている日本人を見かけないのだ。この暑苦しいバンコクでランニングをすることの是非などよりも昼間のペップリー通りをひたすら走るランニングシャツの白人男性にフィットネスクラブやマッサージやセラピーへ行って金を使うことで行動してしまう日本人との違いを見るのである。余裕の違いとでも言うのだろうか。お金の有る無しでも位の有る無しでもなく、品格から感じ取れる余裕というものである。例えばカフェでタイ人女性とビールを飲んでいる白人男性がいたとしてそこへ花売りの子どもがやってくる。男性にしてみれば花などもちろんいらない。しかし彼は必ず一言「いる?」と女性に尋ねてみるのだ。女性が「いらない」と言えば、いらない。女性が「欲しい」といえば花代くらい出してやるといったふうに決して日本人のやるような一人で決めてしまうことをしない。

「うす汚ない子どもだなあ。あ、コーヒーやるよ、ほら」

といった具合ではない。高い物を買う必要などさらさらないが余裕がないといった差が品格の狭量さに表れてしまっている。

もちろんこれとは反対に酔っ払って上半身裸で歩いていたり女性を店内で追いかけていたりする白人はいる。しかしこちらは日本人でも同様のがいて、ラーメン屋で厨房の中まで女の子を追っかけていった者もいたくらいだ。「うちの国にそんな人はいません」といった外国人の決めゼリフ、これを日本人が使えないというのが致命傷なのだ。本当はこのセリフこそ「日本人で戦争をしたい人なんていません」と使い、外国人が越えられない日本人のアイデンティティにしなければならなかったのだが。

最近経験したことではこんなものがあった。ゲストハウスの入口片隅でタイ人従業員が大声でキャアキャアと歓声をあげているのだ。何かと思ったらこういうことだ。ドイツ人の男性宿泊客がアメリカへ寄ってからドイツへ帰るといい。アメリカに一人だけ連れていってやろうというのだ。そしてくじ引きでアメリカ旅行に当った女性が大喜びしていたのである。僕は冗談だろうと思って見ていたのだがしばらくしてその女性が荷物をまとめて上から降りてきたので驚いてしまった。ゲストハウスでの仕事はしばらく休みにするのかそのままやってきたタクシーに乗り込んで行ってしまった。「異人さんに連れられて行っちゃった」ではなく、「異人さんに連いて行けちゃった」である。旅行期間の短い日本人にとってどこかの国を経由して帰るということはふつうやらないし、経由したとしても一泊だけか飛行場に立ち寄るだけだろう。こういうシーンをみるとどこか微笑ましく、「微笑みの国」だけではなく、「微笑ましい国」という気持ちも生まれてくる。

この翌日にはまた別の経験をした。真昼間に路上で雑誌売りの若い女性が椅子に腰かけてボーとしていた。するとその真ん前のオープンテラスでビールを飲んでいた白人が近寄ってきて「一緒にコーヒーでも飲もう」と誘い、前のテーブルまで連れていったのだ。客が来ればすぐ戻ればいいということだろう。しかし白人社会ならセクハラにも厳しいわけだし、本国ではやらないことを平気でしているのだ。そしてしばらくすると女性はまた店に戻っていき、翌日も椅子に腰かけボーとしているのである。執こくつきまとってもいないのだ。日本人の経験談によくあるどこどこの女が良かったという話より、常軌を逸している白人行動に僕はどこかくすぐられてしまう。女性を風景として演出したような。

それにしてもタイ人がもう少し美人であれば僕もこういったナンパ目的ではない常軌の逸し方がやりたいのだが残念なことにタイ人女性を美人だと思ったことが一度もない。スタイルはいい。しかし白人との間に生れた女性か北部出身者でなければ滅多に美しいと思ったことがないのだ。トップモデルになるとその姿がオカマに見えて仕方なく、つい先日夜道で金玉を握り潰されかけポケットの中の紙幣をスラれた経験からもオカマ的美人は怖くて近寄れない。チュラロンコン大学の女子大生の黒のスカートは魅惑的だが顔を見るとこれもパッとしない。日本でいうなら煮すぎたイモのような顔の女性がただ十六歳といった理由だけでセーラー服を着てしまった間違いとでもいうのだろうか。王室でもエリート家庭でもタイ人同士が結婚し血が濃くなるほどブス化していく。逆に外国人が間に入ると途端に可愛い子が生まれてくる。日本人同士が結婚してもそう激しくブス化していくことはないがタイ人女性の場合何やらブス化スピードが早いような気がしていて、もうこれ以上ブス化してはならないとドクターストップが入ると「そうだ白人を挟もう」といった具合に白人が利用されている。シャケのオスが精子を手あたり次第にふりまいてそのまま死んでいくようにタイ人女性は白人用フェロモンをふりまいて子孫のためのブス化阻止策を個人でやっているのではないだろうか。従って白人と結婚することをうらやましいと言うのはおかしい。外国でボランティアをした人は日本でしている人より偉いというような論理である。タイ女性たちの「白人挟み」は美ぼうを引き継いでいく本能的な刷り込み現象であり、貧乏脱出でもあると僕はみている。

僕はタニヤ通りを歩くときだけは白人に憧れる。この通りでは白人は入店できず全くのムシである。この通りでは「刷り込み」は起こらない。しかしこれが歩く僕に代用され、素通りすると女性たちから突如タイ語で「アホバカ」と罵声を浴びせられる。「今日ドコ行きますか」「ドコホテル泊ってます?」と散散聞かれるこの通りで一度ムシされる白人気分を味わいたい。

エゴイズムのない社会

バンコクのコンビニに入ると日本のそれと違うことに気がつく。店はセブンイレブンであり、ファミリーマートであるのだが店に客が来ると必ず店員たちは「いらっしゃいませ」と一声かけるのだ。つまりコンビニではなく彼らはコンビニ屋さんとして働いているのだと思う。もちろんサービスは悪い。デザートを買ってもスプーンをつけ忘れたり、箱入りジュースにストローが付いていなかったり、フタが空転して右へも左へも永遠に回りつづけるリポビタンDなど在庫管理も甘いのは言うまでもない。しかし日本のように店員がムスッとはしていない。客にけんか腰のアルバイトもいない。無人コンビニは日本でも不評で、やはり店員とのやりとりは必要だったのだろう。しかしバンコクではパン屋やケーキ屋として接しなければならず、コンビニだから無愛想でいいというのは店員にも客にも許されてはいないのだ。

白人客が鼻をかむ為にティッシュを買おうとしたことがあった。そして「クリネッシュ」と発音したのだ。「クリネ」と聞いた途端、レジの二人は仕事を放り出して爆笑していた。さぞおもしろいタイ語だったのだろうか。（こういうタイ語はないと聞いたが）コンビニで笑い転げるのはタイ人ならではで、パン屋さん、ケーキ屋さんといった庶民とのキョリをもつ。銀座○○堂のパンでもなく、創本家○○屋のまんじゅうでもない親しみやすさをコンビニ店員が発生させているのである。

コンビニやファーストフードが社会を荒廃させているというのは食に関してはあるかもしれないが対人関係としてはあくまで使い方しだいだろう。日本人が律儀に考えすぎているところもある。アメリカ人の場合、店内のアイスクリームを食べながらレジで精算する者がいるが、日本の万引き犯で商品を食べて証拠隠滅を図る者はいないのだ。従って老人が納豆や酢コンブをポケットから出し係員に咎められている映像は痛々しい。

コンビニから感じるエゴイズムのなさはインド人コンビニで決定的なものとなった。僕はマイルドセブンを一つ買ったのだが何とその店は五十四バーツだったのだ。コンビニではどこで買っても五十五バーツ（現六〇バーツ）だったのに。しかしこの店は割引きセールのようなものをやっていて、うちは他店よりも一バーツ安いとアピールしていたのだ。しかもタイ人のバイトの計算まちがいをインド人主人が注意していて「主」「従」が反対。この店内の空間だけは「ここはインド？」といったものになっていた。「オレは客だ」といったエゴイズムもバンコクではしぼんでしまう。

若者のエゴイズムより老人のエゴイズムはもう一つ厄介なものがあると思う。例えば若者がお寺でガイドのアルバイトをしたとする。すると老人たちは口々に言い出すのだ。

「あの若者は仏様を彼と言っていた。私の旅の思い出に汚点を残すものとなった」

と。老人の距離感と若者の距離感が別々に存在し、「仏」は常に雲の上のものでなければいけないことになる。僕はタイ人は「仏」を「彼」として接しているのだと思っている。これこそがコンビニをコンビニ屋さんにしてしまうこの国のパワーの源ではないかと思うのだ。自称ガイドが高額な料金を請求してくることを思えばここでは老人のエゴイズムも潰されてしまう。

ファッションにもこのことがいえると思う。例えば僕が破れて膝がみえているジーパンをはいて歩いたとする。すると路地の片隅でボロいミシン機で作業をしていたバアさんは手招きをする。

「縫って、きれいにしてやるからおいで」

と。こちらが破れたジーパンをファッションと考えていたとしてもあちらは破れたジーパンは破れたジーパンでしかないのだ。そういえばバンコクの人々をみていて建設現場で働いている人以外で破れたズボンで歩いている人など見かけない。たとえ安物で薄汚なくても破れてはいけないのだ。

日本で流行した厚底靴はビルディングシューズで定着し、ルーズソックスや顔グロは総称してエゴイストファッションと呼ばれている。一度だけタイ人の女性で厚底靴をはいている人をみたことはあるがそれ一回きりとなった。このようにこの国では「仏」を「彼」にしても「破れたジーパン」を「ファッション」にはしないといった人間としての尊厳に近いものがあるような気がするのである。

但しこれがポルノになると実にいいかげんなのだ。児童買春こそ取締りがあるがそもそも買春が悪いとは思っていない様子である。懺悔《ザンゲ》すれば罪が許されるといったことや、親に仕送りするとそれが功徳になるといった仏教観から、ここでは「仏」が売春斡旋《アッセン》の役割も果たしてしまっている。たまに日本人がタイ女性に「こういうことはいけないことだよ」と悟しているのを耳にするとこそばゆい。彼女たちは口をポカンとあけて、「今日から右手が左手で左手が右手なのだ」と言われたような顔でどうにもわかった様子がない。実の所、僕にもこの辺をどうしていいのかよくわからない。唯一わかるとすればタイでの雑誌のポルノ規制である。しかしここでもエゴイズムを感じないヌードの切り取りをやっている。リオのカーニバルの写真なら胸がポロポロ出ていてもカットされない。つまりお祭りの写真という理由だ。日本にAV祭りがあったらどうするのだろうかと考えるがそれはさておき、ふつうのヌードであっても見えそうで見えないものや水着でも健康的であればいいとの感もありそうだ。ちなみにイスラム社会では歌の振り付けでもスポーツ的は良し、艶めかしいとダメとの基準があり、よくイスラムからベリーダンスが生まれたものだと思ってしまうがナヨナヨとしたタイ人からムエタイが生まれたことを考えるとこういう意外性はあるのだろう。

ところで「五月みどり五十代のヌード」というページの一枚目、森林を散策している写真とその裏のロッキングチェアに腰かけている写真はあるのだがその先が切り取られて、ない。これは何ともカットする側のエゴを感じる。「五月みどり五十代のヌード」を「五月みどり五十代の散歩」にしてやったぞとの。

バンコクを歩いているといつも「アナタ」と客引きに声をかけられ足が止まってしまい彼らの思う壺になりかける。この「アナタ」は日本ではサバーイ的なことばではない。親しい仲なら名前で呼ぶか二人称省略かだ。アナタが使われるのは警察の尋問か議論でアナタはどう思いますかと聞くときか偉そうな役人に「アナタこれ本籍ちがってますね」と言われるときか、夫が妻に叱られるときか、とにかくサバーイではないケースが多い。

サバーイのタイ人にマイサバーイな「アナタ」で呼び止められるのだから気分もわるい。一人称が様々あるのに対して二人称が発達していないのは何故だろう。外国でよくあるニックネームも浸透していない。昔の「貴様」や「お主」などといったことばは文語のようであるし、会社ことばの「田中様がお見えになられました」も文語のようである。口語なら「御田中さんが来ました」と言ってくれた方がわかりやすい。日本人の二人称未発達の弱点をことごとく外国人に突かれているようで「アナタ」と呼ばれると僕は気が沈んでしまう。

しかも日本語の厄介なことは発音がどうであれ通じてしまうということなのだ。「トッキョウエキドコデスカ」でも通じるのだ。従って子どものようなタクシー運転手に「オンナミルミル、ミルミルオンナ」と言われてもその意味する所がわかってしまうのだ。「ＬＡＤＹ」と「ＳＥＥ」では英語だと意味を成さないし、日本語は外国人にダマされるための言語かと思ってしまうほどだ。

また、これに輪をかけるのが日本に存在せず外国には存在している会話である。例えばお金を両替するときに「内訳はどうしましょう」という会話がある。ＨＯＷ　ＷＯＵＬＤ　ＹＯＵ　ＬＩＫＥ　ＴＨＥ　ＭＯＮＥＹ?」タイでなら「ＨＯＷ　ＭＡＮＹ?」というと思うが、これが日本ではありえない。一万円を両替するのであれば五千円札一枚と千円札五枚かもしくは千円札十枚に決まっているからだ。仮に千円を百円玉に替えてほしくてもその場で会話には登場させない。これは自販機でタバコでも買って自分で小銭にしてしまうからである。従って日本人にとって「内訳はどうしましょう」といった会話は言葉以前の壁として登場する。この言葉以前の壁は刺身を食べたあとの「コーヒーは?」にもあるし、一流ホテルや一流銀行の「コンピュータがダウンしましたので漸くお待ち下さい」にもあるし、わずか少額の札で買物をして「お釣りがありません」にもある。きょとんとしている日本人の顔にはことばが通じないそれではなく、日本で存在しないことが存在していたといった驚きが伺える。ホテルの内での出来事となると日本で存在しないことだらけとなる。

「アリが出ます」「イモリがへバリついてます」「バスタブの栓がありません」「どっちに蛇口をひねってもシャワーになります」「お化けが出ます」「メイドがお菓子を食べてしまってます」などと。さらにバンコクではこれに追い打ちをかけるものに英語が通じず日本語が通じてしまうというものがある。日本レストランで「ジャパニーズティ」と飲みものを注文すると女性従業員は泣きそうな顔で奥から別の従業員の袖を引っ張り連れてくる。

「この人さっきから変なことば使ってる。聞いてやって」

といった顔だ。呆れて「お茶」と言うと最初の従業員が馬鹿にする。

「なんだお茶か。それだったら初めからお茶といえばいいのに何で変なことばを使うんだ」

といった具合に。まるでスワヒリ語かタガログ語を使ったかのように「ジャパニーズティ」といった僕を批判する。日本人オーナーがタイ人と同盟を組み、「お茶」を教えこんだことにより、僕の「ジャパニーズティ」はタガログ語以下のマイナー言語に成り下がってしまったのである。

このように日本人の前に立ちはだかる言葉以前の壁は思いの他高い。もちろん日本にのみ存在する会話もあるがもっぱらこっちは行政手続きに関する煩雑さや、「電車が五分おくれて誠に申し訳ございません」といった社会に融通性がないことから生まれてくる会話になっていて、日本は特別なのだといった考えに根ざしたものが多い。よってこのような社会から外国へ飛び出すと一つの事しか考えない思考力がじゃまになる。店で電池を買おうと英語で何というのか必死で考える。するとうしろの者が「パナソニック！」と助け舟を出してくれ恥ずかしい思いをするのだ。

タイ人の電話の出方を見ていると「ハロオ」と先ず英語が出て、そのあとタイ語で話し出す。初め英語が喋れるのかと思ってしまうがそうではなく「ハロー」に相当することばがないために「ハロオ」で代用しているだけなのだ。日本にはカタカナという文化があったにもかかわらず「ハロー」を「ハロオ」にせず「もしもし」に代用したのだから、僕は日本人と外国語、もしくはその前の壁を高くしたのはこの「もしもし」を作った人物に違いないと考えている。この人物が電話会社の者であればこんな人物に国際電話を支配されているのかと唖然とする。外国人に「もしもしとは何ですか」と尋ねられ「ＩＴ

MEANS NOTHING」と答える我々は〝パナソニック〟を〝電池電池〟と繰り返すバカオウムのような悲しさがあるのである。

僕はここを吹っとばすには日本人側がハッタリをかましていけばどうかと思うのだ。

例えばタイ人向け日本語教科書には「YOU」は「アナタ」ではなく「オマハン」にしてしまうのだ。路地の片隅から娼婦やタクシー運転手たちが「オマハン、オマハン」と我々を手招きして呼んでくれるのだ。これはサバーイだろう。

中国から神経過敏になる

バンコクの日本レストランで他人の会話を別テーブルから座り聞きしてしまうとなかなかこれがおもしろい。〝ＫＯＫＯ〟の営業マンの態度がでかかったとか生々しい話がポンと出る。あまり見ないがたまに目にすると保守的な文脈の記事だったりするので何となくわかるような気もする。

中国について喋っているおじさんをみたことがある。何でも中国共産党がどうやって潰れていくかをシミュレーションしているのだ。おじさん曰くヒマラヤ山脈一帯から激震が走り、アフガン、パキスタン、ネパール、インドと今急激に動いている国々の余波をくらい中国共産党も一気に潰れていく日が近づいているのではないだろうかといった内容である。なかなかおもしろい発想だし意外と当っているのかもしれない。タイをシャムと言わないのと同様、「シナ」を使わない良識もある。

しかしこれを聞いていてフシギな気分になってしまった。では日本の神の国思想や擬似軍事政権はどうやって潰れていくのかといったことで。どこかの国で起こる激動の余波でつぶれるのか、ある日突然外国人の首相が生まれてつぶしてくれるのか、国が破たんしてどこかが買いとって再生してくれるのかと考えてしまう。日本で内乱が起きるのが手っ取り早い。

日本のアニメやスポーツ、音楽、文化は外国でも人気で感心をもってくれる人は多いが日本の国の形はフセイン時代のイラクや中国、北朝鮮と何ら変わらないように外からはみえる。言論の自由でさえ怪しいのだし。バンコクの本屋で「日本人はなにを考えているの」といった本の表紙に小泉総理のイラストが描かれたハングル語の本をみたときくらいによくわからない国と映っているのだろう。外国の日本レストランでの会話は外国論は多いのだが日本の国の形を喋ることが意外と少なく、そちらは経済か有名人のスキャンダルに偏ってしまう。

中国の場合、経済と軍事面が分けて語られている。しかし経済がよくなり豊かになれば社会のあり様にも関心が高まるので全く分けて語るのはどうかと思う。ともに悲観論が気になるのだ。経済発展にあやかろうとせず崩壊のシナリオまでつくっている。また、軍事力が強大だといっても日本も同様に強大だし、アメリカに追随しているだけだと子分としてイラク以外でも命をおとすことになるだろう。自衛隊の艦船がそれごとどこかの国に亡命するといった筋書きを僕など考えついてしまう。アニメであったか。蛇頭やらダイエット薬で死者が出たとかどこかあおっているところも気になる。薬でダイエットなどもともと考えがあさましい。SARSの情報隠しの方が怖いのだし。もっとも過去がネックとなってわいせつ寸劇にも集団買春にも政府は反論しないが。

中国政府の求心力も気になる。法輪功やインターネット、中国国内のニュース番組での庶民と行政が対立している姿などからも政府の求心力が強力とは思えない。

タイのビーチにいくと中国人団体の実に多いこと。昔の農協団体の海外旅行のように奇抜なかっこうでいて旅行会社から支給された黄色いバッグを皆が肩にかけている。旅行ブームはそのまま言論の自由をもたらすという点が大切だろう。国内でその自由がなくても外に出れば考え方は変化する。タイ人でも日本を経験すればタイ国内にいる人よりずっと考えは広がるし、僕が日本を分析したくなるのもそうなのだと思う。中国人がどんなメールを本国に送っているのか知りたくなるのだ。いずれアメリカと中国の関係強化やＡＳＥＡＮと中国の強化で日本が省かれていくこの脅威をどこか現実的に感じてしまうのだ。

中国では日本のスターというと今でも山口百恵と答えるらしい。もちろん今のスターも知っているがイチローのように何億人のハートを摑めるような人物というのを作れないものだろうかと考える。国の体制が怖いと引いてしまう悪い癖ではなく、民間交流のすごみというものもあるはずなのだ。ＧＬＡＹの公演で〝茶髪の日本人を初めてみた〟と驚いていた姿はおもしろかったのだし。

もっとも、歴史に関する問題は中国の脅威の逆利用にしか映らない。いつも靖国参拝で中国関係がゴタゴタするがその是非よりも自然な形でフシギに思う事が三点はある。一点は「なぜ極右的な風潮の断罪をしないのか」ということだ。〝行ってはいけない〟というより行きたいのならなおさらこの「戦争美化は許さない」といったアジア諸国へのメッセージがいると思う。このあとで「故人に善悪をつけず供養する」であるだろう。政治家が一般人の想いをくり返し語っている現状に驚くし、中国にくさびを打つのではなく、戦争美化にこそ打つものだろう。

二点目は「人間的感覚のマヒ」である。僕の世代だと戦争の追体験というものができる。小学生の頃テレビから国歌が流れ何気なくきいていると父が鬼のような形相で「貴様は！」と僕を殴りつけたりののしったりした。親なら歴史を教えるのが義務なのに気に入らないことがあるたびにこれをやり肉体的・精神的虐待をうけていた。学校では韓国人がいじめられていて家の中には軍事的ではない内乱があり学校では軍事的ではない民族紛争があったのだ。このために僕には理想の父親像というものがないのだが幸か不幸か戦争追体験だけは同世代の中でもより強くできるようになってしまった。

そんな僕にとれば「靖国神社」という言葉の響きは「南京虐殺記念館」と全く同じものがある。つまり「嫌な気分」というものだ。仮に僕がこの神社へいけば先ず「嫌な気分」を満喫し、そして次に「それでもなお歴史を知るために」と資料館をみるかもしれない。そしていちばん最後に「故人を偲ぶ」だろう。参拝者や支持者が全く「嫌な気分」を発していない臭覚に人間的感覚のマヒを感じてしまうのだ。戊辰戦争～太平洋戦争迄の偉人が眠るとはいえ、それは「激動の近代史」であって、決して「感動のスペクタクル巨編」ではないだろう。外国人がここへ来ると誰もが「嫌な気分」を指摘する。日本人とて同様のはずなのだが。

三点目は「分祀の打診」というものだ。「御遺族の意向に添いませんでした」と政治家がすごすごと帰っていく。まるで天皇陛下に会いにいったようなおごそかさなのだ。遺族の立場が日本の将来より大切であるようなこの力関係に票集めの神聖さをみてしまう。A級戦犯の問題よりこれら三点の方が根深い感じもするのだ。

全く下世話に例えていいのなら、交通事故で死亡事故を起こしたドライバーに対して「運転は控えて下さい」と言う人と「カーステレオでお経を流していますから安心して下さい」と反論する人と「せめて助手席に乗って下さい」と悟している人の三つ巴である。参拝の是非を統計でとるときは、神社自体がイラク戦争を支持したのかどうかも兼ねた統計をとってほしいのだ。

なにかと気味悪がられる中国とは裏腹にこの問題での中国人のかおつきには僕は人間らしいそれを見

ている。最近ではこの問題が人情話として語られていて戦犯の＊名誉回復祈願にしているような危惧もある。戦犯をもっともよく知るのはアジアの人なのに。

政治家は死者（今では少しゾンビ風だが）にムチ打つ決断力こそ要るのに、追及する野党は相手と同じ土俵で相撲を取ろうとする。イタリアの暴君ネロの野ざらし状態の墓やスペインの山の上にひっそり十字架の立つフランコの墓など死者をあがめない姿に僕は感心したことがある。

しかしこんな小ざかしい話もいずれ証明される日がくるだろう。自衛隊の戦死者をまたこの神社に祭ろうとする政治家が現れ、やってきた首相は不戦の誓いを述べるのだ。このときの世論の怒りが中国人のそれだろう。

戦争神社で平和を祈ると平和主義者になるということに僕は疑問があると考えている。

タイにも中国エネルギーが入ってきている。新聞に中国の経済成長率は今9・9％と出ている。

＊もともと戦犯と思っていないだろうが

アソークからプロンポンへ

アソークといえばソイカウボーイの歓楽街プロンポンといえば日本人街とかんたんにまとめられてしまいそれ以外ないようなイメージになってしまうが一つの体験からまた想像が広がっていく。

シェラトングランデのとなりに「夕やけ」という古風な名前の日本レストランがある。ここで僕は初めて白人とタイ人のハーフという女性をみた。体のでかいタイ人だなあと思っていたが流暢な英語を使うのでそれだと気付いたのだ。タイではニコルという歌手がそうなのだがハーフに接したのは初めてのことだった。刺身を食べおわった後に「ディザートは?」と頭にアクセントを置いて話しかけてくる。我々の「デザート」は砂漠に近い。そして案の定、刺身のあとのアイスクリームに一瞬ためらった僕を英語がわからない日本人にまた出会ったとばかりに仲間とくすくす喋り出すのである。この誤解はいつになると解けるのだろうか。欧米人好みの、だだっ広い洋風日本レストランで考えこんでしまったのだ。

アソークのあたりで奇数ソイ側を歩くと悪の世界に足を踏み入れるような趣きがあるが僕は偶数側の方が気分が落ち着く。奇数ソイではしんどい思い出がある。

以前、ソイ23の「白屋」というクリーニング店に行こうと紙袋に服やズボンを詰めて持っていったが休日でえらい目にあったことがあるのだ。バンコクのゲストハウスもホテルも洗濯を出せば翌日には出来上がっているし、仕上げは早いのだが洗剤を使わず水洗いだけで済ます＊習慣がある。しかもホチキスで留めてたまに買ったいいズボンでこういうことをされると困るので、わざわざ外へ出て店へ持っていったのである。しかし店は閉まっていて立ち往生してしまった。このあたりで立ち止まってしまうとアソーク駅へ引き返すにはあのクルクだらけのアソーク通りをまた通らないといけないし、プロンポンへは少し先がある。しかし進行方向ではプロンポンだろうとまたも最高気温四〇度の中、汗をボタボタとおとして歩き出すことになったのだ。バンコクの町で思うのは中華街や若者街、風俗街というものはあっても商店街というものがないことだ。

「散髪店」「＊＊洗濯店」「文具店」「揚げ立てコロッケ店」の四店セットがない。洗濯店一つ探すのに「バーの向かいのインドレストランのとなりの通りの奥にある飲茶店の裏側」といった気のおかしくなる探し方をする。僕はこの思い出から奇数ソイは嫌いになっていた。

偶数ソイだとソイ20が好きなのだ。一軒屋のようなレストランが多く、ナーナーのソイ8と雰囲気が似ている。ソイ22ほど日本人団体利用のホテルが少なく、それ目当ての女性も少ない。夜、目的を持たずソイの端まで歩き引き返すといったことも何度かやっている。それでも飽きない。一軒屋レストランで食事する日本人の会話を想像するのもいいだろう。日本と同じく年金と子どもの教育話だろうか？少しは違うと信じたいが。

ソイ22と24の間にはオカマショーで有名なマンボがある。

このマンボの裏手に日本人オーナーの垢スリ店があった。タクシーの中で垢をこすり運転手に汚いから降りてくれと叱られた経験のある僕にとっては嬉しい限りだ。しかしやはり何かが違う。垢スリ台までは下半身にタオルを巻いているが台にうつ伏すともはや全裸にされるのだ。韓国人がみたら怒るかもしれないが確かに全裸の方が垢をすってもらいやすい。しかし仰向けにされると、暑さの中でひっくり返って寝ているイヌでも恥ずかしい。これがタイらしいのかどうか今だにわからないのだ。

ソイ22に六〇バーツのラーメン店ができていた。天ぷらそばを注文すると天かすそばが運ばれてきてレンゲが添えられている。。こちらはタイらしい。

ソイ24が近づくとエンポリアムと手前の巨大な森林公園。エンポリアムの食材売場で買ったトードマンプラーを公園で食べる優雅さはない。夜は噴水ショーで人々をなごませもする。夕方六時にここを通るときっかりと国歌が流れタイ人は冷凍人間にでもなったかのように固まって聞いている。初めこれをみたときはUFOが飛来して人々を空に吸い上げていこうとしているのかと思ったのだ。ハリウッド関係者なら笑えるが日本人では笑えない。アジアで煙たがられる歌に尊敬の念を抱くということは日本に生まれるということが矛盾を経験するということに気付くからだ。

「タイ人は好きだから歌っているのに何で日本人は嫌いなのに歌っているんですか」

と言ったタイ人女性の率直な話を思い出した。

夕陽の沈む光景をこの公園から見上げていると実にきれいだ。オレンジ色の太陽が空を照らしている。ラチャダムリ駅やカオサンのあたりでも見かけたがここからみると格別なのである。

プロンポン駅を使って奇数ソイ側へ渡る。駅を利用しても反対ソイへいくのは辛い。昇り専用のエスカレーター。降りるだけでも階段は疲れる。ソイ33、日本人街。オバさん団体、たまにみかける短いスカートの日本の女子高生。あのままゴーゴーバーで踊ってほしいくらいだ。顔グロなら黒人街へ。「エスプレッソはないのか」と呆れて出ていく白人。テニスラケットにサンバイザーといった駐在員の奥さんは若くて美人が多いことに驚いてしまう。

ソイ37に近づくと、バケツに入ったロウソクセットをよく見かける。コンビニでもみかけるがさすがに仏教国と感じる風景だ。昔、ロウソクが倒れて死者が出たという事故もあり大きさも半端ではないものがある。派手さがいいのだ、この国の仏教は。朝には托鉢僧が歩いている。大乗と上座部仏教のちがいはあるが坊さんは町にいなければいけないと思う。京都では三条大橋でずっと祈っている坊さんも見かけるが東京ではまず町では見かけない。たまに「きのう坊さんが来た」と風俗店で耳にする程度。たとえマユ毛をそりヤクザのような怖い顔でツバを吐いても、坊さんは町に溶けこんでいなければならないとつくづく思うのだ。

＊一般的な手洗いでも洗濯機を使うと汚れが落ちていないことが多い。

＊＊ナナ駅近くには固まってある。

アジアアジアにはなれない多民族病

外国で初めて経験する出来事として、町でタバコをくゆらせ「おお、外国はいいもんだのう」などと想いまでくゆらせてしまうと途端に人が側に立っていて「一本ちょうだい」とか「ライター貸して」と言われ、日本人のささやかな居心地がぶち壊される。何かとタバコにはこだわるのだが、単純明快な論理でいけば、贅沢品であるタバコを吸っているのだからその人は金持ち。金持ちなら一本くれる余裕も持っている。だから一本もらうという理屈になる。これが葉巻きならより当然だろう。タバコを吸い出した理由が裕次郎への憧れであろうとキムタクへの同化であろうと社会への反発であろうと関係はない。彼らは平然と「一本ちょうだい」とやるのである。なんでもイギリスでは禁煙場所で吸っていると通りがかりの人が警察を呼んでくるという。たとえ手錠をかけられて引っ張っていかれてもそう悪い気はしないし、僕は、探究する価値ありと考えてしまう。もっとも横柄な態度で「タバコちょうだい」とか「ライター」などといわれると気分も悪く、白人でも「エクスキューズミー」を付けない者もいて、いくら何でもありのバンコクでも頂けない。白人の場合時計も持っておらず「今何時?」と聞いてくる者もいる。ナップザックに入っている目覚し時計をとり出すのが面倒臭いかららしい。

しかしこういった旅行者が出てくるのもこのバンコクが多民族社会として構成されているからである

し、僕が好きな理由もここに凝縮されている。

そんなことで僕はアジアに来ても屋台をめがけて走り出さない。日本の番組がバンコクにしろソウルにしろタイペイにしろ屋台をめがけて走り出す姿をみているとその反対の姿を考えてしまう。外国メディアが博多の屋台に続々と入っていく姿を。もっともバンコクの場合、誰がやってこようと儲けさせてくれたらそれでいいと考えているし、屋台に貼り紙もしてあり、「トムヤンクンあります」と日本語で出ていたりする。

僕はタイにくるとタイ料理はいつも最後だ。日本よりずっと安い日本料理から始まり、イタリア、インド、アメリカ、中国、日本へ一回戻り、またインドへといった具合に周食していき、帰る頃に忘れていたとばかりにタイへ寄る。〝ハナミ〟というかっぱえびせんの缶の日本・韓国・中国・タイの四ヵ国語注意書きなどを見るといてもたってもいられず買ってしまいここでも多民族病の気配が起こるのだ。クアラルンプールの店のコーヒー表示にもこの病気が動き出す。「CAF'E」「COFFEE」「COPi」「KOP.i」「珈琲」などとあると体が溶けて消えそうになってしまう。

これなら東南アジアにこれて良かったと思うかもしれないが実はそうでもない。田舎に行けないという大欠点があるからだ。日本の原風景がそこにあったというような本を読んでも感心するだけで、自分がそこで暮らすなどとは考えない。日本と違って、田舎にはインド人もアラブ人もいないだろうし、田舎はのどかであっても多民族とはいわば反対にある。そこがどうも耐えられない。タイより更にのどかなラオスへいっても寺で瞑想する白人女性がいてくれないとラオスへ行きたいと思わないし、ヨガの勉強をするためにうろついている得体のしれない白人男性もいてほしい。ミャンマーならヤンゴン市内に一軒だけある洋風カフェで旅行者がみな現政府批判勢力のジャーナリストのようにせっせとメモをとってる姿がシュエダゴンパゴダの美しさよりも楽しい。

この多民族病が高《コウ》じてくるとおもしろいことになる。それは町で日本の芸能人を見かけるとそれがかなりのランクの人でさえ自分が町案内をしたくて仕方なくなるのだ。日本でならサインを求めているだろうはずの芸能人に「オレは自称ガイドだ。二百バーツでどう」とやってしまいそうになる。偉ぶっているのではない。芸能人が芸能国からやってきた別の国の人に見えるからだ。従って自分が町案内をしなければならないといった使命感が生まれる。断られると相手が誰であろうと思いきりのしってしまう。この多民族病は持っている名刺にも現れる。マーブンクロンでつくった日本語兼タイ語名刺を持ち歩き、出会った人にそっと差し出す。日本でもこれはブームにしてほしい。在日韓国・朝鮮人が日本名を使って隠れるように暮らす社会から日本人が韓国名や中国名を楽しんでしまう社会にするのである。自分の中国名に「黄秋月」といった和菓子のような名前を付けるのもおもしろいし、石原都知事の中国名に「陳激高」と付けてやるのも楽しいだろう。

僕は常に左足をアジアに、右足を日本につけてしまう。だから田舎に住んだり、どっぷりアジアに浸るアジアアジアの人間にはなれないのだ。先進国の子どもが社会のためになる仕事に就きたいと言う。貧しいアジアの子どもはとりあえず金持ちになりたいと言う。僕はどうみても先進国の子がいいと思っている。そんなことを考えていたらバンコク週報に次のような記事を見つけた。

タイ外国人記者クラブは、あるビルの最上階にあり、記者会見場と楕円形のバーから成るしゃれたスペースである。その片側の奥行きの深い白い壁に二六枚のカラー写真が飾られた。「イメージ・オブ・アチェ」と題する知人の後藤勝さんの写真展である。会場がしゃれているせいか、二段に奥へと連なるカラー写真の列も、なにやら生け花が飾られたように光彩がある。インドネシア軍に破壊された学校の前に立つ灰色の表情の少女も、暗殺された大学の先生の葬儀に集う婦人たちの鉛色の眼の色も、焼き払われた村で火傷を負った少女のザクロのような尻も、光彩陸離としてとらえられている◆政府軍の虐殺行為・破壊活動を現行犯で撮影したらそれこそ生きて帰れないだろう。権力犯罪とはそういうものであり、報道カメラマンは事後の生々しい傷跡を写すのが精いっぱいだ。だから画面には火炎の炸裂もなければ血しぶきもない、断末魔の叫びもない。沈黙した顔・顔・顔のオンパレードで、抑制された表情が並ぶだけだ。だが人間が黙してすべてを抑制するとき、そこには凝縮された光彩が輝き出でて、彼のカメラは的確にそれをとらえている。それらは月の影になる部分のように、人類史の影の部分の青みがかった光彩を黙したまま放射している◆インドの聖者たちは、あるいは人間どうしの争いは破滅の日まで終わることがないだろうと言い、また世の中を助けることなんぞ人間にはできっこないんだ、それはあの御方（至高の神）のなさることだ、と断じ切るのだが、彼の写真からは単なる反戦のメッセージというよりは、むしろインドの聖者たちの冷厳な真実のメッセージが伝わって来る。インドの聖者たちは、西洋流の近代的な歴史学から見れば、人類史の影の部分からモノを説いてきた人たちのように思えるが、彼の写真には人類史の影の部分の持つ光彩が輝き出ている◆同行したコンケン出身の女の子が、難民キャンプの幼児たちがポリバケツに入ったタコみたいに水浴している写真を見て、「あらかわいい、イサーンの子供たちみたい！」と叫んだ。彼女は彼の写真がとらえた光彩を鮮明に感じることができるのである。［燕］

この内容はいいと思うのだが、最後のセリフ、日本の女子高生が言うとどうなるのだろう。

「すげえ、こいつ可愛い」

と。

あとがき

ラーメン・ライターで「僕にはお袋の味がないんでどんなラーメンを食べてもうまいかどうかわかるんですよ」と言っている人がいた。これを聞いて目から鱗が落ちたのだ。子どもの頃から〝お袋の味〟があって、そこからの延長がこういった仕事にあるのだろうと思っていたからである。僕の場合、長期に渡る虐待（当時一般的ではなく気付いていなかった不幸はあったが）により、「お袋の味」に匹適する自分の中心的人格というものがない。目の見えない人が音に敏感になるのと同じ理屈で、感性だけが発達していった。「野球観戦が趣味です」などと言ったら途端に罪悪感に襲われる。親が側にいた時は野球は嫌いだったろうし、いない時なら好きだったかもしれない。あらゆるものに心が二つ、三つと割れてしまい、中心的人格は潰れ、代わりに客観的人格が二つ、三つ……を整理し始めたのだ。こういう人間が物を書いて本にしていいのかといった疑問はあったのだが、「僕にはお袋の味がないんで」は僕の肩の荷を下ろしてくれた。また同時に、「外国にいる」ということが気楽にもしてくれたのだ。

しかしこの目線でバンコクを見ると各々な疑問が湧き上がってくる。屋台へ飛び込む若者を見ても、その距離が日本でのそれとの距離と違って近すぎる。日本では確か屋台に集まる人々というのは何かしらの愚痴を言っていて、出世からは外れていたと思う。夢を追いかけるほうの人は屋台から離れていかなければならなかったのではなかったかと。何でもこの屋台もレトロブームの一つとして捉えているらしい。昭和三十年代～四十年代にかけての自分の子どもの頃など、おやつは公設市場のコロッケか、駄菓子屋の黒砂糖菓子、塩せんべいといったところで、〝もっとうまいものはないのか〟といつも思っていた。店の婆さんは目が悪いはずなのに大きなソロバンを取り出して玉をはじくと代金は一度も間違えず腹立たしかったほどである。中学に上がり、マクドナルドが出来ても皆が立ち食いをしている姿に違和感を持ち、僕が恥ずかしさでビッグマックを注文できなかった姿と正反対だったのだ。着物の店員がお重に入ったハンバーガーを塩こんぶと日本茶を添えてテーブルまで運んできてくれて、四等分されたハンバーガーを、手掴みを嫌う日本人はお箸でつまんで食べていて、店内には琴の調べが流れているといった世界を想い描いていた自分からすれば彼等のレトロ感もファーストフード感も違うのだった。若者に「本当に屋台など好きか」と厳しく問い詰め、「実はあまり……」と涙を見せた時の初々しさにこそパスポートの入国スタンプを押し、「屋台に入って良し」と号令をかけたいくらいだったのだ。こういったことで、自分のアンテナに引っ掛かったものしか書いていない。日本に提言する気持ちはない。むしろ自分の紆余曲折の気持ち、日本にいたときの重圧感や疎外感をあぶり出してみたかったのだ。

それにしても外国で書いた原稿を日本で見直すのは大変だった。既に魂が抜けてしまっていて、「これ、オレが書いたの？」といったことになり、大幅に削除したり修正・加筆をして、やっとこさ出来上がった。セミの抜け殻状態でこの作業をやるのは本当に辛かったのだ。ましてタイも日本も変化が早すぎて、途中で長嶋さんが倒れたりと……。

尚、本文中の「エンポリウム」は発音しずらいのでいつも使っていた「エンポリアム」と書いています。タイではカフェはふつうバーを指しますが、本文では日本のカフェとしています。

最後にお世話になった文芸社の皆様に感謝するとともに上梓の運びとなったことを報告します。

参考文献

『バンコクポスト』
『バンコク週報』
『朝日新聞』
『読売新聞』
『地球の歩き方　バンコク』（ダイヤモンド・ビッグ社）

著者プロフィール

米井 雅一（よねい まさかず）
大阪啓光学園卒、国学院大学卒、印刷会社勤務を経て海外放浪
趣味　110、街頭署名、自分の内部告発、平家物語観賞、スポーツ観戦全般

タイで日本を卒業する

2004年5月15日　初版第1刷発行

著　者　米井 雅一
発行者　瓜谷 綱延
発行所　株式会社文芸社
〒160-0022　東京都新宿区新宿1－10－1
電話　03-5369-3060（編集）
03-5369-2299（販売）

印刷所　図書印刷株式会社

ISBN4-8355-7444-3 C0095